難民に冷たい国？ニッポン

支援と審査の現場から

Yanase Fusako
柳瀬房子

慶應義塾大学出版会

はじめに

アクティブ（active）

振り返ると、社会で起こっていることへの疑問や憤りが、活動の原動力になっていたのだと思います。ただし、行動は前向きに、ワクワクしながら。本書も同じ姿勢で臨みました。

この本を手に取ってくださった皆さん、ありがとうございます。

私は、長らく「認定NPO法人 難民を助ける会（AAR Japan）」（以下、AAR）という国際協力NGOで難民支援活動に携わり（2023年名誉会長を退任）、また2005年からは法務省の難民審査参与員として難民認定申請者の審査にも関わってきました。これまでは、もっぱら「活動」ばかりでしたので、人前でお話をしたり、エッセイや絵本を書いたりはしましたが、このような「本を書く」のは初めてです。それでも、ぜひ皆さんに知っていただきたいこと、考えていただきたいことがあり、筆をとることにしました。

そこで、まずは私が「この本を書こう」と思い立つきっかけになった、三つのエピソードを紹介することから始めようと思います。

◆ボートピープルとの再会

ある夏の日、私はチャリティ・ダンスパーティの会場にいました。

このパーティは、社交ダンスとお食事を楽しもうという人々の集いなのですが、「ただ自分たちが楽しむだけではなく、社会に役立つこともしましょう」と、皆さんでお金を出し合って寄付をすることになったのだそうです。そして、「では、どんなことにお金を使おうか」と相談した結果、長年の知人から紹介を受け、難民の支援活動を続けてきたAARに寄付してくださることになりました。そこで、私がお礼のご挨拶《あいさつ》に伺《うかが》ったというわけです。

会場には、プロのダンサーも大勢招かれ、社交ダンスを披露《ひろう》されました。その中には、国際的にも大活躍され、日本を代表する林秀夫・るみ子さん（仮名）ペアもいらっしゃいました。ある「事件」が起こったのは、その直後でした。林さんが、「どうしても皆さんに伝えたいことがあります」と言って、マイクを握られたのです。

「…私、顔が濃いでしょう。コンクールでアピールするには有利なのです。友人のダンサーに『カッコいい！』とよく言われます（笑）。…実は、私はベトナム難民です。父に抱かれた赤ちゃんでしたが、ボートピープルとして日本へ逃れた難民なのです。もうかなり前に帰化をして、いまは日本人なのですが。

そして、私の家族は、今日いらっしゃるＡＡＲの方々に大変お世話になったのです。…私はこれまで、自分の出自を人前で話したことはありません。でも、今日は皆さんが難民の支援のために寄付をされると聞き、そしてＡＡＲの会長さんがいらっしゃると聞きました。どうしてもお礼を申し上げたかったのです。ありがとうございました。」

引用がところどころ不正確かもしれませんが、このようなお話をされたと記憶しています。そして私に「母が、あなたに引き合わせてくれたのでしょう」とおっしゃいました。実は、この直前にお母様が他界されたのでした。

これもご縁でしょうか。数日後、私は林さんからご連絡をいただいてお母様のご葬儀《そうぎ》に出席し、そこで林さんのお兄さん3人とも再会しました。ご兄弟はＡＡＲが給付した難民救援奨学金《きゅうえんしょうがくきん》を受けて学校を卒業し、しばらくした後に自ら事業を起こし、現在はベトナムと日本の双方で会社を経営して活躍されているそうです。実に頼もしい方々でした。私は、ふと尋ねました。「私たちのことを覚えていますか。」

「もちろん、覚えているに、決まってるじゃありませんか。」

心のこもったその一言で、すべての苦労が報われたような、何十年もの活動の継続と努力にご褒美《ほうび》をいただいたような、そんな気持ちになりました。この活動をしていて常に心していることは、募金の使い方です。ご寄付は多くの方々が難民支援という目的に共鳴し、ＡＡＲに託されたものです。その浄財《じょうざい》は、彼らを通してよい使い方をすることができたという証になったのです。とても嬉《うれ》しく感動しました。

ただし、このエピソードには、決して素通りしてはならない一抹の苦みも残ります。実は、林さんと同様にご兄弟も、これまで自らのルーツをひた隠しにしてきたというのです。理由を問うと、以前、取引相手に「この人なら信頼できる」と出自を話したところ、その後から急に取引も人間関係も難しくなったそうです。以来、ご家族全員が決してルーツを明かさずに生きてきたのでした。

皆さん、なんだかおかしいと思いませんか。なぜ、「かつて難民であった」ことや、「かつて日本人ではなかった」ことを隠さなければならないのでしょうか。これは、私たちの社会で起きた一つの「事実」です。

なお、彼らは来日後、日本に帰化（つまり、日本国籍を取得）しており、義務教育と高等教育を受けて頼もしい社会人として活躍されていることも書き添えておきます。

◆入試問題

二つ目にお話しするのは、とある中学校の入学試験問題についてです。先ほどとは反対に、悲しくて悔しくて、たまらない気持ちになりました。

その入試問題では、日本人と外国人の関係、国籍や植民地、そして外国人労働者、在留許可制度などを説明したうえで、難民問題について「日本は１９８１年に難民条約に加盟したものの、日本政府の難民に対する姿勢は消極的です」「日本に逃げてきた人たちの難民審査は厳しく、問題視されています」と続き、難民審査で審査官が申請者に質問するものと思われる項目が示されています。そして「この質問の中で問題があるものを選び、その理由を説明しなさい」と問うのです。これが、小学校６年生に対する出題でした。

教育現場で、しかも小学生に、このような一面的・断片的で不正確な情報が、背景を説明することもなしに教えられているのか…、私は不安になり、小学校６年生（当時）の孫に尋ねました。

私　学校か塾で、日本の難民政策のこと、何か習った？
孫　うん、習ったよ。ヤバいってさ。
私　え、ヤバい？
孫　日本は認定しないから、ヤバいんだって。
私　……。

日本では、多くのメディアが日々「難民認定率が極端に低い日本」「入管施設で収容者に不適切な扱い」などと報じているので（こうした報道の不正確さについては、本編で説明します）、一般の人々は「難民に冷たいニッポン」というイメージを抱いているようです。私が目にした某中学校の入試問題も、そうした一例なのでしょう。

しかし、現実には、多くの人々が本国から日本に逃れ、政府・民間組織・個人からの支援を受け、自立し、そして頼もしく活躍されています。こうした「事実」が、なぜ報道や教育の現場で蔑《ないがし》ろにされてしまうのでしょう。実際の取り組みを見ていただきたい、事実を知っていただきたい。そう思わずにはいられません。

◆入管法改正の見送り、そして1年後の成立

そのようななか、2022年9月に入管法改正案の再提出が見送られました。

検討されていた改正案には、紛争避難民などを難民に準じて確実に保護するための「補完的保護」の制度を取り入れる項目もあり、救済・支援の対象者を大きく広げることを目指していました。ロシアのウクライナ侵攻による避難民への対応も想定されており、私も専門部会での議論に参加した一人として、一刻も早い成立を期待していました。

しかし、法案は厳しい批判にさらされました。当時、難民に準じて受け入れられる人々の範囲を拡大することにはほとんど異論がなかったのですが、難民認定申請に関する規制を設けることについて、特に強い反対を受けたのです。

批判の対象になったのは、難民認定申請の回数を原則2回までに制限し（ただし、1回のプロセスで一次審査と不服審査との2回審査を行うので、厳密には計4回の審理に申請者自身の難民性を訴える機会があります。また新たな事情があるときには2回限りではありません）、そこで認定されなかった人々を強制送還できる仕組みを導入しようとした点です。これが、難民認定申請者の権利を損ねると捉えられたのでした。

しかし、（詳しい説明は本編に譲りますが）実態として、難民認定申請回数を制限しても「難民」の権利を損ねることにはなりませんし、申請回数に制限がないということで、本来支援をしなければならない人、すぐに支援を必要とする人々への対応が遅れてしまうのです。

また、名古屋出入国在留管理局の収容施設内で約半年収容されていたスリランカ人女性が亡くなるという痛ましい事故が起こり、入管制度そのものや出入国在留管理庁に対する批判へとつながって、大きな社会問題にもなりました。言うまでもなく、こうした事故は決して起こってはいけませんし、このような事故に至った原因の解明や施設内処遇の改善、再発防止が図られなければなりません。しかし、この問題と入管法改正案は論理的には結びついていませんでした。本来は両者を切り離して、それぞれ議論するべきだったのですが、もはや法案を審議できるような状況ではなくなっていました。

2023年4月、あらためて入管法改正案が国会に提出され、6月9日に改正入管法は成立しました。当然のことですが、改正された法律の規定を実施するための予算は有限です。人員にも時間にも限りがあります。これらの限られた行政資源を、本当に支援を必要とする、より多くの人々のために使わなければなりません。そのためには、誰を支援すべきなのか、どのように支援すべきかについて、「事実」に基づいて冷静に議論する必要があります。

以上、本書の執筆に至った三つのきっかけをお話ししました。

とにかく、まずは事実を知ってもらいたい、実態を見てもらいたいという気持ちでいっぱいなのですが、伝えたい事実も、伝えたい相手も多すぎて、どこからどう書いてよいのか分かりません。そこで一つ、孫に話すつもりで書いてみようと思います。

そのため、そもそも「日本人とは」「外国人とは」「国籍とは」といった基本的・初歩的な説明にも紙幅を割いていきます（「そんなことは知っている」という方は、読み飛ばしてください）。また、「難民」だけでなく「移民」や「外国人労働者（外国人材／人財）」についても知っていただきたいですし、日本国内だけでなく外国のことも知ってほしいと思います。実際、「日本の難民問題」を考えるのに「日本の難民問題」だけを見ていては何も解決できません。多くの外国人が、なぜ日本に来るのか、なぜ来ない（来られない）のか。何を求めて来るのか、私たちはそれに応えられているのか。そもそも、私たちは外国人に何を求めて受け入れているのか…。

突き詰めていくと、多様な文化的・政治的背景をもつ外国人と、ますます多様化する日本人とが、この日本という空間で、一緒にどのような社会を築き、どのように暮らしていくのか、また、この世界のなかで日本はどのような役割を果たし、世界の人々とどのように助け合っていくのか…、そうした社会の姿を描き、そのなかに難民制度を当てはめて考えることが大切なのだと気づかされます。

もっとも、本書がそこまで辿《たど》り着けたかどうか、まるで自信がありません。それでも、本書を読んだ皆さんが、こうした課題について考え、自分で調べたり、活動に参加したりするきっかけになってくれればと心より願っています。

２０２４年10月　筆者

※本書は著者個人の主張・思想を表明するものであり、いかなる組織・団体とも関係ありません。

目次

難民に冷たい国？　ニッポン――支援と審査の現場から

【軌　跡】

第2章　外国人労働者とは誰のこと？　45

第3章　難民とは誰のこと？　*79*　【不条理】

第4章　日本の難民受け入れ政策は？　129　【含　羞】

第6章 「入管」とはどんなところ? *213* 【浮石沈木】

Column

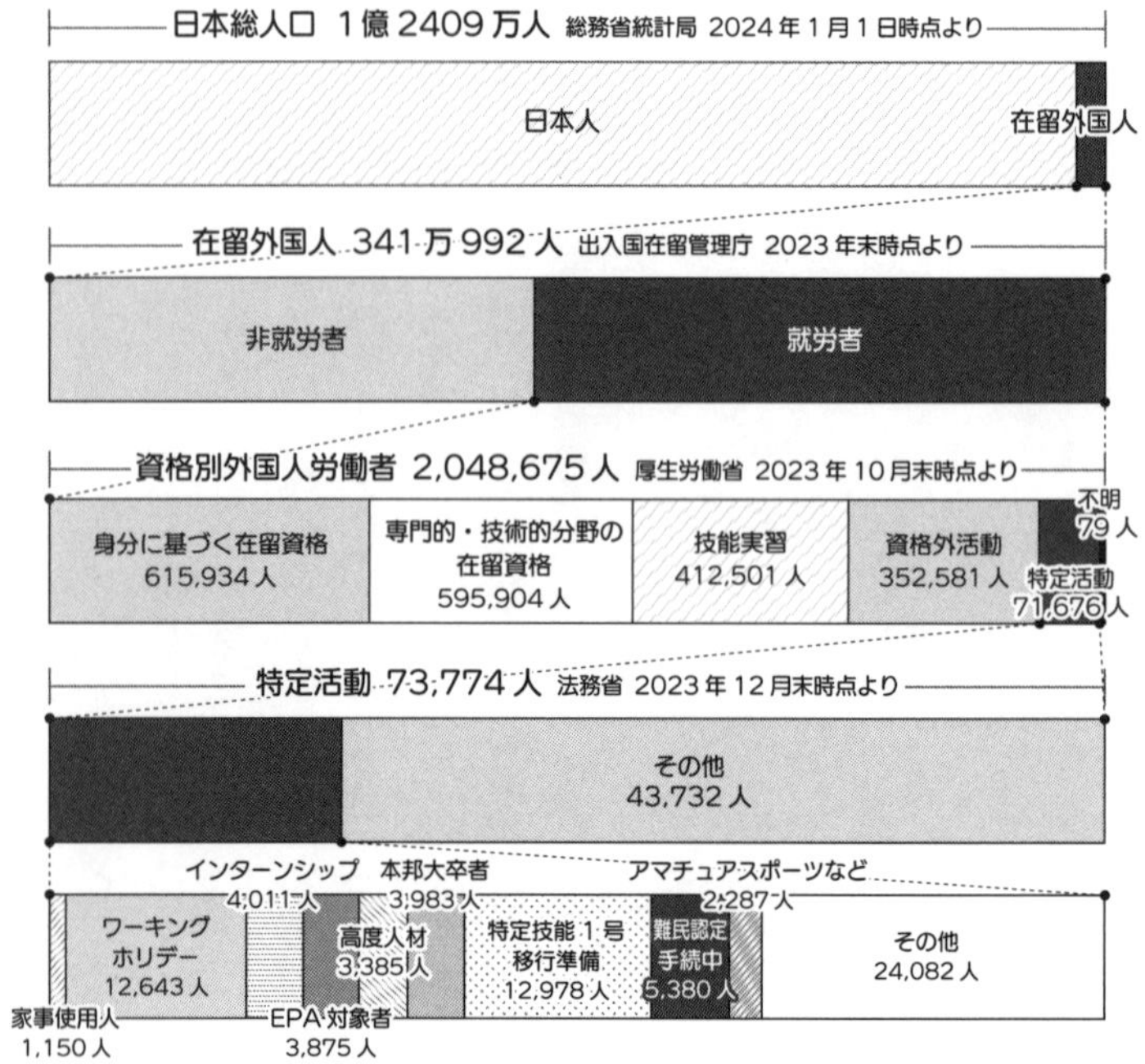

出所：図内に表示した各資料を基に筆者作成。

図0.1　日本の在留外国人とその内訳

序章　難民を助ける会と私

鼓　舞（こぶ）

助けたことよりも、助けられたことのほうが多かったような気がします。いつも出会った人々に励まされ、怠惰な気持ちを叱咤激励《しったげきれい》されながら、今日に至りました。

本編に入る前に、少しだけ自己紹介をさせてください。

それというのも、難民政策をめぐっては、実に多くの人々が、さまざまな立場から多種多様な主張をしています。しかも、立場も考え方もまったく違う人々が同じ政策を支持したり、目的を共有するはずの人々が対立したり、しばしば議論が混乱して、偏見や誤解を生んでしまう状況が見受けられます。ですから、難民問題について話を聞くときは、その人が「これまで、何をしてきた人なのか」「どんな考え方を持っているのか」「何を目指しているのか」などをよく確認してから、「いかなる背景をもって、どんな政策を主張しているのか」と問う必要があるのです。もちろん、これは、私にも当てはまることですので、まずは私について知ってください。

「はじめに」でもお話ししたように、私は長年、「難民を助ける会」[1]（以下、ＡＡＲ）という国際協力ＮＧＯで活動してきましたので、本章では、そのＡＡＲの沿革や活動、そしてなぜ私がこの活動に関わるようになったのかを紹介したいと思います。それは、もしあなたが高校生、大学生ならば、おじいさん、おばあさんたちの時代のお話から始まります。

◆海を渡ってきた、「パスポート」を持たない外国人たち

あなたは「ベトナム戦争」を知っていますか。あなたが生まれるより、ずっと前の出来事です。第二次世界大戦が終わったばかりの当時、世界の国々は自由主義陣営と共産主義陣営に分かれて争い、また植民地に暮らす人々は自分たちの独立をかけて戦っていました。そして１９５０年代半ば、

現在のベトナムで、新しい国を作ろうとする人々が南北に分かれて争い、その双方へ諸外国が介入して、大変な戦争が起こったのです。その長い長いベトナム戦争が終結したのは、南ベトナムのサイゴン（現ホーチミン）が陥落した１９７５年4月30日のことでした。

それから、ほんの10日ばかり過ぎたある日のこと。小さなボートでベトナムを脱出し、アメリカの船に助けられた人々が、日本の千葉港に到着しました。この人々は、共産主義の政府によって統一されたベトナムでは暮らせないと考え、外国に向けて逃げ出してきたのでした。ベトナムだけではありません。同じく共産主義化した近隣のラオスやカンボジアからも大勢の人々が追われるように国を脱出しました。カンボジアからは国境の山を越えて、ラオスからはメコン川を渡り、それぞれ隣国タイに逃れ、難民キャンプに収容されたのです。この人々は、出身地域（インドシナ半島の国々）の名称から「インドシナ難民」と呼ばれました。またベトナム人の場合は、その多くが小さなボートに乗って脱出したので「ボートピープル」とも呼ばれました。

私には、当時の日本政府は、こうした人たちに対して非常に冷ややかだったという印象が残っています。例えば、港に数台のパトカーが横付けされ、下船した人々を車に乗せると、成田空港へ向

（1）「認定ＮＰＯ法人 難民を助ける会」については、以下を参照（https://aarjapan.gr.jp/）。

かい、アメリカ行きの飛行機に乗せて、それで終わり、という時代でした。

１９７５年４月末に旧南ベトナム政権が崩壊すると、ボートピープルの流出が激化しました。ボートピープルの日本への到着は、外務省によると75年には９隻１２６人、76年には11隻２４７人でしたが、77年には25隻８３３人へと急増、79年から82年の４年間は毎年１０００人台を記録しました。(2) 年ごとに増え続けるボートピープルの報道に、心ある日本人は「このままで、よいのかしら」「これは、何とかしなければならない」と胸を痛めていました。

その頃、海外メディアをはじめ外国から日本へ圧力がかかってきました。１９７９年、先進国首脳会議（サミット）が東京で初めて開かれることになったのです。日本も「バーデン・シェアリング（burden sharing：重荷を分け合って負担すること）」を、諸外国から求められるようになりました。当時の日本は、戦争から復興した先進国として、市民には自負のようなものがあったのではないでしょうか。日本は経済大国になり、平和を維持している、とても良い国だという意識もあったのかもしれません。主要先進国の一員として、応分の国際的責任を担うべきという考え方が、国内でも見られるようになりました。

◆カナダからの一通の手紙「日本は世界で最も恥ずべき国」

日本政府がインドシナ難民を受け入れようとしない、そのような時期に、同時通訳者として活躍された相馬雪香(3)さんは、カナダの友人から一通の手紙を受け取りました。そこには「今、世界が一番関心を持っていることはインドシナ難民の問題で、日本は同じアジアなのに難民をわずか2人〔正確には3人：筆者注〕しか受け入れていない。日本人はどうして、こうも冷たいのか」と書かれてあったそうです。「世界で最も恥ずべき国だ」という友人からの厳しい批判を受けて、相馬さん（当時68歳）は「こんなことでは、日本は世界から孤立する」と危機感を抱きました。そこで、まったくの我流で「難民を支援したいヒト、この指とまれ！」と呼びかけたのです。私も、設立準備会で熱く語る相馬さんに感動・感激した一人です。

こうして1979年11月24日「インドシナ難民を助ける会」が設立されました。現在の「国際協力NGO 難民を助ける会」の前身です。会の名称については、さまざまな意見が出されましたが、目的がはっきり分かる名前がよいということで決まりました。発会式には、発起人の村井資長前早

（2）外務省「国内における難民の受け入れ」(https://www.mofa.go.jp/mofaj/gaiko/nanmin/main3.html)。

（3）相馬雪香（そうま ゆきか：1912〜2008年）。父は「憲政の神様」と言われた尾崎（咢堂）行雄。日本最初の同時通訳者の一人として国際舞台で活躍し、MRA（道徳再武装）の活動を通じて各国にネットワークを持っていた。アジア・太平洋女性連盟を設立し、また日韓両国女性団体による草の根交流によりアジアおよび世界の平和に寄与することを目的とした日韓女性親善協会を発足させ、会長に就任した（その後、名誉会長）。その他、日本退職女教師連合会会長なども歴任。幼児4人と満州からの引き揚げを経験した。

以降、AARの活動の歴史については「難民を助ける会40周年　国際NGOを作った人たちの記録」(https://40th.aarjapan.gr.jp/) を参照。

稲田大学総長、ヨゼフ・ピタウ上智大学長、滝田実同盟顧問、紅露みつ各種婦人団体連合会長（現・各種女性団体連合会）（肩書はいずれも当時）といった方々のほか、国連難民高等弁務官事務所（ＵＮＨＣＲ）計画官補の美勢仁さん、内閣官房インドシナ難民連絡調整会議の村角泰事務局長、さらに難民問題に関心を持つ教育団体や福祉団体、婦人団体などの代表者約２００人が出席しました。この発会式は、それまで私が経験したことのない興奮と熱気をはらんでいました。

当時の日本社会では、難民支援などに関わるのは、よほど変わった人か、偏屈か、といった目で見られがちでしたし、ＮＧＯやボランティアという言葉も一般的ではありませんでした。ともあれ、相馬さんが会長に選任され（１９７９〜２００８年。生涯会長として活躍）、相馬さんの友人であり国際積善協会理事長を務めていた私の父・柳瀬眞《まこと》（１９１６〜80年）が事務局長、国際赤十字などで活躍していた吹浦忠正氏[4]が代表幹事という体制で活動が始まりました。全員ボランティアであることは、言うまでもありません。事務所は、父が自宅の離れを発足直後から約10年間、無償で提供しました。

ボランティア活動というのは、「したくなければ、しなくて済む」ことです。それでもなお、これに取り組もうというのは、そこに真剣に生きようとする人々を見て、そのまま黙ってはいられないという思いがあるからでしょう。皆さん、どうかそのことを心の片隅に留めておいてください。

なお、政治や宗教の後ろ盾を持たず、思想的に偏らないことが特徴で、ひたすら「難民のために」設立されたＡＡＲという市民団体を、当時のマスコミはこぞって紹介しました。ＡＡＲの萌芽期はメディアによって育てられたと言っても過言ではないでしょう。

◆ラオス人ダラセンさんとの出会いと別れ

この1979年の末、私は初めて難民の方と出会います。ラオス人のダラセンさんです。彼は、婚約者の式町純子さんと結婚して日本で生活したいと、AARに相談に来られたのです。式町さんはパリ留学帰りのデザイナーでした。ダラセンさんの来日は1974年、大学留学の準備として日本語学校で学んでいました。しかし、翌75年にラオスで政変[5]が起き、祖国の親族は身の危険を感じて隣国タイの難民キャンプに逃れました。こうして、ダラセンさんは帰る家がなくなってしまったのです。二人は友人から紹介されて出会い、結婚を約束しました。しかし、ダラセンさんはパスポートの期限が切れ、他にも問題があって不法滞在となり、逮捕されてしまいました。式町さんの嘆願書「ダラセンの婚約者は日本人です」のお陰か、彼はやがて仮放免となりました。

---

(4) 吹浦忠正(ふきうら ただまさ:1941年~)。国際赤十字駐在代表、日赤中央女子短期大学助教授、埼玉県立大学教授、東京財団研究推進担当常務理事を経て、現在、ユーラシア21研究所理事長、世界の国旗・国歌研究協会共同代表など。AAR副会長を経て、現在特別顧問、社会福祉法人さぽうと21会長、日本で開催された4回のオリンピックで、国旗や儀典を担当。社会福祉法人さぽうと21については、注(8)を参照。

(5) 1975年、ラオスではラオス愛国戦線という民族運動組織が全土を制圧し、それまでの王政を廃止して、ラオス人民民主共和国という社会主義国家となった。

しかし、いつ強制退去になるか分かりません。「窮鳥《きゅうちょう》、懐《ふところ》に入《い》る」。AARでは、二人を何とか助けたいと、各方面に協力を呼びかけました。東京青年会議所理事長（当時）だった勝亦俊之[6]さんには、ダラセンさんの就職を依頼しました。AARでは、結婚式を企画して、マスメディアを巻き込み、彼をインドシナ難民として認めてもらおうと、広報・啓発に努力しました。署名運動をはじめ、外務省や法務省とも交渉しましたが、当時の法律では認められませんでした。お手上げでした。

1980年5月、六本木の国際文化会館にて、ダラセンさんと式町さんの結婚式がラオスの伝統的様式で行われた。日本・ラオス人協会会長の竹原茂麗澤大学名誉教授（旧名ウドム・ラタナヴォン）ご夫妻が媒酌人を務めた。

結局、二人は日本での生活を諦め、カナダで難民申請をして認められました。7、8年後には、緑の芝生に囲まれた一軒家の前で、はじけるような笑顔の家族写真が届き、私たちも安堵《あんど》しました。しかし安堵と同時に、内心には忸怩《じくじ》たる思いが残りました。屈辱感と言っても過言ではないでしょう。

悔しかったことが三つあります。一つは、法律があと一歩で間に合わなかったこと。日本は1981年にようやく難民条約[7]に加入したのですが、発効は翌82年1月1日からだったので、遅きに失して待つことができなかったのです（待っていたら、不法滞在者・不法就労者として入管に摘発されてしまうのです）。二つ目は、二人の並々ならぬ努力があったとはいえ、わずか7、8年で一軒家を持てるカナダの移民・難民政策と、日本との大きな違いです。

そして、もう一つ。せっかく日本で活躍したいと望んでいた、勤勉で有能な二人を、日本社会は活かすことができなかったこと。一個人でどうにかできることではありませんでしたが、この無力感はその後の私の活動に大きな影響を与えました。

◆タイの難民キャンプへ

さて、ベトナムを脱出したボートピープルのうち、日本に辿り着いた人々は、ごく一部です。本編でしっかり記しますが、ボートピープル（ベトナム難民）は、生命を賭《と》して大海原へ小舟で漕《こ》ぎ出し、水や食糧の不足は当然のこと、台風や海賊に襲《おそ》われ、多くの人々が海の藻屑《もくず》と消えました。そして外国の船に助けられるなど、運の良かった人々のみが、マレーシアや香港などアジア各地の難民キャンプへ辿り着くことができました。そして、そこから第三国定住により、いわゆる西側諸

（6）勝亦俊之（かつまたとしゆき：1943～82年）。勝亦電機製作所社長。難民支援にも力を尽くし、1982年5月に急逝した際は『朝日新聞』で「〝慈父〟の死、難民に衝撃」と大きく報じられた。

（7）「難民条約」とは、国連で1951年に採択された「難民の地位に関する条約」、同条約を補完する1966年採択の「難民の地位に関する議定書」を合わせた呼称である。条約の加盟国は146か国、議定書の加盟国は147か国で、日本は1981年にいずれも加入した（1982年発効）。第3章も参照。

国に受け入れられました。ベトナムのボートピープルは１９７５年から90年近くまで続きました。

１９７９年に日本で発足したＡＡＲは翌80年、日本に到着した難民支援ばかりでなく、東南アジアの難民キャンプでも支援活動を開始しました。私が初めて訪問した難民キャンプは、タイのカオイダンにありました。カンボジアから逃れてきた人々が辿り着いた場所です。カオイダン難民キャンプ（Khao-I-Dang Holding Center）は、タイ王国のプラーチーンブリー県（現サケーオ県）、アランヤプラテートから北方20キロメートルに位置したところに設けられていました。１９８０年当時、約16万人が保護されていると言われていました。灼熱の日差しと高い湿度、人々が密集するその空間で、子どもたちが走り回り、泣き声や笑い声が響き、その親たちが大声で追い回しています。いきなりそのような光景に出会い、私は相当にショックを受けました。また、こうした過酷な境遇の中でも、若い人々は新たな家族を作ります。とかく難民支援政策などでは見落とされがちですが、こうした営みを前提として支援も行われなければなりません。

一方、これも当たり前なのですが、国外へ脱出するには国境を越えなければなりません。しかし、その国境には地雷が埋設されていました。そのため、難民キャンプには足や手など身体の一部を失った人々が数多くいました。ただし、この人たちは外に顔を出しません。テントの奥で、じっとうずくまっていたのです。また、若い人々とは対照的に、年配の人々には生気がありませんでした。それまでの人生をかけて蓄えてきた財産を失い、祖国を失い、家族を失いました。日焼けして荒れた肌、しわだらけの顔を見て、私は言葉も出ませんでした。希望を失い、ただ呼吸をしているだけのようにさえ見える人々の胸中は、いかばかりであったでしょうか。こうした方々には、「心のケア」が必要でした。今日なら、もっと推し量ることもできたのですが、当時の私には、そうした知識もノウハウも不足していました。

◆悪平等ではなく、良き不平等を

ＡＡＲには設立当初から、役員・会員の間にいくつかの了解事項がありました。

①　支援にあたり、平等・公平を第一義にしないこと。

平等・公平には時間がかかります。いただいた募金は、できるだけ早く使いましょう。ＡＡＲは悪平等ではなく、良き不平等をしましょう。不公平と言われても、緊急に必要な人、ご縁ができた人、努力する人、応援したい人、将来の夢を実現しようとしている人などに対して、適切なアドバイスを与えながら、支えていきましょう。すべてを平等にはできっこないのですから。

②　世界の中に日本がある、という当たり前の意識を運動の基本に置くこと。

「日本だけは特別」「日本さえ平和なら他は考えたくない」という考え方を捨てましょう。「世界の中の日本」という意識を常に持ちましょう。

③　向学心のある子どもに学ぶ機会を提供すること。

日本に定住した難民は、若者、単身者も多く、学びたくても学ぶ自由が許されなかった人々でした。せめて息子や娘には学ぶ自由を与えたいと、ボートピープルの親世代は子に賭けました。そのような事情から、「日本に辿り着いた難民の中で向学心を燃やしている人々にしっかり学ぶ機会を提供しましょう。まず学んで自立してもらい、後から来る難民を指導してもらえばよいのですから。今、学ぶための支援をしましょう」という気持ちでＡＡＲが真っ先に取り組んだのは、日本語教育とインドシナ難民奨学金制度です。姉妹団体である社会福祉法人さぽうと21[8]に引き継ぐまでの約10年間に、延べ９２０人に対し一人あたり平均６年間支援しました。２０２４年現在も、さぽうと21による日本語や補完教育といった生活支援や就学支援金の支給を継続しています。

④　「明日の10kgより、今日の1kgのコメが役立つ」ことも多いのだという現実感覚を忘れないこと。

　一部の識者からは「現物の給付は支援への依存を助長し、自立を妨げる」という主張も聞かれます。いわば「飢えている人に魚を与えるより、釣竿を与え、魚の採り方を教えるべきだ。さらに、釣竿の作り方を指導すれば、もっとよい」というわけです。たしかに「もっとよい」のですが、だから「魚を与えなくてよい（与えるべきでない）」という二者択一の発想に囚われないようにしましょう。支援の現場では「飢えた人が、釣竿を持ったまま死んだらどうするのか」という視点も決して忘れてはいけません。

⑤　日本の若者に、ＡＡＲの①～④の活動すべてに積極的に参加してもらい、難民の方々と接す

ることで、一人の人間として、また国際社会の一員として、自身を磨いてもらうこと。

これは、難民の支援活動を通して「難民を他山の石とせよ」と言っているようで、見方によっては失礼だと感じるかもしれません。しかし、難民の方々は自由を切望し、命がけで世界各地に逃れました。彼らは懸命に学び、人生を切り拓いています。そして日本で、世界で、活躍する人たちもたくさんいます。彼らと接することは、日本の若者にとっても大きな学びの機会になるでしょう。また彼らの話を聞き、世界で何が起こっているのか、自分は何をすればよいのかと考えることは、人間形成・人格陶冶《とうや》にきっと役立つでしょう。

これらの了解事項はどれも、政府系ではない、民間団体であるＡＡＲらしさが溢《あふ》れていると思います。当時の小さな市民団体だった頃とは比較にならないほど、２０２４年現在のＡＡＲは大きくなり、活動地域も規模も変わっていますので、参考にならないこともあるかと思いますが、私は、これからもこの暗黙の了解を理解していてほしいと思います。

（8）社会福祉法人さぽうと21（会長 吹浦忠正）：１９９２年設立。日本で生活するインドシナ難民、条約難民、中国帰国者、日系定住者とその子弟の定住と自立に向けた支援を行う団体。１９７９年に設立されたインドシナ難民を助ける会（現AAR Japan［認定ＮＰＯ法人 難民を助ける会］）の国内事業を引き継ぎ活動を開始。さぽうと21の活動については、当法人のウェブサイトも参照（https://support21.or.jp）。

◆若い？　二代目事務局長

ＡＡＲという組織の話が出ましたので、その中での私の立ち位置についても、お話ししておきましょう。実は、「インドシナ難民を助ける会」を設立して半年後、事務局長であった父が急逝し、私は事務局を引き継がなくてはならない状況に追い込まれました。当時30歳の二代目事務局長就任に、会長の相馬家では、

雪香さん　「房子さんで大丈夫かしら？」
恵胤《やすたね》さん　（夫君）「若い人を育てるということも、目的の一つでしょ！　任せてごらんなさい。」

と、腹を決めたのだとか。後年、この逸話を打ち明けられ、私自身がＡＡＲに育てられた「若い人」だったのだと苦笑してしまいました。

いずれにしても、実家の一部にＡＡＲの事務所があり、活動の場を提供し、大勢の人々が運動の根拠地としていました。インドシナ難民のためにと寄せられる募金に対して、相馬会長は、「日本人は難民問題に直面し、心の開国を始めた」と語っておられました。そして、ＡＡＲは一般の人が

1981 年末の銀座。AAR による街頭募金の様子。左手前は相馬雪香会長（当時）、中央に募金箱を抱える筆者。

協力しやすい企画を次々と考え、実行し、報告を繰り返しました。例えば、「一人1円を募金していただければ、1億1000万円（当時の日本の人口は、1億1000万人でした）になる」と提唱して、半年後にはそれ以上の募金が寄せられたのです。

また、カンボジア人の難民キャンプに眼鏡を贈る運動なども一例です。なぜ眼鏡かというと、カンボジアのポル・ポト政権下では、眼鏡をかけている人は知識人層と見なされ、弾圧の対象になっていました。そのため、国を脱出するときに眼鏡を捨ててきた人が大勢いたのです。その話を聞き、AARでは日本で眼鏡の寄付を募ったところ、約5000個の眼鏡が集まりました。さらに、ありがたいことに東京眼鏡専門小売協同組合（小柳重隆理事長・当時）の方々が「われわれにしかできないボランティア活動」と、協力してくださいました。眼鏡をきれいに洗浄し、度数を計り、新しいケースに収めて、東京眼鏡卸協同組合からのフレームやレンズ約7000個と共にタイの難民キャンプへ届けました。現地では、日本、米国、オーストラリア人の眼科医と協力して、一人ひとりに合う眼鏡が手渡されました。「これで、署名できます。縫い物もできます」と、大変喜ばれました。また、日本で眼鏡を寄付してくださった方々からは、一つひとつに手紙や募金が添えられていました。「父の形見です。このように思いがけずカンボジアの難民に使用していただけるなんて、素敵な活動です」と書かれた手紙もありました。

お陰様で募金も集まってきましたが、同時に社会的責任と重圧を感じました。そもそも難民問題にも社会問題にも素人だった私は、「電話番くらいさせます」という父の一言で手伝うことになったのですから。しかし、「分からない」とか「できない」といった泣き言は許されません。ご年配の役員の方々に間違いないかを質問しながら、懸命にその日その日を過ごしていました。事務所には、早朝から深夜まで、多くの人々が出入りしていました。報道記者が来訪します。募金が次々と届けられます。「助けてください！」と難民の方も訪問されます。「何か、手伝います」というボランティアが駆け付け、2本の電話回線では足りなくなり、地元の自由ケ丘電話局は慌てて臨時電話回線5本を追加しました。娘たち（当時5歳と0歳）は、実家の母や友人に任せきりでした。私自身は、食事もまともにとれない日々でした。

ＡＡＲがスタートした1979年の年末のこと、10人ほどの児童と母親たちの来訪が忘れられません。それぞれ手に手に募金箱とお菓子を携《たずさ》え、「クリスマス会で集めた募金です」「お年玉を早くもらいました」「難民の人に届けてください」「このお菓子も」と口々に興奮してしゃべります。この子どもたちは、野村生涯教育センター（金子由美子理事長）の幼児部の皆さんでした。野村佳子初代理事長と相馬雪香ＡＡＲ会長との信頼関係からスタートしたこのご支援は、2024年現在も継続しており、折あるごとにお支えいただいてまいりました。

ＡＡＲが創設されて以来、私は二代目事務局長、初代理事長を務め、2021年6月に会長を退き名誉会長（2023年6月退任）となるまで、43年あまりＡＡＲと共に生きてきました。

◆当時の通信手段

電話で思い出しました。1980年代は固定電話が日常の通信手段で、携帯電話なんて、もちろんありませんし、パソコンでさえ夢のような話でした（ただし、AARには、その夢のようなNECのパソコン（98シリーズ）が1983年には1台だけ据えられていました。これは業務用ではなく、難民学生が研究に使うためのものでした。ベトナム難民の奨学生たちとパソコン指導の先生方が、24時間奪い合っていたのを思い出します）。

海外へ派遣した人たちとの連絡は、すべて手紙でした。ですから、こちらから手紙を送ると、1週間かけて派遣国に着きます。先方がちょっと考えて返事を書くと、日本に届くのは3週間後です。「マラリアに罹《かか》った」という手紙を読んで、「大丈夫ですか？　栄養と休息を充分とってくださいね」と見舞った手紙が現場に届く頃には完治しているわけです。いえ、治ったならよいのです。本当に辛い話ですが、亡くなられてしまったケースもありました。派遣先で病気や事故が起こると、真夜中に外務省からの電話でたたき起こされました。電話の音に慄《おのの》いたことも、2度や3度ではありませんでした。いずれにしても海外との連絡はあまりにも非効率なので、私は一時期、交信にテレックス(9)を使用していました。高額な費用のかかる国際電話は、週1回3分間と決めていた時代でした。

海外への送金もまた一苦労でした。派遣するスタッフに大金を持参して出発してもらったことも、しばしばありました。また、銀行送金もクレジットカードも一般的ではない時代でしたから、国内の募金はほぼ現金書留でした。書留に同封されたお手紙には、寄付してくださった方々のいろいろな心情が綴《つづ》られていて、とてもありがたく、今でも覚えています。年金受給した次の日に、早速、現金書留を届けてくださった方が何人もいました。「私は引揚者《ひきあげしゃ》です。ボートピープルの姿に自分が重なります。3人の子どもも大学を卒業して、就職しました。少ないですが……」と毛筆で認《したた》められた手紙を読み、相馬会長や事務局長であった父が涙を拭いていました。「クリスマスとお年玉をすべて難民のために使ってください」と書かれた、小学生のたどたどしい文字が懐かしく思い起こされます。「子どもの頃からずっと貯めていた貯金箱を壊しました。難民のために使ってください」と覚悟がしのばれるお便りも大変印象に残っています。

固定電話、手紙、ファクシミリ、自動車の移動電話、ワープロ…、そして1995年以降は事務局の業務にもパソコンが本格的に導入されるようになりました。その後、パソコンは一人1台の時代に入りました。Eメールを使う人も増えました。そして今や、携帯電話やインターネットのない生活は考えられない時代です。寄付もインターネット経由のカード決済が当たり前になりましたし、もっと新しい仕組みが次々と開発されているようです。

◆ザンビアの「じゃがいもクリニック」

AARはインドシナ難民への支援から始まって、活動の場を世界各地へと広げていきましたが、それを可能にしたのは実に多くの方々のご支援・ご協力でした。その一つとして、アフリカでの活動を少しだけご紹介します。

1984年、アフリカで大干ばつが起こり、「アフリカの飢餓《きが》」が叫ばれると、世界各国に支援が要請されました。そこで、外務省といくつかの団体が協力して、「アフリカへ毛布をおくる会」が設立されました。会長は俳優の森繁久彌さん、AARの吹浦忠正代表幹事が実行委員長を務めました。[10] この時期からWCRP（世界宗教者平和会議）や立正佼成会の根本昌廣さんはじめ皆様のご支援をいただき、その後の「愛のポシェット運動」[11] などでも大変お世話になったことを申し添えます。

（9）「テレックス」は「telegraph exchange」の略で、電話回線で文字を送り、相手の端末に文字を表記させる通信機器。1930年頃に技術が確立され、ファクシミリが普及する2000年代前半まで利用されていた。見た目は電話にタイプライター機能が搭載されたような機械で、タイプライターで文字を打ち込み、相手に電話をかけると、その文字が電子化されて相手の機器に表示されるという仕組みである。小学館『日本大百科全書（ニッポニカ）』『ブリタニカ国際大百科事典　小項目辞典』「テレックス」より。

（10）この活動は、その後「アフリカへ毛布をおくる運動推進委員会」へと引き継がれ、「アフリカへ毛布をおくる運動」として2022年まで38年間にわたって続けられた（https://mofu.org/）。

（11）「愛のポシェット運動」は、手作りの布製巾着（ポシェット）に文房具やおもちゃなどを入れて、AARが支援している戦争が終わったばかりのカンボジアや旧ユーゴスラビアの子どもたちに贈る活動。日本の敗戦直後にアメリカの高校生からのプレゼント「ギフトボックス」を受け取った一人の小学生（当時）のアイデアで始まり、運動を開始した1993年には全国から13万個が集まった。2、3年目からは収集作業をガールスカウトや立正佼成会の方々が率先してお手伝いくださり、輸送料や配布のための多大な費用も募っていただいた。

そして、翌1985年には歌手の森進一さんや黒柳徹子さんらの協力で「じゃがいもの会」が結成され、日本武道館で第1回チャリティコンサートを開催しました。演歌歌手の大川栄策さんや細川たかしさん、森昌子さん、民謡の原田直之さんなど芸能人の方々が無償で出演してくださり、多くの寄付金を集めることができました。AARのボランティアも、会場やテレビ局との交渉、チケット販売など、コンサートの運営に総出で駆け回りました。このチャリティコンサートはその後NHKホールなどに会場を移しながら、2002年の第18回コンサートまで続けられました。

1986年には、このコンサートで集められた寄付金を使ってザンビアのメヘバ難民キャンプ(12)に医療施設「じゃがいもクリニック」が建てられ、長年運営されました。日本に逃れたベトナム難民の医師だったトラン・グエン・ダットさんが日本から派遣され、現地で大変活躍されました。

メヘバ難民キャンプは、難民の帰還に伴い、2003年には所期の目的を達成したので、AARも撤退しました。跡地は地元の人々に移管されました。それから20年以上の年月を経た2024年3月、現地に滞在するAARのスタッフ原口珠代（看護師）さんから思いがけない報告がありました。「じゃがいもクリニック」は、ザンビア政府と現地の人々によって当時のままの施設が維持管理されて、外来診察を目的として使用されているそうです。現在も、ザンビア政府からの医療職員3名とコミュニティ・ヘルスワーカー2名がボランティアで配置され、1日に35～40人の外来患者を受け入れているとのこと。維持管理などについては、常時、積極的にUCZ（United Church Zambia）の支援を受けており、さらに2022年にはUCZ／UNHCRおよびザンビア政府の支援でじゃがいもクリニックに産院施設が建設され、予防接種（ワクチン）のための冷蔵庫や分娩台《ぶんべんだい》なども設置されているそうです。

「メヘバでのＡＡＲの支援が終了してからも、政府そしてコミュニティからずっと支援を受けて、根付いて運営されていることに、うれしさとともに、じゃがいもクリニックが、本当にコミュニティから必要とされ、親しまれているんだなというのが実感できます。また、じゃがいもクリニックに産院施設が設置されたことは、じゃがいもクリニックの医療体制の質やコミュニティのオーナーシップの充実さが認められている証だと思います。」

原口さんの報告には、そんな感想が述べられていました。たとえ10年、20年で成果を出せなくても30年、40年と続ければ…。あらためて「継続は力なり」ということを実感する出来事でした。

（12）ザンビア北西部州カルンビラ群にあるメヘバ難民キャンプ（難民定住地：Meheba Refugee Settlement）は、ザンビア国内最大の難民居住区の一つで、広さは日本の淡路島ほどもある。当時はアンゴラ、モザンビーク、コンゴ民主共和国などの難民が多く居住していた。ＡＡＲは１９８５年から支援を開始し、２００３年に事務所を撤収した。

◆きれいな水を求めて

AARは、活動地域と並行して活動内容も拡大してきました。2024年3月現在では、世界17か国で、難民支援とともに、地雷・不発弾対策、障がい者支援、災害の緊急支援、感染症対策／水・衛生、提言／国際理解教育の6分野で活動しています。感染症対策で不可欠なのが、衛生的な飲み水の確保です。この活動も歴史があり、1985年には先述のメヘバ難民キャンプを中心に、「機械掘り」や「上総《かずさ》掘り」という方法を使って数十本の井戸を掘削しました[13]。

水は宝物です。とくに水源となる川へ水汲みに行くのは子どもたちの仕事なので、集落の真ん中に井戸ができれば、子どもたちはこの重労働から解放され、学校で学べる可能性も生まれます。ただし、単に井戸を掘るだけでは、事は終わりません。一見、透き通った水でも、細菌が多くて濾過《ろか》しないと飲めないこともあります。ポンプの部品が盗まれたり、整備・点検を怠ったために壊れてしまったりすることもあります。そのため、自分たちで維持・管理・修理できるように技術指導を行いました。それでも、数年後に調査に行くと、継続して使用している井戸が四分の一以下になっていたこともあり、残念でした。

また、飲み水の確保と並行して、トイレの整備も大切です。私たちは各国で学校や集会場を建ててきましたが、別棟に共同トイレも設置しました。「トイレで用便を足す」という習慣がない人々に衛生観念を植え付け、トイレの必要性を理解していただくのは大変な苦労ですが、衛生的な生活環境を整え、感染症の蔓延《まんえん》を防ぐためには、とても重要な取り組みです。

◆難民一人ひとりと日本人一人ひとりが理解しあう

話題を日本に戻しましょう。繰り返し述べているように、ＡＡＲが国内外で活動を続けるには多くの方々の支援が必要ですが、その前提になるのが国際理解を促すための広報・啓発・教育活動です。

とくに若い人々に難民一人ひとりを理解してほしくて、ＡＡＲでは日本各地（河口湖・銚子・嬬恋・山形・駒ケ根・磐梯・相馬・野辺山・三ケ日ほか、２～４泊）で難民の集いを開催してきました。ラオス、ベトナム、カンボジアからのインドシナ難民50～１００人に加え、同数の日本人の学生やボランティアの方々、スタッフも合宿に参加しました。日本の企業や大学のチームとサッカー大会や運動会を催し、参加者が総勢２４０人に上ることもありました。日赤女子短期大学や東海大学、麗澤大学をはじめ各大学、文部省（現・文部科学省）、日本青年会議所、国立青年の家、地方自治体など多くの協力を得て実現できた活動です[14]。

東京ディズニーランド（ＴＤＬ）が営業を始めて４、

1986年9月、東京・渋谷の日本赤十字看護大学グラウンドにて運動会を開催。インドシナ三国の難民や日本人学生が参加し、楽しく汗を流しながら交流を深めた。

（13）井戸の掘削事業には、全国地域婦人団体連絡協議会と国際青年の年推進協議会から助成をいただいた。

5年が経った頃でしたか、「クラスでTDLに行ったことがないのは私たちだけ」というベトナム難民の小学生の手紙を受け取りました。他の子どもたちにもアンケートを取りましたら、生活に余裕がなく難民の家族にはまだ遠い遠いTDLでした。こんなことでイジメの対象になったりしていることも分かりました。そこで、支援者の皆さんに特別にTDL募金をお願いして実現させました。先日、その参加者の一人だったソピエップさんにお会いすると、「(TDLへは)その後、何度も行きましたが、あの時ほど感動したことはありませんでした!」とのこと。30年経っても、元難民たちの語り草になっています。

1987年8月の難民の集いの合宿は、伊豆大島で開催しました。前年の86年11月に大島三原山が209年ぶりに大噴火し、島民約1万人が島を離れた際、緊急避難場所はアジア福祉教育財団難民事業本部が運営する国際救援センター(東京・品川区八潮)でした。センターには、来日して間もないベトナム難民の家族100名近くが滞在し、日本での生活に向けた準備に余念がありませんでした。日本語の勉強はもちろん、生活のための情報を集め、就職の準備もしていました。その時、大島町側から「難民と隣り合わせの生活はできない」と言われました。大島の人々と難民が往来できないよう、センターの真ん中に塀を作ることを条件に避難してこられたのです。緊急避難で1か月余りも島を離れなければならないことがどれだけ大変かと察することはできましたが、塀に関しては納得がいきませんでした。そこで翌年の夏合宿は大島と決めたのです。大島の町長さんは、町の代表の方々と共に難民への理解不足を認め、難民の方々にお詫《わ》びしてくださいました。後は酒盛り（学生たちはサイダー）です。東京から同行したジャズミュージシャン・鈴木勲カルテット一行の生演奏でジャズに酔いしれ、大島民謡や盆踊りを一緒に歌い、踊り、夏の島の夜は更けていきました。

◆和菓子作りの名人になったカンボジア難民

難民支援では、職業訓練や就職先の紹介も非常に重要です。働いてこそ経済的に自立でき、また誇りをもって生きることができるからです。そこで本章の最後に、国内外の就業支援活動についてお話ししたいと思います。

まずは、日本国内の難民の就職について、和菓子の老舗「虎屋」さんを紹介します。現会長の黒川光博さんは、ＡＡＲ発起人の一人で、設立当初から一緒に活動してきました。自然災害の緊急支援では、羊かんをご提供いただいており、被災者の方々にお配りすると「とらやの羊かんだ！」と大変喜ばれます。

以下、黒川光博さんへのインタビューから一部引用します[15]。

（14）１９９４年以降は、事業主体を姉妹団体のさぽうと21に移管し、その時々に応じた研修会などを実施している。

（15）インタビューは２０２１年４月７日に実施。聞き手はＡＡＲの中坪央暁氏。

「東京青年会議所理事長（1980年）、日本青年会議所会頭（1982年）を務めた頃でした。

1984年に来日したカンボジア難民のご夫婦、セン・サムウンさんとユーエン・ワンティーさんを社員として採用しました。ポル・ポト政権下で過酷な経験をした二人はひとり息子を連れて隣国タイに逃れ、来日して3か月間、神奈川県大和市にあった難民の定住促進センターで日本語研修を終えたところでした。

今から思うと本当に愚問なのですが、初めての面接で『どうして和菓子屋を希望するの?』と尋ねると、『生きるために働かなければならないのです。仕事は選びません』という答えでした。後に日本国籍を取得した際、仙田佐武朗さん、美保子さんという日本名を付けさせてもらったのは私です。佐武朗さんは和菓子の製造、美保子さんは包装・発送の部署に配属され、慣れない環境で仕事を覚えようと一生懸命に働いてくれました。

佐武朗さんは仕事熱心なうえに、手先が非常に器用で、工場の主任として和菓子作りを担い、技術指導でフランスに派遣されたり、日本の食文化の発展に貢献したとして「食生活文化賞」を受賞したりするまでになりました。定年退職後も嘱託として後進の指導に当たってくれています。

カンボジア出身の和菓子職人、仙田佐武朗さん。2019年の日本食生活文化財団主催「食生活文化賞」授賞式にて（写真：虎屋提供）。

二人の甥であるユ・カンナラ君のことも忘れられません。重度の心臓病を抱えていた幼いカンナラ君は、AARが日本政府に働きかけて『超法規的措置』で同じく1984年に来日し、全国から寄せられた義援金で初回の手術を受けました。再手術を受けるまでの数年間、部屋を貸してくれるアパートが見つからず、うちの社員寮にしばらく住んでもらったこともあります。その後2001年に弊社の社員になったのですが、残念ながら2005年に26歳で亡くなりました。

私が誇らしく思ったのは、職人たちも事務社員も彼らをカンボジア難民としてではなく、職場の仲間として自然に親しく接してくれたことでした。」

大変残念なことに、佐武朗さんは受賞後の2021年、病気のため逝去されました。美保子さんは、現在も虎屋さんで頑張って働いています。

◆ミャンマーで「障がい者のための職業訓練校」を！

次に、海外での自立支援について一例をご紹介します。難民キャンプの中でも自ら活路を切り拓ける人と希望を見出せない人がいるように、途上国では貧富の差も大きく、都会から少し離れた地域では支援が行き届かなくなりがちです。国際的支援からも顧《かえり》みられず、声をあげられない人へのケアは、どうしても後回しになってしまいます。特に深刻なのが障がい者や高齢者、子ども、女性です。とりわけ、障がい者や女性の人権が尊重されていない国々がまだまだ多いのです。

そのようななかで、AARがミャンマーのヤンゴンで運営している障がい者のための職業訓練校があります。ミャンマーには、こうした施設として傷痍《しょうい》軍人のための訓練所が公立で1箇所ありますが、民間ではAARの施設があるのみです。信じられないくらい少ないと思いませんか。

2000年に開校したこの職業訓練校では、18歳以上の男女、約130名を毎年受け入れており、地方からも参加できます。訓練生には3か月半の寮生活をしてもらいます。掃除、洗濯、料理も自分たちでこなしながら、理容・美容、縫製《ほうせい》、コンピュータなどについて専門知識・技能を習得します。参加しているのは主に身体障がい者で、それまで自宅以外で生活した経験がほとんどないため、集団生活によって人間関係や社会のモラルも学びます。教員は、当初は専門家でしたが、現在では卒業生が担っています。

この訓練校の自慢は、95%という就職率の高さです。理容コースを修了した人には、卒業祝いにハサミとクシが贈られます。卒業と同時に、自宅で理容室を開業する人もいます。自宅の外の道端に椅子を置き、木の枝に鏡をかけ、床屋さんの開店です。「障がい者に散髪をしてほしくない」などと言う人々もいたそうですが、「安くて上手な床屋さん」と評判になり、多くの客が訪れるようになりました。縫製を学んだ人は洋服屋さんに就職する人も多く（ミャンマーは服の仕立て屋さんがたくさんあり、人気です）。また近年ではパソコンの技術を身に付け、事務職でも雇用されるようになりました。

開校から20年が経ち、施設の老朽化が進んできたため、建替えの必要に迫られていたところ、2

020年春から新型コロナウィルスの感染拡大に見舞われました。さらに2021年2月の軍事クーデターも重なり、2年半の休校を余儀なくされましたが、22年9月に活動を再開しました。

国際協力では、その地域に技術やノウハウを移転し、いずれ現地の人々によって運営できるようにするのが望ましいのでしょうが、どのように運営費を賄《まかな》っていくか、老朽化した建物を再建できるのか…など課題は多く、解決も簡単ではなさそうです。現時点では、自立した卒業生が、自分だけでなく家族の面倒を見られるほどに収入を得られるようになっただけで大成功と思うべきでしょう。現地で頑張っている仲間には、感謝の気持ちしかありません。2024年4月10日の卒業式で、卒業生は1958名になりました。

◆これらの経験を多文化共生社会の実現に役立てたい

2024年3月現在、AARは年間約20億円の予算で運営されています（詳しくは「AAR Japan」で検索して調べてみてください）。1979年以来、活動地域や分野を広げながら、60を超える国・地域で支援を展開してきました。現在は世界17か国で活動しています。お一人おひとりからの寄付と企業や団体からの寄付、外務省やUNHCR、他の国連機関、国際機関などの補助金や助成金、チャリティグッズを販売したり、コンサートを開催したり、さまざまなイベントの企画や参加により収入を得て、広報や啓発活動にも力を注いでいます(16)。

AARでは、2021年8月よりアフガニスタンから日本への退避者を受け入れています。また

22年3月以降、ウクライナから避難された方々の支援にも取り組んでいます。海外支援活動で、アフリカ諸国をはじめシリアやロヒンギャの難民問題、アフガニスタンやその他の対人地雷関連対策、再度軍事政権下となってしまったミャンマーの障がい者の自立支援など、一度始めたプロジェクトは簡単に撤退するわけにはいきません。

支援してくださる方々に報告し、資金を確保し続けられるように、日本をはじめ各国で日々挑戦し続ける若者がいるということを知っていただければと思います。

私もAARの歯車となって過ごした43年にわたる日々の活動から、世界各地の難民キャンプへの視察や支援のための調整などを通じて、難民を発生させる国・地域や難民を受け入れる隣国の情勢にも身近に関わるようになり、難民の受け入れをめぐる現実を直接に肌身で感じながら知見を得てきました。こうした長年にわたる経験や見聞が日本での難民認定申請者の審理の場でも役立っているものと考えています。

皆さんが、これからの外国人との多文化共生社会を考えるために、本書が何らかの参考になれば幸いです。

(16) AARは43年間で110回以上の企画を主催し、大勢の著名なアーティストに関わっていただいた。特に、世界的に活躍したピアニストの中村紘子さん(1944〜2016年)、ヴァイオリニストの天満敦子さんには、たびたびご出演いただいた。また、デヴィ・スカルノ夫人は、四半世紀以上にわたり毎年欠かさずチャリティイベントを主催され、AARにご支援をくださっている。

第1章　外国人とは誰のこと？

恩　恵（おんけい）

日本人であることの恩恵、外国人との間の壁を、どう考えればよいのか。乗り越えられないとしても、焦らず急がず、ぐるっと迂回《うかい》する道も探してみたいものです。

序章でお話ししましたように、私の日々は難民を助ける会（ＡＡＲ）と共にありました。なかには、そこで出会って以来、家族ぐるみで親しく交わっている方々もいて、ＡＡＲで支援した皆さんに今は私が助けられています。ある年末に誘い合わせた食事会の折に、ふと昔話を始めたのは友人のスオンさん。ＡＡＲの奨学生だった短大生の頃のことでした。

「日本に住んで、10年以上が経っていました。学校の先生も友達も、私がベトナム人であることを忘れていました。だから、私自身も日本人と変わらないと思っていました。春休み、ある店のアルバイト募集の面接に行きました。担当の人は、丁寧に仕事の内容を説明してくれました。『よく考えて、気に入ったら連絡してくださいね。待っていますよ。この用紙に住所、氏名などを書いて持ってきてください』と言われました。でも、その場で早速カタカナで名前を書いたら、

『なに、これ？』

『名前です。』

『どこの国の人？』

『ベトナムです。』

店の人は急に態度が変わり、『うちでは外国の人は困るのよね』と断られ、雇ってもらえませんでした。

私はその時、ただただショックで、何も言えませんでした。国籍が違うだけで雇ってくれない

なんて、私には理解できません。これが差別というものなのでしょうか。その後、日本国籍を取得してから、差別はなくなりました。」

第1章では、まず「外国人とは誰のことか」について考えます。そのために「国籍」そして「法律」の重要性を確認しておきましょう。これは、第2章で取り上げる「外国人労働者」や、第3章で取り組む「難民」を理解するための基本知識です。

それでは、日本における「外国人」を俯瞰《ふかん》してみましょう。

1 日本人って誰?

◆あなたは日本人ですか?

「外国人」とは、一言で言ってしまえば「日本人ではない人」です。では、「日本人」とは誰でしょう。あなたは日本人ですか? それは、なぜですか? 日本で生まれたから、日本語を話すから、肌の色が黄色いから…?

いいえ、「日本人(日本国民)」とは「日本国籍」を持つ人のことです。あなたは日本国籍を持っていますか? そもそも「日本国籍を持つ」とは、どのようなことでしょうか? この「国籍」に

国籍法（昭和二十五年法律第百四十七号）

（この法律の目的）
第一条　日本国民たる要件は、この法律の定めるところによる。

（出生による国籍の取得）
第二条　子は、次の場合には、日本国民とする。
一　出生の時に父又は母が日本国民であるとき。
二　出生前に死亡した父が死亡の時に日本国民であつたとき。
三　日本で生まれた場合において、父母がともに知れないとき、又は国籍を有しないとき。

ついては「国籍法」という法律によって規定されていますので、少しだけ覗《のぞ》いてみましょう。

ここで第二条一項は、あなたが生まれた時、お父さんかお母さんのどちらかが日本国民であれば（日本の国籍を持っていれば）、あなたは日本人である、という意味です（このように、子は父母の国籍を受け継ぐという考え方を「血統主義」と言います）。ただし、この考え方は、世界中で同じというわけではありません。例えば、アメリカ合衆国では「どの国で生まれたか」を重視し、アメリカ国内で生まれた子にアメリカ国籍が与えられます（これを「出生地主義」と言います）。日本でも、父母が誰だか分からない場合、あるいは父母がともに無国籍者である場合に、その子が日本国内で生まれたなら、その子には日本国籍が与えられます（第二条三号）。

また、日本と外国の両方の国籍を持っている（これを重国籍と言います）場合でも、日本国内では日本人として扱われます（日本旅券を提示することにより、入国審査官から

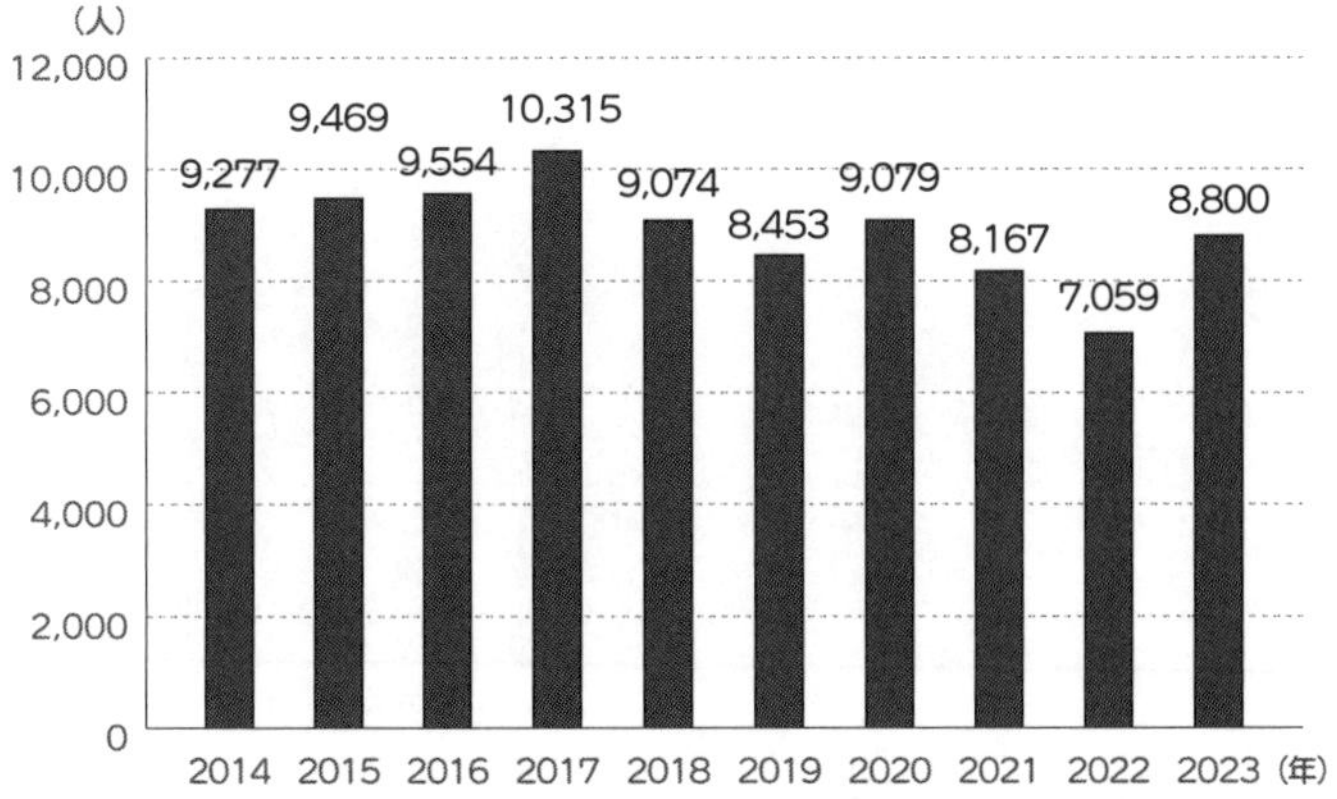

出所：法務省「帰化許可申請者数、帰化許可者数及び帰化不許可者数の推移」（https://www.moj.go.jp/content/001414946.pdf）を基に筆者作成。

図 1.1　日本における帰化許可者数の推移（2014 ～ 2023 年）

出帰国の確認を受けることが原則となります）。さらに、定住外国人が日本に「帰化」することで、日本国籍を取得することもできます。ただし、そのためには、国籍法第五条に定める帰化のすべての条件を満たす必要があります。過去に日本国籍を有していた者や多大な貢献をなしている人については要件が緩和されるものの、法令の遵守《じゅんしゅ》状況や定着性が問われるなど、時間的・条件的に簡単ではありません。図1・1は帰化によって国籍を取得した人数を示しています。

このように、「国民とは誰か」を決める条件（これを要件と言います）について、日本でも諸外国でも多様な考え方や制度があるということを、まずは覚えておいてください。

◆多様な日本人、多様な外国人から成る日本

さて、冒頭の質問に戻りましょう。国籍法に

よれば、日本人かどうかを決めるのに、日本で生まれたかどうか、日本語を話せるか、ましてや肌の色や髪の色などは関係ないことが分かります。そして事実、日本には、海外で生まれ育ったために日本語を話せない人や、肌の白い人に黒い人、瞳の青い人や灰色の人など、多様な身体的特徴や文化的背景を持った人々が、同じ日本人として平等に特別な権利を持って暮らしています。

一方、日本には大勢の外国人も住んでいます。観光や仕事の出張などで短期的に滞在している人々、勉強するために来日した留学生、日本で仕事に就き中長期的に居住している人々、さらに歴史的な経緯から日本に定住している人々、またそうした人々が母国から呼び寄せた家族や親族、日本で生まれた子どもたちなど。なかには日本で生まれ育ち、日本語も上手に話せるけれども、日本国籍を持たない人もたくさんいます。

そうすると、日本語を十分に話せないけれども外国の言葉や文化を身につけている日本人から、日本語がペラペラで日本のマンガやゲームはよく知っているけれども母国の文化はあまり知らない外国人まで、多様な人々がこの日本という土地で一緒に暮らしていることに気づきます。

これが現在の日本です。そして、この事実をしっかり頭に入れておくことが、本書の出発点になります。なぜなら、**「国籍も違う、身につけた言葉や文化も違う、肌や瞳の色も違う人々が、同じ社会で、どのように力を合わせ、共に豊かに暮らしていくか」**…これが移民・難民問題を考えるうえで大前提となる問いかけであり、しかし残念ながら、日本ではまだ十分に議論されていない課題でもあるからです。

◆日本人であることの、ありがたい特権

とはいえ、「共に仲良く力を合わせる」だけでは、この問題は解決しません。先ほど私は、「日本人として平等に特別な権利を持って」と書きました。そう、この日本で日本人であることは「特別な権利」なのです。言い換えれば、これは日本国籍を持つ日本人と持たない外国人とで、法的地位が異なるということです。

例えば、日本人は誰しも、日本政府による保護を受けて日本で生活する当然の権利があります。職業については、国家資格の取得を前提とするものもありますが、基本的にどのような仕事にも就くことができます。また、どのような罪を犯した人でも、日本人ならば日本政府はその人を国外に追放することはできません。

一方、外国人は「出入国管理及び難民認定法」（以下「入管法」）によって日本政府の許可（およびその許可に伴って付与される在留資格）がなければ、日本に在留できません。在留しているということは、何らかの許可がある（あった）はずなのです。

しかし、いったん上陸許可や在留許可を得て、さらに永住許可を受けたとしても、刑事犯罪（1年を超える拘禁刑など）により有罪判決を受けて刑事施設で服役したような場合は、「刑罰法令違反」により退去強制（入管法第5章）の対象となります（詳しくは、本書第6章を参照）。

また、どのような許可（在留資格）を持っているかにより、外国人が日本でできること、できないことが異なるため、他の人と上手く力を合わせられない場面も出てきます。むしろ、外国人が不

利な立場に追い込まれたり、法律違反によって摘発されることもあります。これは本来、私たちが日本をどのような社会にしたいのか、日本人と外国人が互いにどのような役割を果たし、どのような働き方・暮らし方をしたいのかという希望や要望を基に制度が作られるべきなのですが、現在はまだ人々の希望・要望と制度との間の擦り合わせが十分にできていないためではないかと思います（少し分かりにくいですが、後の章で具体的に考えていきましょう）。

この許可・資格については第2章で詳しく取り上げますが、その前にどのような外国人が日本にやって来ているのか、簡単に確認しておきましょう。

2　日本を目指す人々

◆世界中から訪れる外国人

出入国在留管理庁によると、2023（令和5）年末現在における在留外国人数は、341万992人でした。この人数は、前年末（307万5213人）に比べて33万5779人（10・9%）増となり、過去最高を更新しました(1)。

外国人の中長期在留者数(2)は312万9774人、特別永住者数は28万1218人で、これらを合わせた在留外国人数が341万992人になります（男性171万3977人、女性169万700

1人、その他14人)。

また、総務省統計局によると、日本の総人口は2024年2月1日現在1億2399万人で、前年同月に比べ64万人減少しました。したがって、日本の総人口のうち在留外国人は2・75%を占めることになります。

在留外国人の内訳を見ると、主に中国(香港を含む)、ベトナムや韓国などの人々が在留外国人の半数近くを占め、フィリピン、ブラジル、ネパール、インドネシア、ミャンマーと続きます。2019年、20年で、韓国よりもベトナムからの人々が多く来日するようになりました。いずれにしても、在留外国人の80%以上がアジア系の人々によって占められています。

つまり、日本には約341万人の外国籍の人々が住み、195(無国籍を除く)の国籍・地域の

(1)出入国在留管理庁「令和5年末現在における在留外国人数について」(https://www.moj.go.jp/isa/publications/press/13_00040.html)。

(2)「中長期在留者」とは、次の①から⑥までのいずれにも当てはまらない外国人である。

①「3月」以下の在留期間が決定された人

②「外交」または「公用」の在留資格が決定された人

③「短期滞在」の在留資格が決定された人

④①から③までに準ずるとして法務省令で定める人(「特定活動」の在留資格が決定された台湾日本関係協会の本邦の事務所もしくは駐日パレスチナ総代表部の職員またはその家族)

⑤特別永住者

⑥在留資格を有しない人

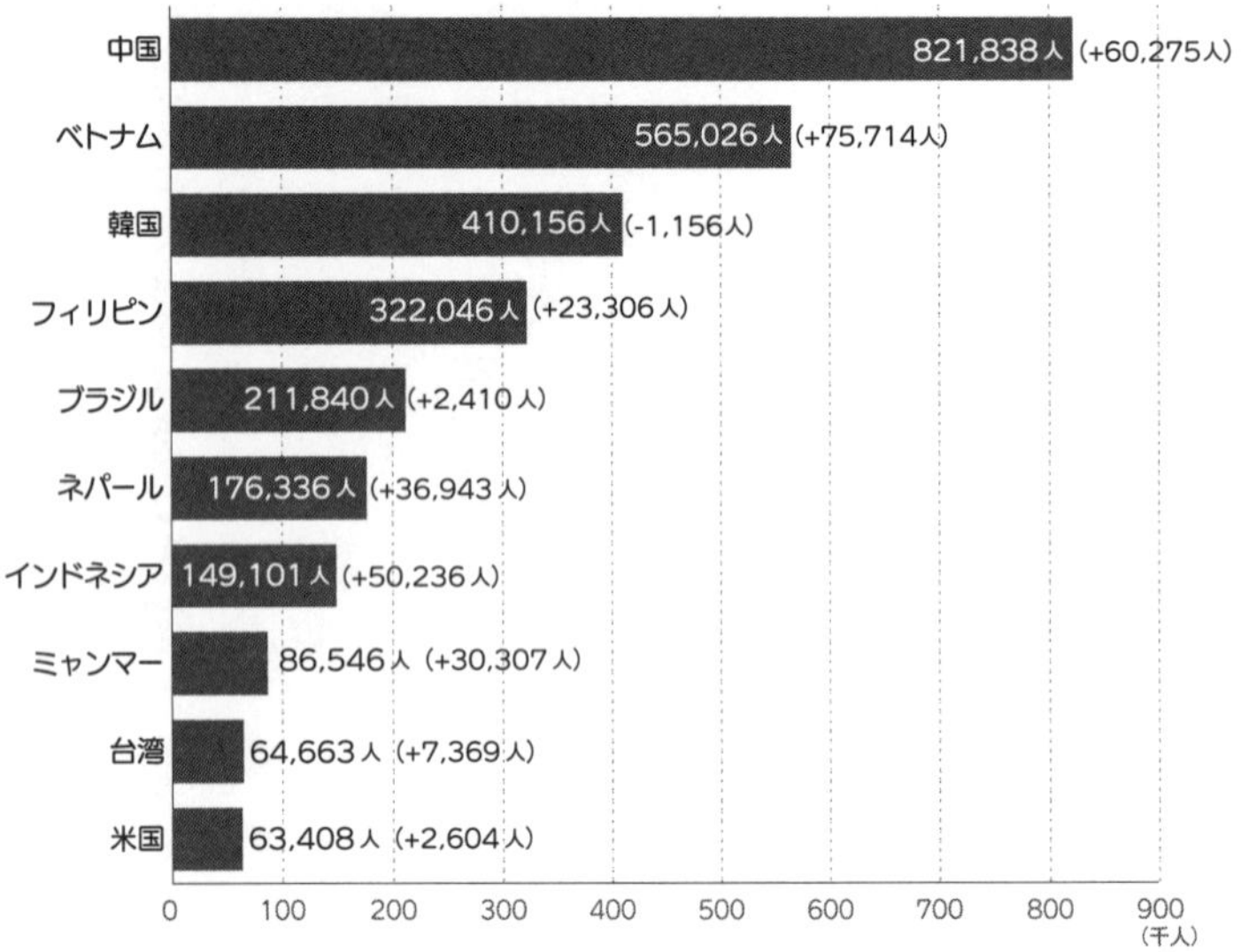

出所：出入国在留管理庁「令和5年末現在における在留外国人数について」（https://www.moj.go.jp/isa/publications/press/13_00040.html）を基に筆者作成。

図1.2　在留外国人の国籍別内訳（2023年末）

人々が住んでいます。世界には200を超える国・地域がありますので、ほぼ世界中の国々から来日し居住していることになります。

◆日本に在留している人々

ではもう少し具体的に、日本に在留している人々について見てみましょう。

①どこの国や地域から？

まずは、在留外国人の国籍・地域からです（図1・2）。在留カードおよび特別永住者証明書上に表記された国籍・地域の数は195（無国籍を除く）でした。上位10か国・地域では、韓国を除き、いずれも前年

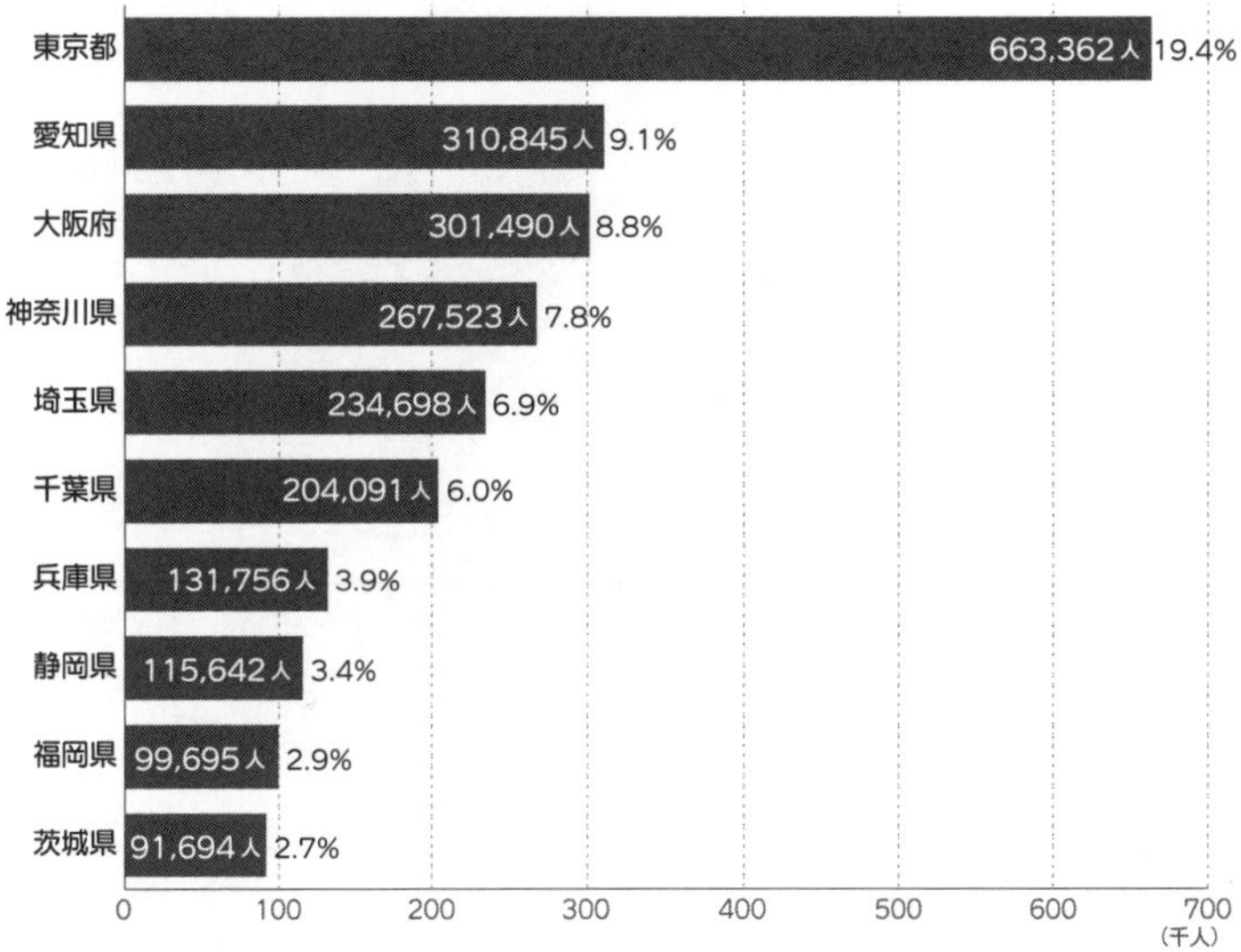

出所：図1.2と同じ。

図1.3　在留外国人の居住地別内訳（2023年末）

末に比べ増加しました。そしてミャンマーは前年度末11位から8位に上昇しました（2023年末現在）。

②どこで暮らしているの?

次は日本国内での居住地です（図1・3）。在留外国人数が最も多いのは、東京都の66万3362人（前年末比6万7214人増）で全国の19・4％を占め、愛知県、大阪府、神奈川県、埼玉県と続いています。

③どのような資格で?

次に、外国人が日本に在留するための資格を見てみます（図1・4）。在留資格別では「永住者」が最も多く、次いで「技能実習」、「技術・人文知

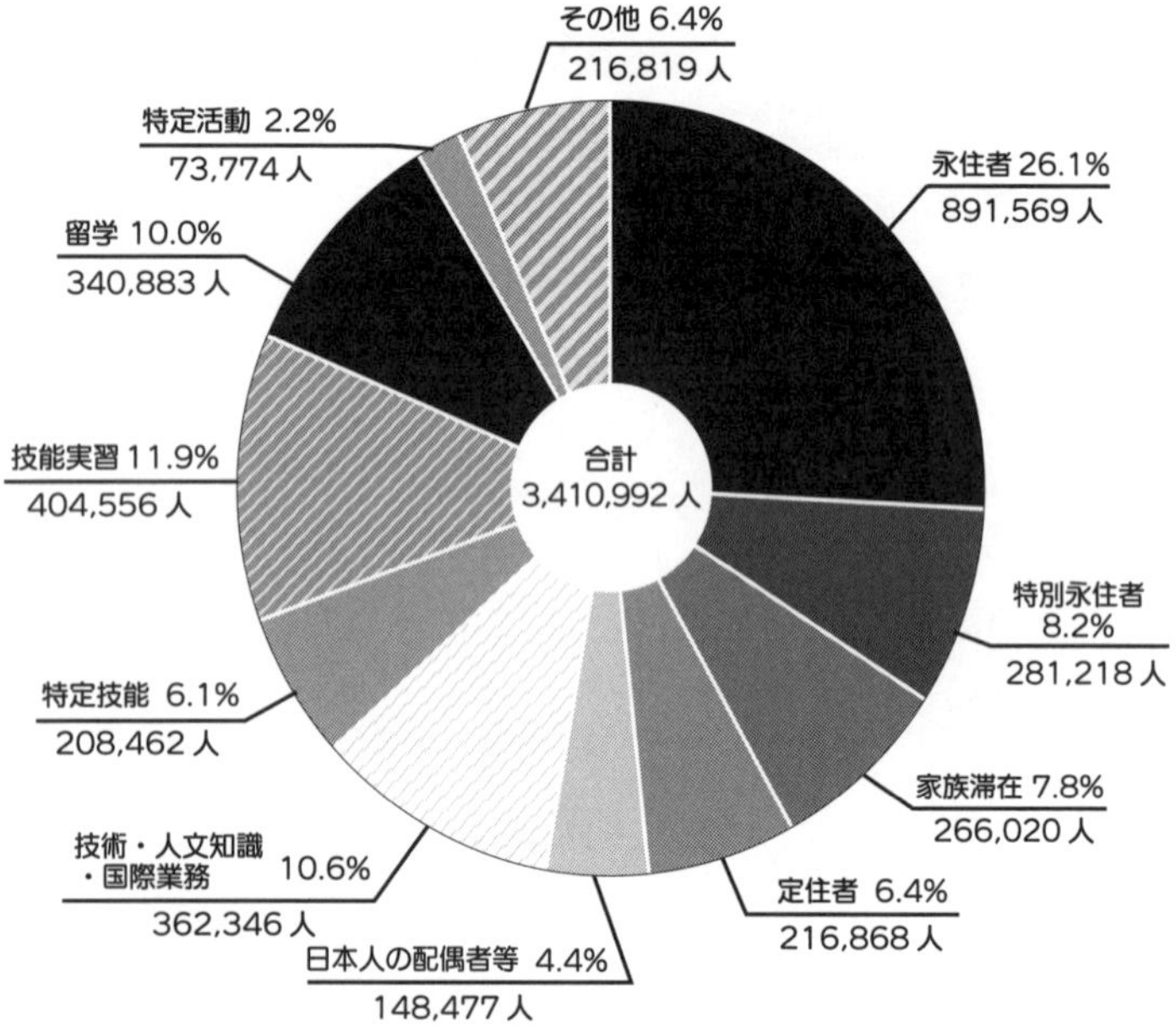

出所：図 1.2 と同じ。

図 1.4　在留外国人の在留資格別内訳（2023 年末）

識・国際業務」、「留学」、「特別永住者」の地位をもって在留する者となっています。この「在留資格」は本書を読み進めるうえで非常に大切な言葉ですので、次節でより詳しく見て行きましょう。

3　外国人が日本で滞在するための資格

◆在留資格とは？

外国人が日本で滞在するためには、入管法上の上陸許可ないしは在留許可を受けるとともに、それらの許可に伴い同法に定められている在留資格のいずれか一つを取得しなければなりません。日本では、第二次世界大戦後間もなくして出入国管理の仕組みが設けられ、米国移民法を参考にした在留資格制度を中心に、外国人の出入国と在留を管理することになりました。これは、外国人が日本での滞在中に、観光、勉学、それに一種の生業《なりわい》（生計を立てるための仕事）として行う活動や、身分・地位に着目しながら類型化したものです。これによって、外国人はどのような活動であれば入国・在留することができるのかを容易に理解できます。また、全体を見渡したときに、日本での外国人受け入れに関する基本政策を現したものと言うこともできるでしょう。

◆「活動」と「身分・地位」による在留資格

在留資格は、大きく分類すると、生業など日本在留中に主に従事する「活動」および「身分・地位」を意識して、全部で29種類定められています（詳しくは第2章参照）。

まず「活動」については、日本での在留中に主としてどのような活動を行うのかによって、就労目的の在留資格と非就労の在留資格があります。例えば、大学卒業レベルの能力を発揮したり語学力を活かしたりして仕事に就くような場合は、「技術・人文知識・国際業務」という在留資格が当てはまります。日本の教育機関に所属して高等教育あるいは日本語の習得に励むような場合は、文字どおり「留学」の在留資格が当てはまることになります。それから、観光やビジネス目的の来日には「短期滞在」の在留資格が当てはまります。これは90日以内という短期間で（収入の源泉が日本国内で生じるような）就労さえしなければよいという在留資格と言えます。

「活動」系の在留資格が与えられるための要件・基準については、特に就労目的の場合は学歴・職歴および日本国内での稼働《かどう》内容が大きく影響することとなります。非就労目的の場合はその生活資金・旅行資金を賄《まかな》うことができ、中長期に在留する場合はどこに所属するかを明らかにすることが重要です。

次に「身分・地位」系の在留資格については、文字どおりその外国人が現に有している身分・地位によることとされます。例えば、日本人や永住者と婚姻《こんいん》した人や、その人の実子であれば「日本人の配偶者等」「永住者の配偶者等」の在留資格に当てはまります。身分・地位系の在留資格については、その身分・地位の類型が明確に定められていますので、それに当てはまるかぎり日本での定住が可能です。

本章では、日本人と外国人の法律上の違いについて、また日本に滞在する外国人について、簡単に確認しました。世界の多くの国の人々が、さまざまな資格により日本で暮らしていることが分かります。続く第2章では、日本に住む外国人の中で就労（生業）という「活動」について在留資格を有する人々、いわゆる「外国人労働者」「外国人材」について考えていきましょう。

第2章　外国人労働者とは誰のこと?

軌　跡（きせき）

延々と続くその足跡は、誰が辿ったのでしょう。旅人たちを送り出す側と受け入れる側が丁寧に対話し、軌道を修正しながら慎重に進むしかないのだと思います。

第1章では、この日本で多様な日本人と多様な外国人が一緒に暮らしていること、そして外国人が日本で暮らし、さまざまな活動をするには、それぞれに要件・基準を満たす必要があることを説明しました。

それにしても、「難民」の本だというのに、なかなか「難民」が登場しませんね。これは、第1章で述べたように、本書が「**国籍も違う、身につけた言葉や文化も違う、肌や瞳の色も違う人々が、同じ社会で、どのように力を合わせ、共に豊かに暮らしていくか**」という問いから出発しており、日本人のこと、外国人労働者（外国人材）[1]のこと、留学生のこと、そして難民のことを同じこの社会の一員として捉えようとしているからです。言い換えれば、「難民問題」については、一時的な「受け入れ」や「支援」の局面だけでなく、長期的な「暮らし」や「生業《なりわい》」の局面までよく考えなければならないということです。

また、「難民問題」も日本社会が取り組むべき課題の一つである以上、他の社会現象や制度と無関係であるはずがありません。相互の関係や影響を理解して初めて「難民問題」も適切に理解できます。その中でも、外国人の就労をめぐる諸問題は「難民問題」とも現実に深く関わっているので、本章で外国人労働者について詳しく取り上げたいと思います。

1　日本で働く「外国人労働者」

◆200万人を超える「働く外国人」

厚生労働省によれば、さまざまな在留資格によって（フルタイム／パートタイムの別を問わず）日本国内で雇用の形態により就労している外国人労働者の数は、２０２３年10月末現在の統計で２０４万８６７５人でした。[2] これは前年比で22万５９５０人増加したことになります。また外国人を雇用する事業所は31万８７７５か所にのぼり、こちらも前年比で１万９９８５か所増加しました。23年末の在留外国人数は３４１万９９２人[3]ですので、そのうち約６割が就業していることになります。

（1）「外国人労働者」という言葉は、日本で就労する外国籍の労働者を指し、単純労働者あるいは非正規就労者をも含む広い概念である。一方、「外国人材」と呼ぶときは、専門労働者や熟練労働者のほか、未熟練ではあるものの教育・訓練を積むことによって将来的に専門・熟練労働者になり得る人も含む在留資格制度に適合した就労目的の外国人を指す。さらに、人材こそが貴重な財産であることを強調した「外国人財」という呼称も使われることがある。本書では「外国人労働者」という名称を基本としつつ、文脈によって使い分けることとする。

（2）厚生労働省「「外国人雇用状況」の届出状況まとめ（令和5年10月末時点）」（https://www.mhlw.go.jp/stf/newpage_37084.html）。

（3）出入国在留管理庁「令和5年末現在における在留外国人数について」（https://www.moj.go.jp/isa/publications/press/13_00040.html）。

身分・地位に基づく在留資格（活動制限なし）

在留資格	該当例
永住者	永住許可を受けた者
日本人の配偶者等	日本人の配偶者・実子・特別養子
永住者の配偶者等	永住者・特別永住者の配偶者、我が国で出生し引き続き在留している実子
定住者	日系三世、外国人配偶者の連れ子等

就労の可否は指定される活動によるもの

在留資格	該当例
特定活動	外交官等の家事使用人、ワーキングホリデー等

就労が認められない在留資格（注2）

在留資格	該当例
文化活動	日本文化の研究者等
短期滞在	観光客・会議参加者等
留学	大学、専門学校、日本語学校等の学生
研修	研修生
家族滞在	就労資格等で在留する外国人の配偶者、子

第1章でも触れたように、外国人が日本に在留するためには、法律で定められた資格を有していることが必要です。これを入管法上に規定する「在留資格」と言います（表2・1）。その在留資格に基づき、日本国内において一定の活動に従事する者として、あるいは一定の身分や地位を有する者として、日本に在留し、日本で活動することができるのです。また、日本で就労する外国人について、厚労省の統計上の分類に従うと、①就労目的の在留資格によるもの、②身分・地位の在留資格に基づくもの、③技能実習生、④特定

就労が認められる在留資格（活動制限あり）

在留資格	該当例
外交	外国政府の大使、公使等及びその家族
公用	外国政府等の公務に従事する者及びその家族
教授	大学教授等
芸術	作曲家、画家、作家等
宗教	外国の宗教団体から派遣される宣教師等
報道	外国の報道機関の記者、カメラマン等
高度専門職	ポイント制による高度人材
経営・管理	企業等の経営者、管理者等
法律・会計業務	弁護士、公認会計士等
医療	医師、歯科医師、看護師等
研究	政府関係機関や企業等の研究者等
教育	高等学校、中学校等の語学教師等
技術・人文知識・国際業務	機械工学等の技術者等、通訳、デザイナー、語学講師等
企業内転勤	外国の事務所からの転勤者
介護	介護福祉士
興行	俳優、歌手、プロスポーツ選手等
技能	外国料理の調理師、スポーツ指導者等
特定技能	特定技能分野（注 1）の各業務従事者
技能実習	技能実習生

注1：介護、ビルクリーニング、工業製品製造業、建設、造船・舶用工業、自動車整備、航空、宿泊、自動車運送業、鉄道、農業、漁業、飲食料品製造業、外食業、林業、木材産業（令和6年3月29日閣議決定）。
注2：資格外活動許可を受けた場合は、一定の範囲内で就労が認められる。
出所：出入国在留管理庁「外国人材の受入れ及び共生社会実現に向けた取組」p.2「在留資格一覧表」（https://www.moj.go.jp/isa/content/001335263.pdf）。

表2.1　日本における外国人の在留資格一覧

活動（ＥＰＡ：看護師・介護福祉士、難民認定申請者など）、⑤資格外活動（留学生のアルバイト）の５カテゴリーに分けられます。

◆日本で働くための入管法上の在留資格

厚労省によると、[4] ２０２３年10月末時点で、①の就労目的で在留が許されている外国人は59万人強です。いわゆる専門的・技術的分野の専門・熟練労働者とされ、大学教授、高度専門職、医師・看護師（日本で医療行為をするためには、国家試験の免許が必要です）、介護、研究、技術・人文知識・国際業務、技能（外国料理の専門家、スポーツの指導や、航空機の操縦など、介護福祉士）のほか、人材不足の特定産業分野に受け入れられている特定技能などです。

②の身分に基づき在留する人々が約61万人強。定住者（主に日系人）、永住者、日本人の配偶者などが含まれています。これらの在留資格は在留中の活動に一切の制限がないため、さまざまな分野で報酬を受ける活動あるいは収入を伴う事業を営む活動（就労）が可能です。とりわけ日系人の定住者については、その多くが製造業の人手不足を補うことを期待されて、いったん日本人との係累《けいるい》という身分関係により入国・在留が許可され、その後に国内の企業・事業所で受け入れられました。

③の技能実習生として在留しているのは約41万人です。技能実習制度は、主として開発途上国への技能移転を本来の目的としていましたが、実際には国内の事業主が人手不足の非熟練労働者を確保することを主目的として受け入れた後にトラブルに発展する例が後を絶たず、ハラスメントや低

賃金、劣悪な労働環境など、さまざまな問題が生じました。山積する問題を解決するため、政府の有識者会議は、新制度を創設するとした最終報告書をまとめました。新制度の目的をこれまでの国際貢献から外国人材の確保と育成に変え、名称も「育成就労制度」としました。技能実習制度の廃止と、新制度「育成就労」の創設を柱とした入管法などの改正案が2024年6月14日、参議院本会議で賛成多数で可決・成立しました。

続いて、④の特定活動は約7万人です。経済連携協定（EPA: Economic Partnership Agreement）に基づく協定締結国（インドネシア、フィリピンおよびベトナム）からの看護師・介護福祉士の候補者やワーキングホリデー、建設就労者・造船就労者などが対象となっているほか、難民認定申請を行っている者の多くがこの在留資格を得て稼働しながら、手続きの終局まで合法的に在留することができるようになっています（詳しくは後述します）。この制度は、それぞれの就労内容により、報酬の仕組みが異なります。

最後に⑤「資格外活動」では、約35万人が就労していると思われます。留学生などのアルバイトはこれに該当します。本来の活動を妨げない範囲内（週28時間、夏季休暇など長期は別規定による）で認められる場合に、報酬を受けられる活動が許可されています。

なお、外交、公用、特別永住者は上記の204万8000人の外国人労働者の対象外です。

（4）厚生労働省「「外国人雇用状況」の届出状況まとめ（令和5年10月末時点）」。注（2）参照。

2　労働者の送り出し国から受け入れ国へ

さて、第1節では現在の日本における外国人労働者の状況を確認しました。次にこの第2節では日本の「外国人労働者」をめぐる歴史を振り返ってみましょう。いつの時代に、いかなる理由で、どのような外国人を日本が受け入れてきたかを知らずに、今日の外国人受け入れについて語ることはできません。また、かつて多くの日本人が「外国人労働者」として世界へ旅立っていったという事実は、現在の日本国内の問題を考えるうえでも、決して忘れてはならないことだからです。

◆戦前の日本は移民の送り出し国

移民という言葉は、さまざまに用いられている。広義としての移民は、生まれた国以外の国に住んでいる人を指す。よって、迫害を免れるために自国から逃れてきた人を意味する難民も、広義の移民に含まれる。狭義の移民は、自発的な意思で新たな国に移り住む人をさす。つまりここでは、迫害により移住を余儀なくされた難民は含まれない。最狭義の移民ではアメリカなどの伝統的な移民受け入れ国での法律用語のように、永住を目的として入国時に永住許可を認められる外国人だけをさす。日本ではこの最狭義の意味でのみ移民という言葉が用いられている。しかし、多くの国での一般的な用語としてはもっと広い意味で用いられ、国ごとに移民を表す用語とその定義はさまざまである。
近藤敦「移民と移民政策」川村千鶴子・近藤敦・中本博皓編著『移民政策へのアプローチ』明石書店、2009年、20頁。

ここで、いささか唐突に思われるかもしれませんが、「移民」という言葉が登場しました。以降、本書で繰り返し出てくるキーワードの一つです。では、「移民」とは何か。社会政策・人口問題・外国人労働者問題の専門家である依光正哲《よりみつまさとし》一橋大学名誉教授は、「母国を離れて国境を越えて異国の地で働くことを目的に、一定の期間その地に留まっている人々を「外国人労働者」あるいは「移民」と総称する」と記しています(5)。

戦前・戦後としばらくの間、日本は外国人労働者の入国を原則として許可していませんでした。逆に大量の移民を送り出す政策がとられてきました(6)(人数枠の設定など、二国間の約束事に基づき相当数を送り出していました)。戦前の海外移民はその時代とともに変化しています。まず「明治元年

(5) 依光正哲「日本における外国人労働者問題の変遷と新たな政策課題」『一橋大学研究年報 社会学研究』41巻、2002年、4頁。
(6) 坂中英徳『日本の外国人政策の構想』日本加除出版、2001年、91頁。

組」と呼ばれるハワイ移民から北米本土へ、そして北米の移民受け入れ制限により送り出し先が南米へ移り、その後は満州開拓移民が主力となります(7)。

戦後も1952年から南米への移民が再開されますが、日本経済の自立と復興が進み、国内の雇用機会も拡大し、所得も向上する高度経済成長期に入ると、移民の送り出しは終息しました。前出の依光氏は、次のように述べています。

「高度経済成長は旺盛な労働力需要を発生させ、海外へ移住しなければ『食えない』状況の日本人がほとんどいなくなった。移民送り出し国から脱却したのである。

（中略）アメリカ合衆国はもともと移民によって成立した国であり、労働力需要をにらみながら海外からの移民受け入れを調整してきた。西ドイツでは、戦後の経済復興と高度経済成長過程で国内労働力供給を上回る労働力需要に対しては、相手国を選び、二国間協定を結んで、大量の外国人労働者を導入した。しかしながら、日本は高度成長期に外国人労働者の導入という選択をしなかった。正確には、外国人労働者を導入しなくても労働力需要を調整させることに成功した(8)」。

日本では1970年代後半まで国内に多くの労働力を蓄えていたため(9)、外国人労働者の就労を原則として認めてきませんでした。1973年には第4次中東戦争の勃発によるオイルショックの影響を受けて日本経済は大不況に見舞われ、高度経済成長から一転して行き詰まりました。この頃から、それまでの重化学工業中心の経済に代わって自動車産業、家電製品、電機・電子関連産業などが経済活動の中心的存在になっていきました。[10] また１９８０年前後の日本は、「団塊の世代」と称された戦後のベビーブームの人々も30歳代の働き盛りで、外国人に頼らずとも働き手を十分に賄うことができました。

日本で外国人労働者への社会的な関心が高まったのは１９８０年代以降[11]のことです。ただし外国人労働者に対しては、あくまでも一時滞在を前提とし、定着・定住を想定していませんでした。例えば、国家試験を通った医師であっても当初から日本で永住するつもりだと申告すれば、移住を画策しているなどとして厳しく審査されるような時代だったそうです。実は、インドシナ難民の受け入れによって、日本の労働市場も外国人に対してわずかながら門戸が開放されたと言えるかもしれません。南米からの日系人や、アジア諸国からの外国人労働者が増加したのも80年代です。[12]

（7）藤賀與一編『日米関係在米日本人発展史要』１９２７年、28頁。
（8）依光正哲、前掲稿、20頁。東栄一郎「日本人の海外移住、１８６８年―１９９８年」『国際日系研究プロジェクト―初年度レポート、１９９８年４月１日―１９９９年３月31日』１９９９年、６―８頁。
（9）総務省『令和４年版 情報通信白書』「生産年齢人口の減少」（https://www.soumu.go.jp/johotsusintokei/whitepaper/ja/r04/html/nd121110.html）
（10）小宮隆太郎・奥野正寛・鈴木興太郎編『日本の産業政策』東京大学出版会、１９８４年、80―81頁。
（11）依光正哲、前掲稿、５頁。

◆日本を目指す中南米の日系人(13)

繰り返しますが、19世紀半ばから20世紀半ばにわたる長い期間、日本は労働者の受け入れ国ではなく送り出し国でした。それが、いわゆる「日系移民」と呼ばれる人々ですが、その最大の受け入れ国がブラジルでした。このため、ブラジルでは今日でも南米最大数の日系人が暮らしています。

日本で景気が拡大していた（いわゆる「バブル経済」期と呼ばれる）１９８０年代半ばから後半にかけて、ブラジルでは物価が急上昇するハイパーインフレーションが続きました。その後１９９３年まで２０００％(14)を超すインフレにより国民は長期不況と失業に苦しみ、社会不安が増大しました。逆に日本では、これまでにないほど企業が多くの労働者を求めていました。そこで、多くの日系ブラジル人が、祖国・日本との伝手《つて》を頼って来日したのです。

こうした流れを受け、１９８９年に入管法が改正されます。日本国籍を有する一世（１９８５年時点で約12万人）と、その配偶者や子・孫（日系二世・三世）にも「日本人配偶者等」「定住者」という在留資格が与えられ、これらの人々には日本での定住や就労が認められるようになりました。

そして、ブラジルだけでなく、中南米の各国からも多くの日系人が仕事を求めて来日しました。こうして「デカセギ」希望者が爆発的に増えることとなったのでした。(15)

◆アジア諸国からの労働者

１９８０年代半ばからのバブル期には、パキスタンやバングラデシュ、さらにはイランなどの中東地域からも多くの人々が来日しました。これらの国は、主として外交的な政策の一環として１９５０～70年代に日本との間で観光ビザを相互に免除するという協定を結んでいたので、パスポートと航空券さえあれば「観光目的」で日本に来ることができました。なかには入国審査で入国目的を疑われることもありましたが、そのまま入国できる者も少なからずいたことから、日本は出稼ぎのための手っ取り早い行き先とされたようです。当時、イランでは日本行きの航空券をめぐって陸上競技場で大抽選会が行われたことも報道されていたくらいです。また、中国からは日本語学校での勉学を目的とした「就学ビザ」(16)で来日し、就労するケースが急増しました。

この人々の多くは、実際には仕事を求めて来日したのですが、なぜ「観光」や「就学」という体裁をとったのでしょうか。それは、日本では在留資格のうち就労目的として列挙されたもののいず

(12) 近藤敏夫「日系ブラジル人の就労と生活」『社会学部論集』第40号、２００５年、1頁。
(13) 外務省「日本と中南米をつなぐ日系人」(https://www.mofa.go.jp/mofaj/press/pr/pub/pamph/japan_latinamerica.html)。
(14) 中谷恵一「ブラジル：レアル・プラン以降の経済安定化政策の評価と課題」『開発金融研究所報』２００6年9月、第31号 (https://www.jica.go.jp/Resource/jica-ri/IFIC_and_JBICI-Studies/jica-ri/publication/archives/jbic/report/review/pdf/31_05.pdf)。
(15) 近藤敏夫、前掲稿、3頁。
(16) ２０１０(平成22)年7月1日より、在留資格の「留学」と「就学」が、「留学」に一本化された。「留学」の在留資格での資格外活動の範囲は、1週間28時間以内(夏休みなどの長期休暇中は1日8時間)。

れにも当てはまらない人々をいわゆる「非熟練単純労働者」と一括して呼び、その受け入れを認めていなかったからです。一方、ビザ無しの観光や、日本語学校での勉学については、学歴・職歴が問われることなく入国条件が比較的緩やかであるように受け取られていました。その結果、多くの人々は観光ビザや就学ビザ、留学ビザで来日したのでした。そして、在留期限が切れた後も日本に留まり、非正規滞在（不法就労）者として働こうとする人々も多くいました。

◆「3K」の担い手となった外国人労働者

１９９０年代前後には製造業や工事現場などの労働が「きつい・汚い・危険」（いわゆる「３Ｋ」）として日本人に敬遠されるようになっていました。これらは決して専門性・熟練度を要しない仕事ではないのですが、職場環境や賃金条件で割が合わないと、特に日本の若者は就きたがりませんでした。そのため、業種により深刻な労働力不足に見舞われました。それを補ってくれたのが外国人労働者だったのです。

外国人労働者の受け入れ問題に関する基本方針としては、１９８８年に「第６次雇用対策基本計画」が閣議決定されました。この計画では、それまでの「外国人ならでは」の特殊性から脱却し、外国人の学歴・職歴に裏付けられた専門性や熟練度の高さを追求することとなり、そのうえでいわゆる非熟練単純労働者については引き続き排除するという形で、外国人労働者に関する法整備を進めることとされました。

その一方で、先ほど述べたように、1989年の入管法改正を機に、就労目的の在留資格とは別に身分・地位に関わる在留資格が整備され、日系人には就労・定住が認められることになりました。その結果、南米諸国、とりわけブラジルから日系人の出稼ぎ労働者が増加し、その後、定住化が進みました。

整理しますと、この基本計画により初めて外国人労働者が「専門的・技術的労働者」と「非熟練単純労働者」とに分けられ、「専門的・技術的労働者」については可能なかぎり受け入れる一方で、いわゆる「単純労働者」については、「国民的なコンセンサスを得られていない」として、その受け入れの是非は慎重に検討すべきとの方針が政府から示されました。この方針に沿った形で、1989年に「出入国管理及び難民認定法」が改正され、1990年に施行されたのです。

この89年の改正により、前述のように、両親のいずれかが日本国籍を有している日系二世およびその配偶者やその子（日系三世）にも、新たに「日本人の配偶者等」または「定住者」の在留資格が与えられるようになりました。南米のブラジルやペルーからだけではなくフィリピンからも多くの日系人が「デカセギ」に来て、やがて定住するようになっていきました。

また、その頃すでにあった「研修」という在留資格を発展させる形で、1993年には「外国人技能実習制度」が設けられました。

◆外国人労働者受け入れ「第9次雇用対策基本計画」

近年の日本の外国人労働者受け入れの基本方針は、1999年に閣議決定された「第9次雇用対策基本計画[17]」に見ることができます。

専門的・技術的分野の外国人労働者の受け入れについては、日本経済の活性化や国際化を図る観点から積極的に推進しています。他方、いわゆる非熟練単純労働者の受け入れについては、国内の労働市場や経済、生活への影響なども大きいとして「単に少子・高齢化に伴う労働力不足への対応として外国人労働者の受け入れを考えることは適当でない[18]」と記されています。

この計画の重点として、以下の4点が挙げられています。第1は、経済・産業構造の転換に的確に対応して、雇用の創出・安定を図ること。第2は、個々人の就業能力（エンプロイアビリティ）を向上させるとともに経済社会の発展を担う人材育成を推進すること。第3は、人々の意欲と能力が活かされる社会の実現を目指すこと。第4は、国際的視野に立って雇用対策を展開していくこと[19]。

（17）閣議決定「外国人労働者の受け入れに関する政府等の見解等　第9次雇用対策基本計画（抄）」1999年（http://www.mlit.go.jp/singikai/kokudosin/keikaku/lifestyle/3/shiryou3-4.pdf）。

（18）注（17）と同じ。

（19）「（別紙）雇用対策基本計画　第9次」（https://www.jil.go.jp/jil/kisya/syokuan/990813_01_sy/990813_01_sy_bessi.html）。

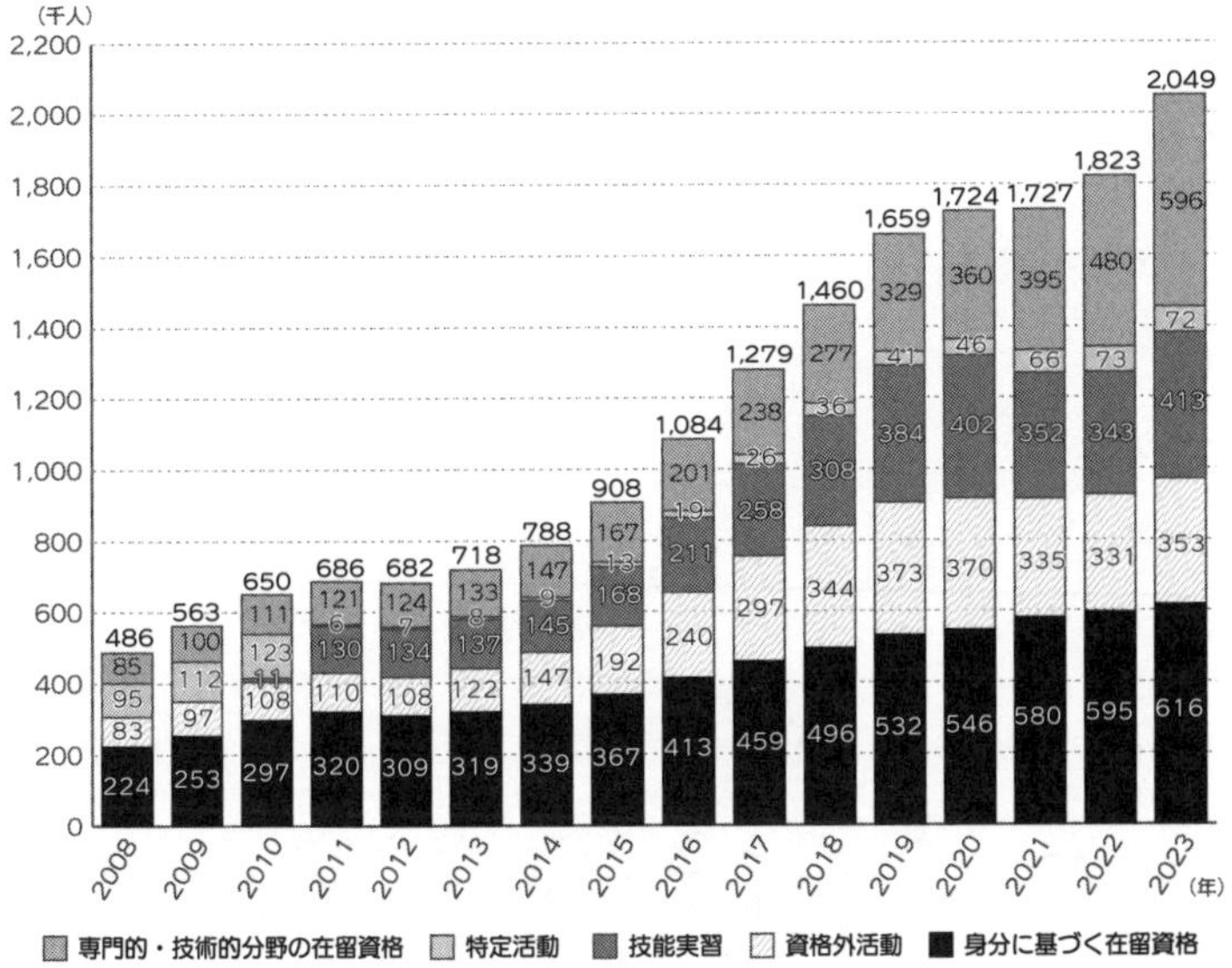

出所：厚生労働省「外国人雇用状況」の届出状況まとめ（令和5年10月末時点）「在留資格別外国人労働者数の推移」（https://www.mhlw.go.jp/content/11655000/001195787.pdf）。

図2.2　外国人労働者数の推移（2008～2023年）

ただし、現実にはさまざまな形で外国人がいわゆる単純労働を担っているという実態があります。

以降、日本で働く外国人労働者は着実に増えてきました。その推移を示したものが図2・2です。

3 移民政策なき日本の外国人労働者

◆移民政策は断じてとらない?

図2・2からも分かるように、外国人労働者数は年々増加傾向にあるにもかかわらず、日本政府は今日まで再三にわたり「移民政策をとることは考えていない」「日本は移民国家ではない」と述べています。

これは日本の世論の動向や政治的な思惑による面もあるでしょうが、そもそも「移民」という言葉が独り歩きしていることにも原因がありそうです。

例えば、国連（経済社会局）では、国際移民の正式な法的定義はないとしつつ、「多くの専門家は、移住の理由や法的地位に関係なく、定住国を変更した人々を国際移民とみなすことに同意している」としています。また「3か月から12か月間の移動を短期的または一時的移住、1年以上にわたる居住国の変更を長期的または恒久移住と呼んで区別するのが一般的である」と説明しています。[20]

国連は、「移民」に関する統計でもこの考え方を踏襲《とうしゅう》しています。そのため、日本は近年「世界有数の『移民受け入れ国』である（にもかかわらず『移民政策』が脆弱である）」などと指摘されています。[21] けれども、日本のこの「移民」の中には留学生、技能実習生のように、帰国が前提とされる人々まで含まれています。ですので、期間によるこの定義は機械的な処理には適しているものの、あまり現実を捉えていないような気もします。ちなみに、この移民を表す英語は「migrants」となりますが、渡り鳥（migratory bird）と同様に行ったり来たりという意味合いもあって、必ずしも一方通行とは言い難いようです。したがって、国連の定義に従うのであれば、「移民」よりもむしろ「中長期滞在者」や「移住労働者」という言葉のほうが私たちの実感に近いのかもしれません。

あるいは滞在期間の長短よりも、現在居住しているA国から外国であるB国に移住した後、B国に「終の棲み処《つい　す　か》」を定めてA国には戻らない意思を有している場合に、B国での移民になったと見なすほうが実態にあっているのではないでしょうか。

そのうえで、B国がその人のために在留許可を与えて定住支援を行う場合は「合法移民」となり、逆に移民制度の枠組みから外れている場合は「不法移民」として取り締まりの対象とされるのでしょう。合法移民であれば、それぞれの国の制度に従って、永住権（永住許可）、市民権（国籍）が付与され、あるいは言語学習や職業訓練などの定住支援が国の事業として実施されます。

---

(20) 国連経済社会局「難民と移民の定義」国連広報センター２０１６年12月13日ニュース・プレス（https://www.unic.or.jp/news_press/features_backgrounders/22174/）。

(21) 例えば、「朝日新聞 GLOBE＋」「特集　気がつけば移民大国」２０２０年12月３日より連載（https://globe.asahi.com/feature/11032111）、明石純一「移住労働者の脆弱性を考える──人の国際移動は管理されうるのか──」「実施報告　選ばれる日本に向けた望ましい外国人材受入れ制度を考える」第３回「受入国と移住労働者の脆弱性～受入国の制度は移住労働者の脆弱性に影響するか」（２０２２年７月28日）（https://jp-mirai.org/wp-content/uploads/pdf/d75dcd8109cd56008c02b8c88e622536.pdf）など参照。

◆移民なき日本の「移民政策」？

では、日本は移民を受け入れず、移民政策をとっていないのでしょうか。すでに日本はさまざまな在留資格を設け、専門的な知識・技術あるいは熟練した技能を有する外国人を積極的に受け入れるようになりました。

また、永住資格を得る方法も用意されています。例えば、真面目に仕事に励み、通算で10年間生活して公租公課の義務をきちんと果たしていれば、永住許可を取得することができます。日本語学校や大学に入学した場合は、その限りにおいて、日本に在留できる期限は必然的に卒業・修了するまでと決められます。けれども、その後これまでに培った日本語能力や学歴・職歴を活かして日本国内の企業・事業所に就職することもできます。この場合も、永住許可への道が開かれます。

日本人と婚姻して平穏な日常生活を送っていれば、最短で5年間経過した後に永住許可を受けることができます。

遅きに失した感はありますが、政府はさまざまな目的により日本国内で生活する外国人に日本語学習の機会を提供しています。２０１９年4月より法務省の入国管理局から出入国在留管理庁へ改編されて以降、庁内の一部署が専従し関係機関とも連携して多言語による相談窓口（外国人在留支援センター：ＦＲＥＳＣ）を開設しました。[22] 表２・２に、ＦＲＥＳＣをはじめ各相談窓口を紹介しますので、各自で詳しく調べてみてください。

機関名	対応内容・特徴
出入国在留管理庁・開示請求窓口	出入国在留管理庁にある書類や出入（帰）国記録、外国人登録原票の開示請求を受け付けている。
東京出入国在留管理局	在留相談。在留資格の変更や在留期間の更新などについて相談できる（相談には予約が必要）。
東京法務局人権擁護部	人権相談。外国人や障がいのある人などに対する差別的な扱いやいじめなど、人権に関する相談に応じている。
日本司法支援センター（法テラス）	法的トラブル解決に役立つ法制度や相談窓口を無料で紹介している。
東京労働局外国人特別相談・支援室	労働時間や賃金、解雇など、仕事で困ったときの相談窓口。外国人労働者の安全衛生管理に関する相談にも応じている。
外務省ビザ・インフォメーション	日本入国に必要な査証（ビザ）の申請に関する一般的な相談を受け付けている。また、公印確認およびアポスティーユに関する照会にも対応している。
東京外国人雇用サービスセンター	外国人留学生や、高度外国人材（専門・技術的分野の在留資格）の就職支援を行っている。
日本貿易振興機構（ジェトロ）	高度外国人材の活用を促進するため、セミナーやポータルサイトを通じ情報提供を実施している。

出所：出入国在留管理庁「外国人在留支援センター」（https://www.moj.go.jp/isa/support/fresc/fresc01.html）などを基に筆者作成。

表2.2　外国人在留支援センター（FRESC）の相談窓口一覧

また、200を超える地方自治体に一元的相談窓口を設置し、日本人と外国人のコミュニケーション環境を整えるための多文化共生施策を開始しています。有識者の意見やパブリック・コメントを経て、そのための総合的対応策やロードマップを策定・公表しています。

まだまだ相談窓口などの数も足りないでしょうし、広報も外国人に理解しやすいよう改善されるべきでしょうが、ともあれ支援に対する取り組みが始まったように思われます。また、日本語学習機会の提供、情報の多言語化、子どもの教育支援など、国に先んじて地方自治体がそれぞれ工夫を始めています。

◆日本は「ステップアップ型」移民政策

こうした一連の対応をもって、なお「日本では移民を受け入れていない」とか「移民政策をとっていない」などと言えるのでしょうか。

確かに米国、カナダ、豪州、ニュージーランドのような伝統的移民国家と違い、入国当初から直ちに「移民」として受け入れているわけではありません。しかし本人の希望や能力、さらには日本に在留中のさまざまな実績を考慮して、時間をかけながら最終的に永住許可へ行き着くためのプロセスが、徐々に整ってきているように思います。いわば「一歩一歩前進型」「ステップアップ型」の移民政策とでも言えるのではないでしょうか。

けれども、保守層の国会議員や言論人の中には、欧米諸国でとられている寛容な移民政策を念頭に「移民」という言葉を避ける向きもあります。「あくまでも就労、勉学、同居などの目的で在留資格を付与するものであって、それは永住許可とは程遠いものだ。また、こうした目的で入国した場合に、当初から公費を使った本格的な定住支援は行っていない。したがって、移民政策はとられていないのだ」というわけですが、これはいささか強弁だと思います。

もはや「移民政策をとるべき」「いやその必要はない」という二分法的な議論はほとんど意味をなしません。むしろ、今後いかに、どのような外国人労働者（外国人材）を日本で受け入れ、処遇していくかという本質的かつ現実的な議論が必要なのだと思います。

いずれにしても、「移民」という言葉の多義性によって振り回されている感もあります。そもそも上述したように英語の「migrants」に対して、「移民」「移住者」と直訳するのか、それとも「移動民」「移住労働者」「中長期滞在者」などの言葉を当てるべきかについても、論者によってバラバラです。今さら新しい言葉を作り出すのは難しいのかもしれませんが、これからの時代に合った名

---

(22)「外国人在留支援センター（FRESC）」（2020年7月開設）は、外国人の在留支援に関連する4省庁8機関（法務省、外務省、厚労省、東京出入国管理庁、東京法務局人権擁護部、法テラスなど）がワンフロアに集まり、各地方自治体とも協力して対応に当たるための機関である。生活・法律問題をはじめ、出入国、人権、労働問題などに関する相談に対応している。多言語に対応できる体制が整っており、やさしい日本語、英語、中国語、韓国語、スペイン語、ポルトガル語、ベトナム語、ネパール語、タイ語、インドネシア語、フィリピノ（タガログ）語、ミャンマー語、クメール（カンボジア）語、モンゴル語、フランス語、シンハラ語、ウルドゥー語、ベンガル語に対応している。

称が求められていると思います。

◆技能実習から育成就労へ

外国人技能実習制度は、1960年代後半頃から海外の現地法人などの社員教育として行われていた研修制度を模して1993年に制度化されたものです。すでにあった「研修」という在留資格を発展させるかたちで始まりました。それまでは原則として親子会社・関連会社などの資本や取引関係がないと受け入れられなかった研修生に加え、公益法人や協同組合などによっても受け入れられるようになり、人材育成・国際貢献を主たる目的とした技能実習生の受け入れが始まりました[23]。日本（受け入れ国）と送り出し国が　技能実習制度を適正かつ円滑に行うために連携を図りながら進めました。送り出し国、例えば、ベトナム、カンボジア、インド、フィリピンなど14か国と、二国間取り決め（協力覚書）を作成しています。

厚労省によれば、技能実習生の人数は、2017年末には27万4233人でした。12年末の15万1477人と比べ、5年間で2倍近くの人数に増えています。また、コロナ禍の2022年10月末の受け入れ人数は、34万3254人でした。出入国在留管理庁の統計資料によりますと、23年12月末には40万4556人となっています[24]。

本来、技能実習制度が目指したのは、日本で培《つちか》われた技能・技術や知識などを開発途上地域などへ移転し、経済発展を担う「人づくり」に役立てようというもので、こうした国際協力の推進こそが、この制度の創設以来の一貫した考え方なのです。そして、技能実習法では「技能実習は、労働力の需給の調整の手段として行われてはならない」（第3条第2項）と記されています。それにもかかわらず、一部の雇用主や監理団体による不適切な雇用体制が散見され、問題が噴出しました。例えば実習生を「安価な労働力」としか考えておらず、「一人ひとりの人間」として尊重していないという批判や、日本の労働力不足を実習生で補っているのが実情だとして「目的と実態が乖離《かいり》している」との指摘もあり、見直しが行われました。

このような経緯から、2022年12月から7回にわたり開催された有識者会議での議論を踏まえ、2023年11月30日、政府の有識者会議は技能実習制度を廃止して新制度を創設するとした最終報告書をまとめました。新制度の目的をこれまでの国際貢献から外国人材の確保と育成に変え、名称を「育成就労制度」としました。基本的には、3年間で一定の専門性や技能を持つ水準にまで育成し、希望者を専門知識が求められる特定技能制度へと移行させることを目指します。また受け入れる職種を介護や建設、農業などの分野に限定することとしました。一方で、特定技能への移行には、

(23)「外国人の技能実習の適正な実施及び技能実習生の保護に関する法律（平成28年法律第89号）」に基づいて、新しい技能実習制度が2016（平成28）年11月28日に公布され、2017（平成29）年11月1日に実施された。しかし、第1節で述べたとおり、この制度は廃止され、新たに「育成就労」制度へと移行することになった。

(24) 出入国在留管理庁「令和5年末現在における在留外国人数について」(https://www.moj.go.jp/isa/publications/press/13_00040.html)。

（すでに実施されていますが）技能と日本語の試験に合格するという条件を加えます。問題になっていた、別の企業などに移る「転籍」は、1年以上働いたうえで、一定の技能と日本語の能力があれば同じ分野に限り認めるとしています。

さらに実習生の多くが仲介業者に多額の手数料を支払って来日していることを踏まえ、その見直しや、日本の受け入れ企業と費用を分担する仕組みを導入することも盛り込まれています。2024年3月15日、技能実習制度が正式に廃止され、「育成就労」の創設を柱とした入管改正法案が閣議了解され、6月14日に改正法が可決・成立しました。

今後、転職について、悪質なブローカーには不法就労助長罪の法定刑を引き上げ、厳格化するそうです。また、日本での受け入れの仲介は、これまでの監理団体から「監理支援機構」に変わり、外部監査人の設置を許可要件にすること、受け入れ企業からの独立性や中立性を確保することとなりました。新しい育成就労制度では、日本経済を支える労働力として外国人材と向き合い、労働者としての人権を守るとしています。

また改正法では、永住許可を得た外国人は現在もガイドラインとして納税などの公的義務を果たすことを挙げていますが、故意に税や社会保険料を納付しない場合、永住者の在留資格を取り消せることも盛り込まれていて、付則で、取り消す際には生活状況などに十分配慮するなどとしています。故意か故意でないかの見極めは慎重に行ってほしいと思います。改正法は、2027年までに施行されます。

名称が変わっても、外部監査人の設置を要件にしても、共に働く人々の理解や支えなくして効果は期待できません。そのためのコミュニケーションをどのようにするか、まずは日本語のスキルを取得するために、企業も仲間も応援しましょう。

◆日系四世の長期滞在、受け入れ新制度がスタート

日系人は、日本で「定住者」などの在留資格により長期滞在が認められていて、自由に働くことができます。定住者の在留資格で日本に長期在留する日系人も多く、入管庁によると、2023年6月末日時点で、日本に在留するブラジルとペルーの日系人は26万954人にのぼります[25]。ただし、長期滞在が認められた日系人は三世までです。原則として日系三世に扶養される未成年で未婚の実子に限って四世の長期滞在が認められます。

日本政府は2018年、日系四世が日本で働きながら文化を学べる制度を作りました。その条件は入国時の年齢が18～30歳で、無償で生活を支援してくれる「サポーター」を確保していることです。また「特定活動」の在留資格で通算5年の在留が可能でしたが、その後はほかの在留資格に変更しないかぎり、本国に帰国せねばなりませんでした。また年間の受け入れ枠を4000人としていました。22年末時点の在留者は128人に留まっていて、日系人の団体などから要件の緩和を求

(25) 出入国在留管理庁「在留外国人統計」(https://www.moj.go.jp/isa/policies/statistics/toukei_ichiran_touroku.html)。2023年12月15日公開(更新)。

める声があがっていました。

出入国在留管理庁は２０２３年12月末、中南米などで暮らす日系四世の受け入れを拡大することとしました。日本語能力試験の「Ｎ２」相当の能力が条件となります。入国時の年齢の上限を35歳に引き上げるほか、通算５年の在留期間の後も、「定住者」の在留資格に変更し、引き続き在留できるようにしました。この制度は、日系四世の人に日系四世受け入れサポーターからの支援を受けながら、日本文化を習得する活動などを通じて日本に対する理解や関心を深めてもらい、日本と現地日系人社会との架け橋になっていただくことを目的とした制度です。日本にルーツを持つ若者たちが来日し、日本の文化や社会に触れることは、日本と日系人社会の双方にとって大きな意味を持つでしょう[26]。

（26）制度に関する詳しい情報は以下を参照のこと。出入国在留管理庁「日系四世の更なる受入制度」（https://www.moj.go.jp/isa/applications/resources/nyuukokukanri07_00166.html）。

Column

技能実習制度はそんなに悪い制度だったのか?

1993年に創設された技能実習制度は、外国人への搾取や人権侵害、あるいは失踪した外国人の不法就労など数多くの問題を引き起こし、社会からの厳しい批判を受けて、約30年の歴史に幕を下ろします。改正法は2027年までに施行されます。

しかし、技能実習制度はそんなに悪い制度だったのでしょうか。本章で述べたように、この制度はそもそも人材育成や技術移転を通じて途上国の発展に寄与するという国際貢献を目的としていました。そして、その点では30年にわたり確かな成果を上げてきました。多くの企業が、善意と熱意をもってこの制度に参加していたことも忘れてはならないでしょう。また、同じく多くの監理団体が、縁の下の力持ちとしてこの制度を支えていました。

監理団体は全国に約2000か所あるそうです。外国の送り出し機関から技能実習生を受け入れ、企業に紹介する役割を担ってきました。多くの監理団体は、受け入れた企業や実習生からの相談に乗り、問題が起きたときの対応などを親身に行ってきたことと思います。

制度への批判として、実習生がブローカーなどに多額の借金をして来日している事例なども報じられていますが、それには出身国の送り出し機関の問題も多々あると考えられます。また、実習生の失踪・不法就労問題では、制度が日本で就労するための迂回手段になってしまったという社会的・制度的背景も見落とすことはできません。

それでも、安価な労働力の調達手段になったり、違法行為や搾取・人権侵害の温床となったりするなど、本来の崇高な目的に反した利用を食い止められなかったのも事実でしょう。いずれにせよ、一部のいい加減な（というより、悪質とも思われる）団体によって、制度全体の評価が歪められてしまった面は否めず、残念に思えます。

「従業員全員がポケトーク（簡易型の翻訳機）の使い方を予習して、実習生を迎えました。」

企業からの、そのような声があったことも、記しておきます。

4 「外国人材」受け入れの拡大と課題

◆「外国人材」受け入れの拡大へ

法務省の内部部局であった入国管理局を改組して新たに出入国在留管理庁（Immigration Services Agency）が設置され、日本政府が2019年4月より「外国人材」受け入れの拡大に向けて大きく舵を切ってから、すでに5年が経過しました。

第二次安倍内閣期、内閣府は6年間の経済財政政策の成果と課題を発表しました。その中で、日本は少子高齢化の進行により15～64歳の生産年齢人口が減少し、名目国内総生産（GDP）600兆円達成のための、労働力の確保が喫緊の課題であると指摘されています。[27] 特に、高齢化に伴って介護分野の人材不足が深刻化すると予想され、そこで期待されたのが外国人労働者だと言われました。

歴代の政権は「いわゆる移民政策はとらない」と繰り返し表明しています。けれども19年に導入された新たな在留資格は、日本の外国人労働政策を大きく変化させたと思います。これまではブルーカラー層の一部について「非熟練労働」などと一括りに呼ばれることがあったものの、その中でも技術的・専門的な能力が必要と認められる業種については、外国人の就労を認めることにしました。

◆「特定技能」資格の新設

入管庁は２０１９年度に外国人材の受け入れ・共生のための総合的対応策として、１２６の施策を２１１億円以上の予算を組んで実施しました。この総合的対応策はその後ほぼ1年おきに見直されており、その度に新たな施策が追加されて、現在は２００を超えています。また、毎年の施策をメニューのように表示するだけではなく、5年程度の期間で個々の施策の進捗度を概観できるよう

(27) 内閣府「安倍政権６年間の経済財政政策の成果と課題（２０１９年1月18日）」(https://www5.cao.go.jp/keizai-shimon/kaigi/minutes/2019/0118/shiryo_01.pdf)。

2022年6月にはロードマップを策定しました[28]。

入管法上の在留資格としては、短期滞在者（観光客など）、留学生、技能実習生、日本人の配偶者など、就労目的（専門的・技術的分野）など28個が定められていましたが、そこに、29個目の在留資格として「特定技能」が追加されることになりました（表2・1）。これは政府基本方針に基づく新たなものであり、介護、建設、製造、農業、食品製造など12分野ごとの運用方針が示されています。

「特定技能」という在留資格は、これまでの就労目的の在留資格とは異なります。人手不足を前提としたものですが、本人に求める「専門的・技術的な能力」という点ではこれまでのような学歴・職歴に関する基準は定められているものの、日本語能力や技能に関してはいくらか下げられていると思います。

その一方で、受け入れ側には最大5年間の滞在中に支援を続けることが要件とされています（狭義の支援）。この支援は特定技能者を雇用する企業・事業所が直接行ってもよいのですが、中小企業などで体制が整っていない場合は「登録支援機関」に委託することもできます。

例えば、東京都などの地方自治体は、生活オリエンテーション、生活のための日本語習得の支援、外国人からの相談・苦情対応、外国人と日本人との交流の促進にかかる支援を行います。また、転職する際にハローワークを利用する場合、ハローワークは希望条件、技能水準、日本語能力などを把握し、適切に職業相談・紹介を実施します。

特定技能の外国人材が日本での滞在中に路頭に迷うことのないよう最大限の支援を行うことが求められています。まずは日本語の習得を進めることが大切でしょう。

◆外国人との共生や受け入れ環境の整備

この総合的対応策は、「特定技能」だけではなく、日本で合法的に在留し日常生活・社会生活・職業生活を営んでいるあらゆる在留外国人を対象としています。これは、国が予算を確保しつつ、国と地方自治体が取り組むこととなる内容が列挙されており（広義の支援）、就労、勉学、研修・実習などあらゆる在留目的で日本に暮らす人たちが対象とされています。ただし、非正規滞在である一部の難民認定申請者は該当しません（詳しくは次章以降で説明していきます）。

以上、第2章では「外国人労働者とは誰のこと？」と題して、日本で働き暮らす外国人について、できるだけ多様な視点から見てきました。実は、難民認定者あるいは難民認定申請者も日本で暮らすために働いているのですが、本章では詳しく扱いませんでした。

（28）出入国在留管理庁「外国人材の受入れ・共生のための総合的対応策」（https://www.moj.go.jp/isa/support/coexistence/nyuukokukanri01_00140.html）。

第3章は、いよいよ難民についてです。まず世界各国で共通に了解されている条約上の「難民」の定義を簡単に説明したうえで、難民の受け入れに関する国際的制度、日本の難民受け入れの歴史、日本政府による「難民」の解釈、日本の難民認定制度の最近の動向について考えていきたいと思います。

第3章　難民とは誰のこと?

不条理（ふじょうり）
　生まれる時も、場所も、選ぶことのできない私たち。いま私たちが難民でないことと、いま彼らが難民であることに、どれだけの違いがあるのでしょう。

さて、ここまで「外国人」とは誰か（そして「日本国民」とは誰か）、「外国人労働者」とは誰か、について確認してきました。本章ではいよいよ「難民」とは誰か、について考えたいと思います。

今日、日本の報道やインターネット上では、「○○難民」という造語が溢《あふ》れています。帰宅難民、結婚難民、介護難民、出産難民に買い物難民などなど。例えばこの「買い物難民」について、経済産業省では、「買物弱者[1]」と表現しています。また農林水産省では、「買物困難者等[2]」という表現をして、「難民」に対する一定の配慮が見られます。

これら「○○難民」という場合、さまざまな理由で「○○ができない人」とか「○○に直ちにアクセスすることができず、困っている人」といった意味で「難民」という言葉が使われているようですが、これでは「難民」に対する正しい理解が妨げられかねません。せめてメディア関係者には、「○○難民」という言葉を使うことに慎重であってほしいと思います。

それと言うのも、「難民（refugee）」は国際条約によって定義されている概念であり、日本で流布する「○○難民」という用法は、いくら俗語・造語とはいえ、その定義からはほど遠いものだからです。そして、この定義が正しく理解されないまま、「難民認定者数」や「難民認定率」などの数字だけが伝えられることで、「難民に冷たい国　ニッポン」というイメージが広まっている面もあるように思えるのです。

そこで、まずは世界各国で共通に了解されている「難民条約」上の「難民」の定義を簡単に説明します。それから、難民の受け入れに関する国際的制度、日本政府による「難民」の解釈や近年の対応について、一緒に考えていきましょう。

1　難民の定義とは？

◆難民条約の成立

今日の国際的な難民保護制度の基盤となっているのは、1951年「難民の地位に関する条約（Convention Relating to the Status of Refugees）」と、1967年「難民の地位に関する議定書（Protocol Relating to the Status of Refugees）」です。

難民条約の起源は欧州にあります。第二次世界大戦とその前後の政治的・社会的変動のため、欧州ではかつてない大量の難民が生じました。そして、その保護と問題解決のための国際協力を図る必要から、「難民の地位に関する条約」が発効しました。ただし、その道のりは平坦ではありませんでした。

（1）経済産業省「買物弱者対策支援について」（https://www.meti.go.jp/policy/economy/distribution/kaimonojakusyashien.html）。
（2）農林水産省「食品アクセス（買物困難者等）問題の現状について」（https://www.maff.go.jp/j/shokusan/eat/access_genjo.html）。

まず1949年12月、国連は総会で難民問題に対処する機関として国連難民高等弁務官事務所（UNHCR: United Nations High Commissioner for Refugees）」（以下UNHCR）の創設を決定します。これは、国連憲章第22条の規定による国連総会の補助機関として位置づけられ、活動期間は当初1951年1月1日から3年間に限定されていました。

1951年「難民の地位に関する条約」は、1951年7月2日から25日にかけてジュネーヴで開催された26か国の代表からなる「難民と無国籍者の地位に関する国連会議」で採択されました。同条約は、同年7月28日に署名が始まり、1954年4月22日に発効しました。

ただし、この1951年「難民の地位に関する条約」第1条A（2）は、保護の対象を「1951年1月1日前の事件の結果として」難民になった人々に限定するという時間的制約を設けていました。また第1条B（1）には「欧州で生じた事件」という地理的制約も設けられていました。このため、同条約の採択後に起こった新たな事態により生じた難民には適用されませんでした。

そこで、1951年「難民の地位に関する条約」から時間的制約と地理的制約を削除して、新たに保護の対象範囲を拡大した1967年「難民の地位に関する議定書」を作成したのです。こうして、すべての難民に等しい地位が与えられるようになりました。

なお、「難民の地位に関する議定書」は「難民の地位に関する条約」に関連づけられてはいますが、独立した文書であり、「議定書」への加入は「条約」締約国のみに限定されているわけではありません。

◆難民条約の概要

「難民の地位に関する議定書」は、1967年10月4日に発効しました。この「難民の地位に関する条約」と「難民の地位に関する議定書」は、双方を合わせて一般に「難民条約」と呼ばれています。[(3)] 主な内容は次のとおりです。

① 難民とは、人種、宗教、国籍もしくは特定の社会的集団の構成員であることまたは政治的意見を理由に迫害を受けるおそれがあるという十分に理由のある恐怖を有するために、国籍国の外にいる者であって、その国籍国の保護を受けられない者またはそのような恐怖を有するためにその国籍国の保護を受けることを望まない者とする。

② 難民を、迫害の待ち受ける出身国などへ追放および送還することは禁止されている(ノン・ルフールマンの原則[(4)])

③ 難民は、裁判を受ける権利、初等教育、公的扶助、労働法上の諸権利、社会保障などにつ

(3) 1951年の条約当事国146か国、1967年の議定書当事国147か国
〈1951年の条約のみの当事国〉マダガスカル、セントキッツ・ネビス
〈1967年の議定書のみの当事国〉カーボベルデ(ケープベルデ)、アメリカ合衆国、ベネズエラ
〈最近の批准国〉南スーダン　2018年12月10日。

いては、自国民に与えられる待遇と同じ、いわゆる内国民待遇を与えられる。
④　難民は、結社の権利などについては、同一事情の下で外国人に与えられる待遇のうち、最も有利な、いわゆる最恵国待遇を与えられる。
⑤　難民は、動産、不動産の所有権、初等教育以外の教育などについては、同一の事情の下で、一般の外国人に与えられる待遇よりも不利でない待遇を与えられる。
⑥　難民は、海外に旅行しようとするときには、「難民旅行証明書」の交付を受けられる。

一般的にいう「難民条約」は、実施にあたり各国がＵＮＨＣＲの指導の下にあることが定められています（難民の地位に関する条約第35条第2項）。ここから、「難民条約」とＵＮＨＣＲが共通の政治的背景のもとに成立したことが分かります。

日本における難民問題研究の草分けとも言える国際法学者の本間浩氏（１９３８～２０１３年）は、著書『難民問題とは何か』で、この条約の目的は、すでに１９５１年1月1日時点で欧州諸国にいた難民についての取り扱いないし保護の内容を定めるためであり、この時点以後に発生した難民については、条約上その問題を回避していたという当時の状況を次のように説明しています。

「……ましてや、欧州外にいる難民は、多くの各国や国際機関や国際連合加盟国にとっての問題外であった。そのこともあり欧州外にある日本や米国政府が「難民条約」は欧州の難民が対象であるということで加入しようとしなかったのも、一理なかったわけではない。」

また、それぞれの国の難民の受け入れ義務化については国連の会議で何度か審議されましたが、難民を受け入れるかどうかは各国の主権的判断によるとの確認で終わり、各国に委ねられました。そこで、各国はそれぞれの法律や実際の運用で、難民資格の認定や申請者に対する取り扱いを定めています。(5)

（4）「ノン・ルフールマン（non-refoulement）の原則」とは、すでにその国の管轄権内にいる「難民を、迫害のおそれがある限りにおいて本人の意思に反して母国に追い返してはならない」という、国際法上で確立した重要な原則。また、その他の国際条約にも類似の原則が重層的に謳《うた》われており、今日では仮に難民条約の締約国でなくても人道主義の見地からノン・ルフールマンの原則には従わなくてはならない、という認識が国際的に共有されつつある。

（5）本間浩『難民問題とは何か』岩波書店、１９９０年、94頁。

Column

東西冷戦期の「難民」と、現代の「難民」

本章第1節で説明した難民条約の成立の経緯は、「東西冷戦」を経験していない若い皆さんには、少し分かりにくいかもしれませんね。

序章でも少し触れましたが、第二次大戦後の世界は、「東側」のソ連（ソビエト社会主義共和国連邦：現在のロシアなどの諸国家）や東欧諸国を中心とした共産主義・社会主義諸国と、「西側」の米国や西欧諸国を中心とした（そして日本を含む）資本主義・自由主義諸国とが、国家運営や経済システムをめぐる考え方の違いから、激しく対立していました。そして、双方が直接的な武力衝突を避けつつも、戦争状態のように互いを敵対視し、世界中を巻き込んで争ったので、「東西冷戦」と呼ばれたのです。

現在の難民条約は、1951年、この「東側」から「西側」に逃亡するしかなかった一般の市民を保護することを主な目的として誕生しました。

それは、共産主義勢力が支配した国々で、政治的な信条や宗教的な属性の違いといった事情により支配層と対峙《たいじ》する人々が、激しい弾圧を受けた結果なのです。難民条約が冷戦下で生まれたという歴史的経緯が、今日でも難民の定義に色濃く反映されているということを、覚えておいてください。

しかし、その後の国際社会は「東西」だけでなく「南北」「南南」諸国間でさまざまな問題に直面します。イデオロギーによる分断だけでなく、民族間の対立、貧富の格差などに起因して、地域的な戦争・紛争が起こり、治安が悪化して略奪や虐殺《ぎゃくさつ》も行われました。生活基盤を失った人々は、治安がよく経済も安定した土地での暮らしを求め、国外へ脱出しました。

また、必ずしも生命や自由の危機にさらされていなくても、貧困や災害、社会的な差別や偏見から逃れ、新たな人生を求めて移住する人々もいるでしょう。

このように、国際情勢が「東西対立」から「南北問題」「南南問題」へと大きく変化しているなかで、強権的な支配体制から逃れてきた市民を庇護するための難民条約の枠組みを、統治の脆弱さから日常生活が混乱していることに不満を抱いて脱出した市民の受け入れに、そのまま適用しようとすることに無理が生じているのです。

一方、そうした人々を十把ひとからげに経済的な事情による移民に過ぎないとして、一律に排除するのも適切であるとは思えません。

そこで、紛争をはじめ不特定の市民に対する無差別な暴力が蔓延している状況から逃れてきた人々を、条約難民に準じて受け入れるための仕組みが求められました。それが昨今、補完的保護、補充的保護などの名称で、日本を含め一部の諸国で整えられているものです。

今後も、政治的抑圧、紛争や戦争、経済的危機、自然災害などさまざまな理由から、慣れ親しんだ土地を離れざるを得ない人々が、この世界からいなくなることはないでしょう。そして、世界の多くの人々が、そうした人々を「助けなくてはならない」という気持ちを共有しています。しかし、その具体的な方法やシステムについて、私たちはまだまだ試行錯誤のただ中にいるのです。

私たちは、どんなシステムを作ればよいのでしょうか。本書を通じて、一緒に考えていきましょう。

2　難民受け入れに関する国際制度

難民条約上に規定される難民以外に「難民」と呼称されているものとして、「インドシナ難民」が挙げられます。日本政府が受け入れを表明する際に、次のような経緯からこの呼称が用いられることになりました。

◆インドシナ難民

１９７５年、インドシナ三国（ベトナム、ラオス、カンボジア）で「解放」とも呼ばれる大規模な国内粛清や紛争を伴う大事変が生じ、大量の難民流出が始まりました。以降、これらの国の政情が安定するまでの20年以上にわたり、３００万人以上の人々が国を逃れました。

インドシナ難民の処遇に関して、国連は１９７９年7月にジュネーヴで65か国の政府による「東アジアにおける難民と避難民に関する国際会議」を開催しました。そこで庇護《ひご》の一般原則と、ノン・ルフールマン原則が承認されました。インドシナ三国から特定の時期に流出する難民について難民条約上の難民として取り扱うことを決議し、あわせてＵＮＨＣＲが保護と援助を供与するよう要請しました。この決議に従い、米国など多くの諸国はインドシナ難民に対して個々人への審査を省いて大量に受け入れました。また、第4章で詳しく述べるように、日本も徐々に人数枠を拡大しながらインドシナ難民を受け入れました。

◆アフリカ統一機構（OAU）からアフリカ連合（AU）へ

アフリカの難民問題の特徴は、何と言っても人災と天災が大きく関わっていることです。本来、難民の定義としては「国境を越える」ことが大きな条件ですが、アフリカの場合は、植民地時代に恣意《しい》的に引かれた国境が多く、部族の分布や経済活動の範囲、伝統や文化の一体性、そして住民の意思が反映されていないものがほとんどでしょう。そのため「ひとつの部族がいくつもの国に分断されたり、あるいは伝統的に敵対関係にある部族がひとつの国の中に取り込まれて、共存することを余儀なくされているといった悲劇的状況が数多く生まれている[6]」のです。

アフリカは第二次世界大戦後の１９６０年代を中心に数多くの国々が独立しましたが、いくつもの国で内戦・紛争が勃発し、それらが国境をまたいだ部族・民族を巻き込んで拡大していきました。また、紛争がない地域でも統治不全の状況に陥って社会秩序が不安定化し、気候変動などの影響も重なって深刻な飢餓状態に陥りました。こうして、他の地域・国に移動しなければならない人々が大量に発生したのです。ＵＮＨＣＲはこうした人々も難民として保護し援助するよう、加盟各国に求めました。同時に、アフリカの難民問題に対処するための地域的条約が必要だと考え、１９６３年に「アフリカ統一機構（OAU: Organization of African Unity）」を創設しました。

ＯＡＵ加盟国は１９６７年議定書を歓迎しましたが、やはりアフリカの地域的な特殊性を踏まえ

（６）本城靖久「アフリカ難民問題と飢餓」拓殖大学海外事情研究所『海外事情』35巻12号、１９８７年、５頁。

て、より適切に難民問題に取り組むための枠組みが必要だと感じていました。そうして1969年に採択されたのが、「アフリカにおける難民問題の特殊な側面を規定するOAU条約」（OAU難民条約）です。『世界難民白書2000』によれば、OAU難民条約は国連難民条約と同様に、難民を「迫害を受けるおそれがあるという十分に理由のある恐怖」を有する者と定義していますが、これに加えて、外的な侵略、外国による占領、あるいは支配、母国における公的秩序を乱す出来事の結果として国外に逃れた者も含めています。

その後、OAUは、アフリカのいっそう高度な政治的・経済的統合の実現と紛争の予防・解決に向けた取り組みを強化するために、2002年7月アフリカ連合（AU）へと発展・解消しました。AUは、2023年10月現在、アフリカの55の国・地域が加盟する世界最大級の地域機関です。(7)

◆カルタヘナ宣言（El Manifesta de Cartagena）

もう一つ、難民問題に取り組むための重要な地域的文書が、1984年にラテンアメリカ諸国によって採択された「カルタヘナ宣言」です。その第3条（3）は、保護されるべき難民の定義として、次のとおり定めています。

「この地域において採用が勧告される難民の定義とは、1951年の難民条約と1967年の難民議定書の定義の要素に加え、暴力が一般化・常態化した状況、外国からの侵略、内戦、重大な人権侵害や公の秩序を著しく乱すその他の事情によって、生命、安全または自由を脅かされたため自国から逃れた者をも含むものである。」

こちらもOAU難民条約と同様、「公の秩序を著しく乱すその他の事情」とあるので、1951年の難民条約に定めた「迫害」の要因に関して、かなり広範囲な事情を加味することができます。当初は「宣言」、つまり法律的な拘束力がない文書として採択されましたが、ラテンアメリカ諸国の多くがこの「カルタヘナ宣言」を国内法に反映させているので、同地域の難民政策において重要な意味をもつ国際文書となっています。

例えば、ベネズエラ出身者がアメリカやヨーロッパなどの先進諸国に逃れた場合に「難民」として認定される可能性が低かったとしても、同じ南アメリカ地域内の周辺国に逃れた場合には「難民」として保護される可能性が高くなります。地域によって「難民」の定義が違うのは、国際的な取り組みを統一するという観点からは遠ざかってしまう面もあります。しかし、国内に紛争や暴力の常態化という要因を抱えている国々にとっては、各地域の具体的な実情や要請を柔軟に受け入れた制度を作り、周辺諸国が相互に協力しながら問題に対処できるという利点があります。

（7）アフリカ連合（AU）には、日本が未承認の「サハラ・アラブ民主共和国」も含まれる。

◆アジア地域の難民保護は？

ところで、アジアや中東においては、ＯＡＵ難民条約やカルタヘナ宣言に匹敵するような法的重要性を持つ難民保護に関する地域的な取り決めが少なく、国連パレスチナ難民救済事業機関（ＵＮＲＷＡ）が唯一の取り決めと言えるでしょう。また、他の地域と比べてアジア地域には難民条約の締約国が少ないというのも特徴です。

しかし、アジア地域にはミャンマーやアフガニスタン、ブータン、北朝鮮、中国（新疆《しんきょう》ウイグル、チベット）出身者など多くの難民が断続的かつ持続的に発生していますので、国際的・地域的取り決めのないなかで難民問題にどのように対処していくのかが、大きな課題となっています。

１９９０年代に入ると、ＵＮＨＣＲは「関心の対象となる者」（Persons of Concerned）という形でＵＮＨＣＲがいったん受け入れたうえで各国への移住を調整するという方法もとっています。これにより、自らの権限に基づき認定するものとして難民に関する定義を拡大し、保護・支援の対象となる人々の枠を広げています。(8) 例えば、難民の定義が拡大されたことにより、国内避難民（Internally Displaced Persons）も難民支援の対象に含まれるようになりました。こうした変化は、難民問題がますます複雑化していることの裏返しとも言えるでしょう。

◆補完的保護

他方、複数の武力勢力（政府軍を含む）間の対立により紛争や治安悪化を招いている場合には、

「補完的保護（complementary protection）」が必要となります。「補完的保護」とは、難民条約上の難民には該当しないものの、紛争避難民など、難民に準じて保護すべき外国人を各国政府によるある種の難民政策の一環として「補完的保護対象者」と認定し、保護する仕組みのことです。

従来の難民条約は、特定の属性や信条をもつ個人や集団が、それぞれの国の統治機構の関与によって危害を受けるおそれがある場合を想定しています。それに対して「補完的保護」では、各国ごとに保護の範囲や定め方は異なりますが、戦争、紛争、内乱などによって国内が混乱状態となり、属性や信条といった特定の理由によることなく不特定多数の一般市民が生命や自由を奪われる危険に晒《さら》されるような局面に対応することを目的としています。

この補完的保護には、2022年2月のロシアのウクライナ侵攻による避難民(9)なども該当します。また、クーデターなどにより独裁政権が誕生したり、政府が破綻して社会の秩序が乱れたりして、

(8) このようにUNHCR独自の基準によって認定された難民は、高等弁務官に付与された支援任務（マンデート）の範囲内にある難民として「マンデート難民」と呼ばれる。

(9) CNNの報道（2023年10月7日）によると、欧州連合（EU）は、加盟国内に逃れてきたウクライナ避難民に提供している一時的な保護措置を2025年3月まで延長する方針を明らかにした。この措置では、居住先、就業の機会、医療や社会福祉支援、子どもの教育の場などを用意している。2023年9月末に出した声明によると、EU内に留まっているウクライナ避難民は400万人以上に上る。一時的な保護措置は、ロシアが2022年2月にウクライナ侵攻を始めた後の同年3月4日に導入されていた。

一般国民が国土内に定住できなくなった場合、国民は国外に溢れ出し「国境を越えることを強いられた人々」となります。シリアは紛争により、またアフガニスタン、スーダン、エリトリアなどでは治安の悪化により、政府の統治機能が著しく損なわれ、国民がその被害をこうむっています。

なお、補完的保護のうち出身国の紛争や治安悪化によるものについては、これらの原因となった事態が終局すれば、その仕組みを援用する必要がなくなります。これは、難民条約上の難民の多くが将来にわたって帰国不能あるいは著しく困難と認められるのとは異なる点です。ただし、補完的保護による当面の在留許可と滞在中の生活支援（当面の衣食住のみならず自立のための語学教育や職業訓練など）をはじめ、受け入れ国政府による適切な対応が求められます。この点、日本政府は、2023年6月の入管法改正により、「日本での難民認定申請において、条約上の難民には該当しないものの、紛争避難民を始め、難民に準じて保護すべき人を適切かつ迅速に保護すること」という方針により補完的保護対象者の認定制度を定めました。

UNHCRは一般に難民に対して国際的保護と物理的援助を与える国際機関ですが、その対象範囲を条約などでいう「難民（Refugees）」だけでなく「国内・国際紛争や飢餓など日常生活上の危機から逃れようとして国境を越えることを余儀なくされた人々（displaced persons）」に拡大しています。そのため、今日いかなる広義の法的な定義も、その人が自国内にいるかぎり難民とはみなしていませんが、UNHCRは紛争や飢餓など日常生活上の危機から逃れ国内を移動している人々も「国内避難民（Internally Displaced Persons）」として現地での衣食住の提供など支援の対象としています。

Column

生命《いのち》がけで海を渡る難民たち

21世紀に入ってからの特筆すべき難民問題の一つが、2011年に勃発したシリア内戦です。この発端となったのは、中東諸国の民主化運動「アラブの春」(1)でした。そして戦闘を避けるため、大量の人々がシリアを出国して近隣各国、さらにEU諸国へと移動しました。これがシリア難民です。2015年から16年にかけて、100万人を超える人々が庇護を求めてドイツや英国、北欧各国を目指しました。

難民たちは、さまざまなルートを通って地中海を渡っていきます。まずは、内戦を逃れたシリア人がトルコから船でギリシャに入る「東地中海ルート」。次に、リビアからイタリアへ渡る「地中海中部ルー

(1) 2010年12月18日に始まった反政権運動「ジャスミン革命」は、チュニジアでの不特定多数の市民によって蜂起され、それまで市民運動が抑制されてきたアラブ世界の多くに波及した。この運動の影響によりチュニジアやエジプトで大統領が退陣し、リビアでは政権が交代した。シリアでも「アラブの春」の余波を受けて翌2011年3月15日に全国で多数の市民による民主化要求デモが起こり、これをアサド政権が弾圧したことから内戦へと発展した。さらに反体制派をサウジアラビア、トルコなどが支援し、米国も介入、その一方でロシアやイランはアサド政権を支援し、これらの勢力とは別に国際的な過激派組織IS(イスラム国)が地域の不安定な状況につけ入り割拠するなど、周辺国や覇権国、諸派の思惑が複雑に絡み、内戦が長期化している。

ト」。そして2014〜15年には、北アフリカのチュニジアやアルジェリアからも海を渡る移民・難民が急増しました。日本のメディアが取り扱うようになったのも、この頃からでした。また、移民・難民のEUへの不法入国を幇助《ほうじょ》する国際犯罪組織の暗躍が見えてきたのもこの時期です。2017年以降は、モロッコなどからの「西地中海ルート」もアフリカから多くの移民・難民を運んでいます。

UNHCRによれば、最も多かった「東地中海ルート」からの不法越境は2015年に約88万5000人に達したそうです。一方、リビアからイタリアに渡る「地中海中部ルート」は17年に約11万9000人となり、16年から約34％減少しました。イタリアがトルコに続いて17年にリビアとも協力を強化し、密入国業者を厳しく取り締まった影響と思われます。他方、モロッコからの「西地中海ルート」は17年に約2万3000人と、前年比で2倍強も増えています。

国際移住機関（IOM）の2023年4月発表では、地中海中部ルートで北アフリカから欧州に渡ろうとして死亡した移民・難民が1〜3月に441人に上り、四半期ベースでは過去6年で最多になったそうです。IOMは実際の死者数はもっと多い可能性が高いとしています。IOMのアントニオ・ビトリーノ事務局長は「地中海中部における継続的な人道危機は容認できない。このルートの死者は2014年以来2万人以上に達しており、犠牲の常態化を懸念している。各国は対応しなければならない」と述べました。地中海中部ルートはエジプトやリビアから欧州に向かうものです。アフリカ人を中心に粗悪な船は沈没が多発しています。生命の危険を冒しての、貧しい国から富める国への移動は、どのように国際犯罪組織を取り締まろうとも、抑えることができなくなっているのでしょう。

◆難民なのか、移民なのか

さて、移民と難民の関係についても国際的な人の移動をめぐってしばしば議論の対象とされますので、ここで一つ問題を提起しておきましょう。移民問題を専門とする国際移住機関（IOM:International Organization for Migration）は、「移民」を次のように定義しています[10]。

IOMの「移民」の定義

「移民」とは国際法などで定義されているものではなく、一国内か国境を越えるか、一時的か恒久的かに関わらず、またさまざまな理由により、本来の住居地を離れて移動する人という一般的な理解に基づく総称です。

「移民」には、移住労働者のような法的分類が明確な人々や、密入国した移民のように、ある特定の移動の種類が法的に定義されている場合がある一方、法的地位や移動の方法が国際法で特に定義されていない留学生なども含まれます。

注：現状、国際的に広く受け入れられている「移民」の定義は存在しません。この定義はIOMによりIOMの活動のために設けられたもので、新しい法的地位を意味したり、作ったりするものではありません。

（10）国際移住機関 日本（IOM Japan）「移住（人の移動）について」（https://japan.iom.int/migrant-definition）。

また、国連経済社会局人口部（UN DESA）は、移民に関するデータ収集の目的のため、「本来の居住国を変更した人々すべて」を「国際移民」とみなしています。[11]

さらに、国際人権・移民政策・多文化共生政策の専門家である近藤敦・名城大学教授は『移民政策研究』創刊号で、次のように述べています。[12]

「入管政策上のより一般的な移民の類型は、①労働移民（ないし経済移民）、②家族移民、③人道移民（ないし強制移民）の3種類であろう。経済移民という場合は、労働移民のほかに投資移民なども含まれ、強制移民には、難民や庇護希望者のほか、環境難民、人身取引の被害者なども含まれる。」

一方、移民と難民の考え方として、中東・パレスチナ研究の専門家である錦田愛子・慶應義塾大学教授は、それぞれを別個に論じるのではなく「移民／難民」と表現しています。それは「1つの集団のなかに難民と経済移民が同居する場合があるのはもちろんのこと、1人の人間の中でも難民的側面と移民的側面を併せ持つ場合や、ライフステージや政治状況の推移による変化で、移民とみなされる集団の中に難民が含まれる場合が多いと考えられる」からだそうです（「コラム　ドイツにおける移民／難民との共生」参照）。

例えば、国内事情の悪化に起因して、相当な規模により、本人の意思と関係なく国境を越える移動を強いられたと思われる人々の中にも、同時に個人として迫害の対象となっており、明らかに条約上の難民と認定され得る者もいれば、もともと貧困から脱出し少しでも条件の良い就労を求めようとして他国に移動することを企図しているようなケースもあると考えられます。あるいは、紛争ではなく自然災害に起因して、もはや日常生活を営むことができないとして他国への移住を図るような人々もいますが、現状においては条約上の難民に該当しません。このように、本人の意思の如何にかかわらず、紛争、自然災害、貧困など国境を越える移動を余儀なくされる要因がさまざまに存在している現状では、誰が移民で誰が難民かを切り分けることは困難です。大勢の移民の中に数名だけ難民が含まれていることもあるでしょうし、一人の人物が経済的問題と人道的な問題とを合

(11) UN DESA (1998) *Recommendations on Statistics of International Migration*, Revision 1, para. 32.（https://unstats.un.org/unsd/publication/seriesm/seriesm_58rev1e.pdf）。

(12) 近藤敦「なぜ移民政策なのか――移民の概念、入管政策と多文化共生政策の課題、移民政策学会の意義」（特集：日本における移民政策の課題と展望）『移民政策研究』２００９年、８頁。ここで難民を含む「強制移民」とは、紛争、災害、政府の政策、犯罪などの理由により移動・移住をやむなくされた人々を指す言葉である。ここからも、「就活難民」や「ランチ難民」など日常生活において何らかの「困難に遭遇している人」ではないことが理解できるであろう。前述のように、難民は難民条約において明確に定義された法的な存在である。ただし、その概念の解釈が難民条約加盟国間で必ずしも一律ではないことが、難民認定の難しさなのである。

わせもっている場合もあります。そのため、こうした人々を「混合移民（mixed migration flow）」と総称することもあります。

今後の課題として、日本における難民認定申請者に対しても、移民・難民それぞれの概念にこだわるのではなく、混合移民という考え方も踏まえながら審査に対応する必要があるかもしれません。一人ひとり、いくつもの要因が重なり絡み合って、人は国境を越えるのでしょうから。

Column

ドイツにおける移民／難民との共生

錦田愛子氏は、2018年から2019年にかけてベルリンに滞在し、いわゆる「難民危機」に直面したドイツの対応を調査・研究されました。私は錦田氏から、その報告として大変興味深いお話を伺う機会をいただきましたので、その一端をご紹介します。[1]移民とは、難民とは、そして受け入れ・共生政策に何が必要なのかなどを考える際のヒントになると思います。

難民危機に対してドイツが行った移民／難民政

策は、まず食・住の提供から始まった。臨時居住施設（Heim）の無料提供、ドイツ語教育と統合コースの受講の無料提供、そして職業訓練教育（Ausbildung）の無料提供である。

　ドイツにおける滞在許可資格の審査窓口は、外国人局（Ausländerbehörde）となる。出身国別に受付窓口があるが、審査を受けるための予約はインターネット上で2か月先まで満員だった（2018年4月時点）。これ以外に当日受付の枠が設けられており、朝7時から受付けが開始されるが、そのために早朝4時半頃から並び、番号札をもらう人もいるという。

　シリア人、および追放猶予（Duldung）[2]用には、特に多くの窓口が設けられている。追放猶予は、本来の滞在許可証ではなく、限られた期間ドイツに滞在することを可能にする一時的なものだ。シリア難民に与えられる法的地位はさまざまで、条約難民用の一時旅券（青色）が得られた場合は有効期間が3年で、このほかに一時的保護者用の一時旅券（灰色）で有効期限が1年のものもある。ドイツに来るまでの移動の経路と出身国、難民となった背景などにより、異なる滞在許可が与えられる。庇護申請や面接など所定の法的審査過程を経て、就労許可や滞在許可年数、永住資格の申請可否などが決定される。また、ダブリン規約に基づき経由地で指紋押捺したか否か、迫害の立証が十分に可能かという点なども、滞在許可に影響する。メルケル政権の頃は特別な考慮がなされたため、シリア人にとって滞在許可の取得は、比較的容易であったようだ。

　滞在許可が与えられたとしても、追放猶予の資格の人々はドイツ社会への統合が目標とされてい

（1）NPO法人社会総合研究所のセミナーにおける錦田愛子氏による報告「ドイツにおける移民／難民との共生」（2019年5月18日）より抜粋。

（2）ドイツにおける追放猶予については、例えば以下を参照。handbook germany, Tolerated Stay ("Duldung") (https://handbookgermany.de/en/rights-laws/asylum/duldung.html)。

ない。[3] ２０１９年の時点で、ベルリンでは滞在許可が与えられた難民にドイツ語教育の機会が無償提供されていたが、追放猶予者には提供されていないようだった。こうした対応の内容を含めて、移民／難民として「誰を受け入れ、誰を入れないか」は、受け入れ国の判断で決められる。これに対して庇護申請をする難民の側としては、書類手続きの得意な人ほど安定した法的地位を確保し、統合政策にうまく乗ることができているようだった。

このように錦田氏は、ドイツにおけるシリア難民の受け入れ状況や、移民／難民申請者に対する審査の過程について述べました。また、こうした調査を踏まえて「移民／難民」を用いる理由について、次のように述べています。

現在のＵＮＨＣＲは、難民条約上の難民だけでなく、無国籍者や国内避難民など、多様な状態の人々を支援の対象としている。他方でシリアから逃れて来た人々の中には、パレスチナの出身者もいた。彼らはＵＮＨＣＲではなく、それに先行してできたＵＮＲＷＡ（国連パレスチナ難民救済事業機関）による支援対象者だった。出身地域による特例として、シリアに住むパレスチナ人は管轄が別になっていたためだ。彼らもまた、シリア紛争を受けてドイツへ逃れてきた。欧米などの受け入れ国では一般に、どこから逃れて来たかで難民が分類されるため、彼らもシリア難民として受け入れられた。しかし、個別の難民審査ではパレスチナ出身であることが分かり、他のシリア人よりも手続きに長い時間がかかったという。彼らはパレスチナを逃れ、続いてシリアを逃れた、再難民と呼ぶことができる。[4]

ドイツなど欧州諸国に住むパレスチナ難民の間には、レバノンやシリアなど中東諸国を離れて、更なる移住を自主的に行った人々もいた。特にレバノンではパレスチナ難民は政治的に迫害され、社会・経済的にも厳しい地位に置かれているため、より高い生活水準を得るために、他国への移民が一つの有力な選択肢となった。こうした事情に基づく移動は、難民の移民化と呼ぶことができる。このように、人の移動は複合的に起こり、背景には政治動向やそれぞれの置かれた環境が反映される。受け入れ国や支援機関の側では、難民、移民、国内避難民といったさまざまな呼称で呼ばれているが、実態はより複雑な側面があるということである。法的に難民と定義されなくても、その受けた迫害の状況は国際法上の条約難民と同等の場合もある。

つまり、法や制度による位置づけにかかわらず、共通の問題に直面して移動してきたという側面を重視するとともに、強制的な移動と自発的な移動が必ずしも切り分けられることなく複合的な要因が相前後するような形態があることに着目し、錦田氏はこうした人々を同一のカテゴリーと捉え、従来の法的地位を横断する含意を込めた呼称として、「移民／難民」を用いていると言えるでしょう。

(3) 2005年1月に施行された移住法（Zuwanderungsgesetz）は、ドイツにおける移民政策である。移民政策により統合講座が導入された。連邦内務省が、統合政策を法制度上に明示したのは、移民とドイツ社会双方に「義務と権利」を課したことにほかならない。(公財) 日本国際交流センター「ドイツの移民・難民政策の新たな挑戦―2016ドイツ現地調査報告―」(http://www.jcie.or.jp/japan/cn/german-research/final.pdf)。

(4) 錦田愛子編著『移民／難民のシティズンシップ』有信堂高文社、2016年。

3　難民の認定と保護

◆難民の「保護」と「支援」

ここまで「難民」という概念について、国際的・地域的取り決めを通して確認してきました。こうした「難民問題」との関わり方は、大きく分けて二つの方法があります。

日本が今まで一番得意としてきたのは、難民を数多く受け入れている国やそこで活動するＮＧＯなどに対して金銭的な援助や物資提供をすることです。また長年、ＵＮＨＣＲに対しても国の予算から資金を拠出することも行っています。これらをまとめて難民「支援」と呼びます。

その一方で、日本に自力で辿り着いた難民、または外国にいる難民を日本に迎え入れて市民・住民として受け入れることもできます。これを難民「保護」と言います。本節では難民の保護（受け入れ）についての基本的な考え方を確認しておきましょう。

難民保護には、二つの方法があります。一つ目が、母国を自力で脱出し、同じく自力で交通手段（航空機、船舶、自動車、さらには徒歩）を確保して、すでに他国（例えば日本）にまで辿り着いた難民を、少なくとも母国での迫害のおそれがなくなるまでの間、市民・住民として迎え入れる方法です。受け入れ側は、その外国人が自力でやって来るまでは何も関与することはありません。もう一つは、「第三国定住」です。これについては、本章第5節で触れます。

まずは、自国での難民受け入れについて見ていきましょう。

◆難民認定は法的な手続き

ある外国人が他国に辿り着いたばかりの段階では、本当にその人が難民条約で定義される難民かどうかを直ちに判断できない場合がほとんどです。また、たとえ難民条約上の難民ではないにしても、その外国人が置かれている状況を踏まえて難民に準じて保護すべきかどうかを審査する必要もあります。

言い換えると、どのような人であっても、到着後にまずは一定の手続きを行う過程で、調査や審査を実施することになります。当事者から何が原因で何をおそれて逃げるに至ったのかなどを直接に聴取したり、出身国や国際情勢に関する最新情報を集めたり、それらの調査結果をもとに分析を行ったうえで、ようやく適切な判断に至ります。

個人やその集団にとってその属性や信条が基となり、本国の政府やそれに近い機関によって、生命・身体の自由を奪われる、また、迫害のおそれだけではなく、戦争や紛争、政府の統治破綻などで不特定多数への無差別暴力から逃れてきたとか、拷問を受ける可能性があるとか、諸々の事実関係などを総合的に判断しなくてはなりません。

2022年3月初めから日本でも受け入れているウクライナ避難民について、「難民と呼称しないのは、おかしいのではないか」と多くのメディアが指摘していました。しかし、ロシアによる軍事的な侵略により人道危機に瀕《ひん》し、その避難先を日本に求めてきたウクライナの無辜《むこ》の民に対して、難民条約上の難民にあたるかどうかの審査は後回しにして「まずは受け入れる」という対応をとったわけです。そこには、不特定多数の市民に対する無差別な暴力から逃れてきた人々を難民に準じて処遇するという政府の考え方が見て取れます。

難民認定申請をした本人にしてみれば、「国籍国の外に出た瞬間（例えば海上にいる間）」に「難民」の定義にすでに当てはまっていると自覚している人もいるでしょう。他方、受け入れ国側の政府にしてみれば、突然目の前に現れた外国人にどんな事情があるのかは直ちには分かりません。単なる「不法入国者」かもしれませんし、母国政府からの迫害を受けるおそれがあり、命からがら逃げて来た難民相当の人かもしれません。反対に、テロリスト・犯罪容疑を持たれる危険人物ということもあり得ます。そもそも、旅券がなければどこの国の人だか見当もつきません。

そこで、多くの難民条約締約国では、難民条約を批准し加入すると同時に、国内での「難民認定手続き」を設けています。その手続きを通じてその人が難民かどうかを判断し、難民と認められた場合、その国（例えば日本）に合法的に在留するための法的地位を与えています(13)。難民に認定するという行為は、法令に則った手続きを経て初めて可能となるのであり、緊急だからといって審査もせずに「とりあえず」認定するということはありません。しかし、難民に認定していないから保護もしないというのではなく、人道的観点などから受け入れ、必要な保護を与えることがあります。例えば日本では、入国時に旅券や査証を持っていなくても、「一時庇護のための上陸許可」を与えて当分の間は合法的に滞在できるようにしています。また、難民認定手続きを経て仮に条約上の難民あるいは補完的保護対象者として認めることができなかったとしても、人道的配慮を与えたりしています。日本は難民認定数が少ないとか認定率が低いなどと言われますが、実際には法令や実務運用を通してさまざまな方法により庇護や保護が図られています。

なお、難民認定手続きの途中にあってまだ正式に難民認定されていない人のことを、諸外国での例に倣《なら》い、便宜的に「庇護希求者（asylum seeker）」と呼ぶこともあります。一般に庇護希求者は、受け入れ国の政府機関が事実関係を調査し、難民として認定するための審査が未了であるために、「難民性を帯びている」にもかかわらず「難民認定に至っていない」人を指します。もちろん、審査の結果、「難民性を帯びていない」ことが確認されることもあります。庇護希求者の全員が難民に該当するとはかぎりません。

また、難民条約に加入していない国では、少なくとも難民条約上の難民として認定するための手続きに関する制度が設けられていない場合がほとんどです。あるいは加入していたとしても、発展途上国を中心に行政運営上の必要な体制が整っていない国もあります。そこでＵＮＨＣＲの現地事務所がその国の政府との協議や覚書に基づいて難民認定手続きを代行している場合が多くあります。

---

(13) 第1節で述べたとおり、国連での審議の結果、難民を受け入れるかどうかは各国の主権的判断に委ねられた。そこで、各国はそれぞれの法律や実際の運用で、難民資格の認定や申請者に対する取り扱いを定めている（85頁参照）。

日本は1981年に難民条約に加入したことに伴い、出入国管理、難民認定のほか、社会保障を含む幅広い行政分野の法制度を整備し、あわせて組織体制も新設して、1982年1月1日から当時の法務省入国管理局（現在の出入国在留管理庁）が、日本の国内法である「出入国管理及び難民認定法」（この時の法改正によって名称も変更）に従って難民認定手続きを行っています。

4　日本に逃れてきた人々

それでは、実際に日本へはどのような外国人がやって来て難民認定を申請し、どのような人々が難民として認定されているのでしょうか。日本の具体的な難民受け入れ・保護政策とその歴史的変遷については、第4章で詳しく述べますので、ここでは現状を大づかみに理解しましょう。

◆難民認定申請者が日本を選んだ理由

難民認定申請を行っている人々が、申請先として日本を選んだ理由（自らを難民であると主張する理由とは別です）として、私個人の経験上、以下のようなものが挙げられると思います（順不同）。

●入国するための査証（ビザ）が必要ではなかった。あるいは、日本大使館・領事館でビザが簡単に出た（他国では拒否されて、日本しかビザが出なかった）。
●親戚や知人がすでに日本に定住している。
●兄弟や知り合いから、難民認定申請中でも働けると聞いた。
●日本は世界の中でも裕福な国。仕事がいっぱいあるし、賃金が高い。
●子どもの教育が充実しており、しかも無償である。
●日本人は誠実で、思いやりのある人々である。
●街がきれいで、清潔である。
●皆が法律を守っている。安全かつ安心に生活できる社会である。
など。

日本についてのこうした情報を日本に来る前に知り合いや親族から直接・間接に聞き、またネット上の記事を読んだのだそうです。これらは、①日本に関する情報を集めやすいこと、②日本にやって来ることが可能（比較的容易である）であること、③日本での受け入れ先について目途が立っている（立てやすい）こと、④日本で生計を立てて暮らすことに目途が立っている（立てやすい）こと、⑤日本社会に魅力を感じたこと、などの条件（のいくつか）が揃うと、日本を目的地に選びやすくなるということです。反対に、こうした条件が揃わなければ、なかなか日本を目指すことはできません（第5章参照）。

では、実際にどのような人々が、日本を選び、やって来たのでしょうか。

◆日本への難民認定申請者

図3・1は、出入国在留管理庁が発表した資料によるもので、日本への難民申請者数の出身国別内訳とその推移を示しています。近年、スリランカやトルコ、パキスタンからの難民認定申請者が増えており、2017年は2万人近い申請者のうちフィリピン、ベトナム、スリランカ、ネパールの4か国で約7割を占めました。

2020年、21年、22年はコロナ禍の影響で申請者は2000人、3000人台でした。23年になると、それまでに水際対策が順次緩和されたことの影響もあり、1万3823人と増加しています。スリランカ、トルコ、パキスタン、インドの4か国で、申請者の半数を上回っています。次いで、カンボジア、ネパール、バングラデシュ、ウズベキスタンと続きます。南アジアの地図を眺めますと、インドを中心とした東西南北の10か国前後が最近における難民認定申請の出身国の上位を占めており、およそ8割程度に達していることが分かります。

グラフを見ると、2010年以降に難民認定申請者が急増していることが分かります。実は、難民認定審査には時間がかかるため、その間の申請者の生活維持が問題となっていました。そこで2010年3月から運用の見直しが行われ、正規の滞在者は難民申請が行われてからおおむね6か月経過後に生計維持目的で就労することができるようにしました。これにより、難民認定申請者は自

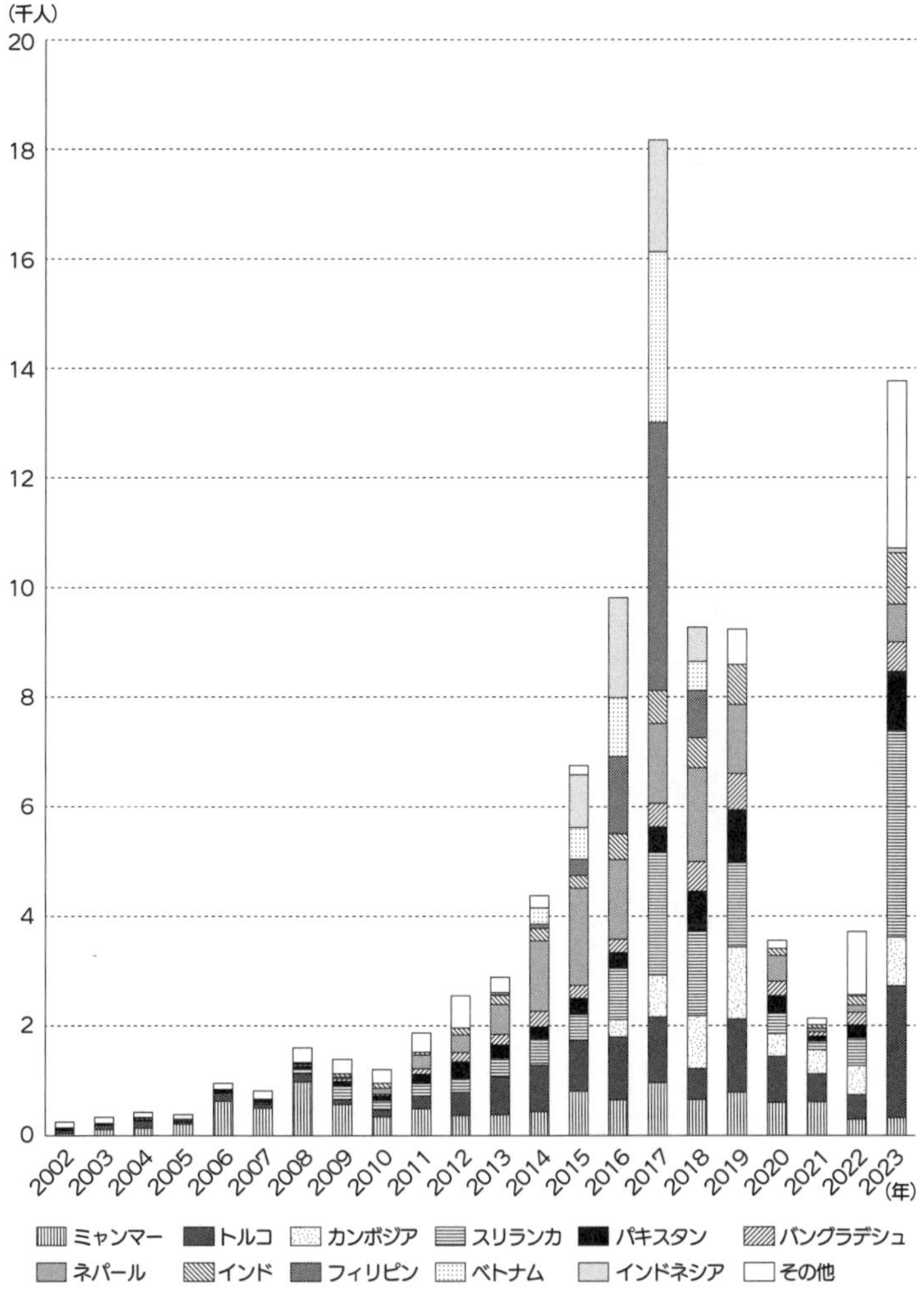

出所：出入国在留管理庁「難民認定者数等について」各年資料を基に筆者作成。

図 3.1　日本における難民認定申請者の国籍別内訳の推移

分で働いて生活を支えながら、審査の結果を待つことができるようになったのです。

しかし、この結果、難民認定申請の手続きが就労可能なビザを取得することと同様の機能を持つ内容となり、就労自体を目的にしたとも見受けられる申請が大きく増加しました。その頃、いわゆる借金取りに追われているとか、家族・親族同士で喧嘩したとか、あるいは（真正直に）日本で働くためだとか、およそ難民とは関わりのない申し立てが目立っていました。これでは本来の難民審査に支障をきたしかねないため、その後に再び運用の見直しが行われ、明らかに難民該当性を主張していないような申請については、就労活動そのものを認めず迅速に処理するようにしました。その結果、２０１８年頃には情報が行きわたったと思われるフィリピン、インドネシア、ベトナムなどからの申請者が大幅に減りました。

◆日本における難民認定者

次に、表３・１は日本における２０１５年から２０２３年までの難民と認定された人の国籍別内訳です。アフガニスタン、エチオピア、エリトリア、イラン、イエメン、シリア、コンゴ民主共和国、リビア、中国、ウガンダ、ミャンマー、南スーダンなどの国名が見られます。いくつか特徴的な国について、もう少し詳しく見てみましょう。

	2015年	2016年	2017年	2018年	2019年	2020年	2021年	2022年	2023年
1	アフガニスタン 6	アフガニスタン 7	エジプト 5	コンゴ民主共和国 13	アフガニスタン 16	イエメン 11	ミャンマー 32	アフガニスタン 147	アフガニスタン 237
2	エチオピア 3	エチオピア 4	シリア 5	イエメン 5	リビア 4	中国 11	中国 18	ミャンマー 26	ミャンマー 27
3	シリア 3	エリトリア 3	アフガニスタン 2	エチオピア 5	イエメン 3	アフガニスタン 5	アフガニスタン 9	中国 9	エチオピア 6
4	スリランカ 3	イエメン 2	南スーダン 2	アフガニスタン 4	コンゴ民主共和国 3	シリア 4	イラン 4	エリトリア 26	イエメン 5
5	エリトリア 2	バングラデシュ 2	イエメン 1	中国 4	シリア 3	ギニア 3	イエメン 3	カメルーン 4	中国 5
6	ネパール 2	イラク 1	ウガンダ 1	イラン 3	ベネズエラ 3	コンゴ民主共和国 3	ウガンダ 2	イエメン 3	イラン 3
7	バングラデシュ 1	ウガンダ 1	エチオピア 1	シリア 3	ウガンダ 2	ルワンダ 3	カメルーン 2	ウガンダ 2	ウガンダ 3
8	ウガンダ 1	シリア 1	パレスチナ 1	ウガンダ 1	エチオピア 2	イラク 2	イラク 1	エチオピア 2	トルコ 3
9	エジプト 1	スーダン 1	レバノン 1	エリトリア 1	無国籍 2	イラン 1	ガーナ 1	カンボジア 2	カメルーン 2
10	コンゴ民主共和国 1	パキスタン 1	中国 1	コロンビア 1	イラク 1	ウガンダ 1	パキスタン 1	コンゴ民主共和国 1	コンゴ民主共和国 2
11	スーダン 1	ミャンマー 1		ブルンジ 1	スーダン 1	コートジボワール 1	南スーダン共和国 1	トルコ 1	ガンビア 1
12	パレスチナ 1	中国 1		無国籍 1	スリランカ 1	スーダン 1		リビア 1	カンボジア 1
13	レバノン 1	コンゴ民主共和国 1			ソマリア 1	無国籍 1			シリア 1
14	ミャンマー 1	ソマリア 1			パキスタン 1				スーダン 1
15		無国籍 1			ブルンジ 1				スリランカ 1
16									ソマリア 1
17									ナイジェリア 1
18									バングラデシュ 1
19									レバノン 1
20									無国籍 1
難民認定者合計	27	28	20	42	44	47	74	202	303
その他の庇護合計	79	97	45	40	37	44	580	1760	1005
難民およびその他の庇護合計	125(19)	143(18)	94(29)	104(22)	101(20)	91(0)	654(0)	1962(35)	1308(47)

※注 ()カッコ内は、定住難民数

出所：図 3.1 と同じ。

表 3.1　日本における難民認定者の国籍別の内訳

◆ミャンマーの特別な事情

ミャンマーからの難民認定申請者は、2021年612人、22年298人、23年は第9位で324人（申請者全体の2・3％）です。

皆さんご存知のように、ミャンマーでは2021年2月1日に国軍によるクーデターが起こりました。抗議デモや国軍・警察の発砲などによる一般市民の死亡・負傷事案が発生し、デモに参加していない住民に対する暴力なども報道されています。

引き続き不透明な情勢であることを受け、2021年5月28日に出入国在留管理庁は、ミャンマーにおける情勢不安を理由として日本に留まることを希望するミャンマー人に対し、当面の緊急避難措置として在留資格「特定活動」での在留を認めることとしました。この資格により在留している人は、2023年末現在1万5172人です。そのうち難民認定者は21年が32人、22年が26人、23年が27人です。そのほか、難民とは認めなかったものの、本国の情勢や事情を踏まえて2023年末には約3000人が在留を認められています。

ミャンマーからの難民と言うと、ロヒンギャ難民のことがしばしば報道されていますが、現地から日本まで空路で来られるのはごく限られた人々でしょう。ミャンマーからの申請者の多くはビルマ族であり、カレン、カチンをはじめその他の少数民族もいます。

UNHCRによれば、ロヒンギャ難民とは、ミャンマー西部ラカイン州のイスラム教徒の少数民族ロヒンギャのうち、2017年8月下旬以降に国軍やそれに近い民族武装勢力によって住居を焼かれて追い払われるなど無差別の武力弾圧を受けて国外へ逃れた人々で、70数万人が隣接するバングラデシュ南東部コックスバザール県に流入しました。

現在、バングラデシュのコックスバザール地域の難民キャンプで、約60万人が不安定な仮設住居で密集して生活しています。ここが過密となったため、バングラデシュ政府は、ベンガル湾に浮かぶ無人島に新たに難民キャンプを設け、難民たちの移送を始めようとしています。ロヒンギャ難民は、ミャンマーとバングラデシュの国境のどちら側でも無国籍という状況に置かれており、国際支援が必要とされています。

◆トルコからの難民認定申請者

また、トルコからの難民認定申請者は、2015年末には申請者全体の17・4%を占めました。21年に510人、22年445人でしたが、23年には2406人と急増しています。その多くが難民申請の際に自らを少数民族のクルド系であると称しているようです。加えて、少数派に属する宗派であるとか、あるいは徴兵を忌避するといった主張も見られるようです。いわゆるクルド人は、トルコ、イラン、イラク、シリアの4か国にまたがる地域に暮らしていますが、日本で難民申請をしている多くのクルド人と称する人々はトルコに居住している人々で、トルコのパスポートで来日しています。日本とトルコは外交政策の一環として1950年代から相互に査証（ビザ）を免除していますので、自国の旅券と航空券さえ準備できれば来日できます。

同じ地域出身の人々が親族や友人のサポートを受けて次々と来日していますが、そのうち難民の蓋然性《がいぜんせい》がある人々は、ほとんど確認できていないようです（そのことは最近の難民統計からも見て取れます）。個人の経験ですが、トルコにある国際NGOのローカル事務所でも、トルコ系、クルド系が出身民族の違いでいがみ合ったり分裂することはなく一緒に働いており、差別や迫害というべき状況は見られませんでした。強いて言えば、外国人がクルド語を覚えて使用すると、トルコ人から「あまり安易に使用しないほうがいいよ」と注意されることがあるそうです。

たしかに、一部の過激派あるいは武装組織によるクルド人の独立運動などはこの地域のデリケートな問題であり続けていますし、トルコ国内でも20～30年前では生命や自由の重大な侵害を引き起こすような深刻な差別行為があったのでしょう。しかし、現在のトルコ国内におけるクルド系トルコ人は自分たちの利害を世論に訴える政党もあり国会議員も選出されているほか、政府要人にもクルド系の人々がいます。このように民族間の共存が実現されつつある状況が認められるなかで、トルコ政府の発行したパスポートで来日して「私はクルド人です。そのためトルコ政府から酷《ひど》い迫害を受けています。だから難民です」と主張したとしても、その蓋然性には疑問符が付けられてしまうのです(14)。

もちろん、これは一般的な状況であり、一人ひとりの事情は異なりますので、「クルド系トルコ人はすべて難民には当たらない」などと一概には言えません。難民審査では、個々人の難民性をきちんと判断しなくてはならないと思います。ただし、難民の蓋然性を欠いていることが明らかな人々の審査に一律に時間と費用をかけることは、本来なら難民支援に向けられるべき予算を濫費することにもなりかねません。他方、査証免除措置がとられている国の出身であって、申請者は多くても難民認定などの庇護に至る人が少ない場合には、そもそも査証の取得を義務づけることも検討してよいのではないでしょうか。査証免除措置というのは、入国後に観光・訪問などの目的を果たした後は速やかに出国することが前提であるはずです。それがたとえ数パーセントであっても難民認定申請に流れるならば、措置の見直しも検討すべきではないでしょうか。さらに、そうした人々が特定地域に集住するとなれば、その地域住民の負担にも配慮すべきだと思います。

◆アフガニスタンからの避難者

アフガニスタンでは、2021年8月、タリバンにより首都カブールが制圧され、多くの避難民が出国しました。アフガニスタン政権の崩壊後に日本が受け入れた避難民のうち、在留資格「特定

(14) これについては、元UNHCR駐日代表であり国際機構論や移民・難民問題の専門家である滝澤三郎東洋英和女学院大学名誉教授が現地調査結果を学会で発表したことが報道され、大方のクルド人の難民該当性につき否定的な見解が示されている。『産経新聞』2024年5月5日付け朝刊。
また、2024年7月14日『Foresight(フォーサイト)』に掲載された、三好範英氏(ジャーナリスト、元読売新聞社)による、在留クルド人の故郷「ガズィアンテップ」現地レポート「(前編)―「なぜ日本で働けないのか聞きたい」」、「(後編)―海外でのマフィア化に警鐘も」は、トルコ南東部ガズィアンテップ市の現地調査を掲載している。

活動」による在留者は2023年末で248人となっています。

難民認定者は2021年に9人、22年が147人、そのうち114人はアフガニスタンのJICA（国際協力機構）で働いていたスタッフや家族です。23年の認定者は237人となっています。

また、難民とは認定できないものの本国情勢により在留を認めた人は、2021年が2人、22年が10人、23年が5人となっています。

UNHCRによれば、長引く紛争により300万人を超える人が国内で避難を余儀なくされたままだそうです。出入国在留管理庁では、アフガニスタンにおける情勢不安を理由に、日本へ在留を希望するアフガニスタン人については在留資格「特定活動」での在留を認めることとしていますが、23年6月の法改正により、本人が希望すれば申請手続きを経て条約難民または補完的保護対象者として認定されることになるでしょう。

◆シリア人の庇護の状況

2011年3月中旬以降、シリアにおいても各地で反政府デモが発生して以来、不透明な状況が続いています。出入国在留管理庁は、シリアにおける情勢不安を理由として、日本での在留を希望するシリア人について在留資格「特定活動」での在留を認めることとしています。

在留資格「特定活動」で在留しているシリア人は、2023年12月末現在で274人です。難民認定者は2011年から2023年までで23人、本国の情勢や事情などを踏まえて在留を認めた人は同期間に98人となっています。また、23年6月の法改正により、それまでに難民として認められなかった人であっても、申請手続きを経て補完的保護対象者として認定される道が開かれました。

また、これまでの難民受け入れの枠組みとは異なるのですが、国際協力機構（ＪＩＣＡ）は、２０１７年から「シリア平和への架け橋・人材育成プログラム（ＪＩＳＲ）」を実施しています。[15] これは、レバノンやヨルダンでＵＮＨＣＲによって難民と認定されたシリア人の若者を留学生として受け入れ、日本語研修、日本の大学・大学院での就学、そして就職までを支援するものです。

◆スーダン人の庇護の状況

スーダン共和国では、２０２３年4月、スーダン国軍と準軍事組織である即応支援部隊との間で衝突が発生しました。情勢が引き続き不透明な状況にあることを受けて、出入国在留管理庁は、スーダンにおける情勢不安を理由に日本での在留を希望するスーダン人について、在留資格「特定活動」での在留を認めることとしています。

「特定活動」で在留しているのは、２０２３年12月末現在で21人です（うち難民認定者1人、難民には認定しないものの、その他の事情などで在留を認めた12人を含みます）。これについても、アフガニ

（15）国際協力機構（ＪＩＣＡ）「シリア平和への架け橋・人材育成プログラム」（https://www.jica.go.jp/overseas/syria/others/jisr/index.html）参照。また、民間団体の取り組みとして、パスウェイズ・ジャパン（https://pathways-j.org/）も参照。

スタン人やシリア人と同様に、補完的保護対象者となる道が開かれています。

◆ウクライナ避難民などの受け入れと支援

ウクライナでは、２０２２年２月のロシア軍による侵攻後、多数の市民が国内・国外に逃れており、その情勢は引き続き不透明です。日本でも、かつてない短期間に多くの避難民を受け入れ、特別な支援が図られています。入管庁は、ウクライナにおける情勢不安を理由に在留資格「特定活動」での日本在留を認め、就労も可能です。その他、ウクライナ避難民ヘルプデスクの設置、地方出入国在留管理官署へのウクライナ避難民受入支援担当の配置、情報提供などのためのウェブサイトの設置、身元引受先のない避難民に対する一時滞在場所の提供や生活費の支給などの支援、そして在留資格について柔軟に対応するなどウクライナ避難民への支援を行っています。

２０２２年３月以降、24年８月末までのウクライナからの避難民の受け入れ数は２６８２人となりました。また、本国の情勢などを理由に在留資格「特定活動」で在留している人は、23年12月末２０７２人となっています。

そして別項目で詳細に説明するように、ウクライナ紛争が長引くなかで、入管法改正により新設された補完的保護対象者の認定制度により、補完的保護に移行しようとするウクライナ出身者もいて、２０２３年２月末現在で１１００人余がその申請を行っているそうです(16)。

5 「第三国定住」

◆「第三国定住」とは？

難民保護のもう一つの代表的な方法が、「第三国定住」と呼ばれる受け入れ方です。

第1節で述べたように、難民条約の加盟国は2018年時点で146か国に留まっており、難民条約に加入しているかどうかによって、庇護希求者の処遇に大きな差異が生じることもあります。最悪の場合、難民認定手続きを踏めなかったがために庇護を受けられず、到着国における外国人・移民政策が厳格すぎて、ノン・ルフールマンの原則に反し本国へ強制的に帰還させられてしまうこともあります。これは人権・人道上の大きな問題になりかねません。そこで、難民条約に加入していない国の多くでは、UNHCRの現地事務所が難民認定手続きを代行していることがあります。

ただし、難民条約に加入していない国がUNHCRによる難民認定代行を認める際には、「仮に

(16) なお、日本財団は約2000人に対し生活費を支援しているが、そのうち2024年3月時点で、就学・就業などの理由から約2割の人々が帰国を選択しており、そのため同財団では本国への帰国支援も行っている。高齢者を日本に残し、若い世代だけが帰国するなど家族が離れ離れになるケースもある。緊急避難から2年半を経て、日本での定住を目指すのか、帰国するのか、それぞれの家族が複雑な悩みを抱えている。

UNHCRが難民と認定したとしても、その人がそのまま定住することは認めず、どこか別の国に移住させること」を条件としている場合がほとんどです。この「どこか別の国」が「第三国」です。

まず、難民の出身国を「第一国」とします。母国を脱出して難民条約に加入していない別の国に辿り着き、UNHCRなどによって難民に認定されると、その滞在国が「第二国」になります（専門的には「第一次庇護国」と呼びます）。この第二国で難民として受け入れられるとともに入国・在留が許可されますが、先述のとおり「定住」は認められません。そこで、滞在国とは別の国が自発的に難民を引き受け、必要な支援を与えることがあります。これが「第三国定住」という制度です。

また、仮に最初の滞在国（第二国）が難民条約の締約国だったとしても、その国での難民受け入れ数があまりにも多いと、国民や政府がその負担を抱えきれないこともあります。そのような場合にも、第三国定住プログラムを通じて別の国が引き受けることがあります。政治的迫害なり紛争・災害なりが発生すると、まずは近隣諸国に大量の避難民が押し寄せることになりがちです。第三国定住制度は、難民の流入によって近隣・周辺諸国にのしかかる重い負担を、より多くの国で分担するという国際的な協力の枠組みの一つとも言えます。

◆日本の「第三国定住」政策の開始

２０２４年６月発表の「ＵＮＨＣＲグローバル・トレンズ・レポート２０２３」によりますと、例えばトルコでは、２０２３年末時点で３３０万人ものシリア難民を受け入れています。トルコ政府としては、より裕福な第三国に是非とも責任を分担してほしいはずです。実際に、難民をはじめ国際保護が必要な人の75％が、発展途上国と呼ばれる低中所得国に滞在しており、「より貧しい国がより大きな負担を強いられる」という現象が起きています。

「第三国定住」では、そのような難民条約未加入国や発展途上国に避難し難民と認められた人々を、第三国が第二国（第一次庇護国）まで迎えに行って自国へ運びます。伝統的には、アメリカ、カナダ、オーストラリア、ニュージーランドのほか、スウェーデン、フィンランドなどのスカンジナビア諸国が、それぞれの国の難民政策として、毎年数千～数万人の「第三国定住受け入れ人数枠」を設けて積極的に受け入れています。そして、定住や永住に向けた支援を政府と民間が協働で行っています。

近年では、日本が２００８年に、韓国が２０１１年に、「第三国定住政策」に乗り出すことを決め、日本では毎年約30人のミャンマー難民受け入れ枠が設定されました。その後２０２０年からは年間枠が60人に拡大されるはずだったのですが、新型コロナウィルスの影響で実施が遅れ、２０２２年９月28日に第三国定住の第12陣を受け入れました（難民家族16世帯29名）。その後、約半年ごとに継続して受け入れ、２０２４年３月下旬、一時滞在先のマレーシアから来日したミャンマー、中東、アフリカ出身の21世帯29名から成る第15陣第三国定住難民コース（前期半年コース）の開講式が、４月４日ＲＨＱ（アジア福祉教育財団難民事業本部）支援センターにて行われました。ＲＨＱによれば、関係省庁や国際機関、地元町会の人々が対面とオンラインで参加したとのことです[17]。

◆足りない「第三国定住受け入れ人数枠」

このように、一言で「難民保護」と言っても、自力で母国を脱出し他国に辿り着いた難民を受け入れる場合と、すでに第一次庇護国で難民と認定された人を迎えに行って受け入れる方法があります。両者の特徴はとても対照的です。

見方によっては、国境に辿り着いた人を暫定的に滞在を認めたうえで審査を経て受け入れる方法よりも、避難先の国で慎重な審査を経たうえで連れて来る方法のほうが、事前審査によって双方が了解しているという点で、難民にとっても受け入れ側にとっても望ましいかもしれません。

ただし、決定的な問題は「第三国定住受け入れ人数枠」が世界全体でも毎年最大10万人（2023年は16万人に増加）ほどしか提供されておらず、UNHCRが主張する「緊急に第三国定住が必要な難民」の数（120万人程度）をまったく満たしていないということです。どのようにしたら、第三国定住枠をもっと増やせるのかは、国際的な難民保護制度が抱える恒常的問題の一つです。日本でも古くはインドシナ難民、最近ではミャンマーをはじめアジア諸国に避難している難民を第三国定住プログラムで受け入れる施策がとられています。しかし、年間の受け入れ数は数十人程度にとどまっており、今後も受け入れ枠の拡大が議論されるべきでしょう。

（17）さらに2024年10月には第16陣のプログラムが開始されている。同プログラムの詳細については、アジア福祉教育財団難民事業本部「定住支援プログラム（条約難民・第三国定住難民対象）」（https://www.rhq.gr.jp/support-program/p01/）など参照。

Column

「難民」という新しい言葉

実は、日本語の「難民」は、比較的新しくできた言葉です。それまで日本に存在しなかった「難民」という言葉が、いつ、どのように使われ始めたのかを探ることで、日本人がどのように「難民」と接し、受け入れてきたのか、その源泉に触れてみましょう。

世界中の言語には、昔から「難民」に相当する言葉が存在しています。これは、紛争や災害によって多くの人々が国を越えて移動を余儀なくされるという現象が、古くから世界各地であったということでしょう。一方、日本では、地理的な条件もあって国境を越えて大量の人々が流入するような状況が（朝鮮戦争などの一時期を除いて）歴史的に比較的少なかったのかもしれません。

では、日本の国語辞典に「難民」が登場したのはいつでしょうか。まず、日本の代表的国語辞典の一つである大槻文彦の『新訂大言海』（冨山房、1974（昭和49）年）には「難民」の項がありません。戦前の辞書を引いてみると、金沢庄三郎『辞林』（三省堂、1907（明治40）年）、小山左文二『新体国語漢文辞林』（松邑三松堂、1911（明治44）年）にもありません。1927（昭和2）年の落合直文・芳賀矢一『言泉』（大倉書店）にも、1936（昭和11）年の下中弥三郎編『大辞典』（平凡社）にもありません。

AARの代表幹事を務めた吹浦忠正氏は、著書[1]で次のように述べています。

「国立国語研究所（野元菊雄所長）へ「難民」

の項目について、日本の辞書にはいつから取り扱われるようになったかを問い合わせたところ、言語学者の見坊豪紀氏とも意見調整した結果として、「金田一京助編『明解国語辞典』１９４３（昭和18）年が辞書の中では〈難民〉という項目を設けた一番古い例と思われる」とのこと（１９８７年7月16日付け回答）…（中略）…しかし、この『明解国語辞典』では「避難の人民」と説明されているだけで、現在一般的に認容されている意味を最大限広義に説明しているに過ぎず、むしろより限定された使い方をしている今日とは意味が違う言葉と言ってもよいだろう。」

また、１９５０年代の新聞報道では、朝鮮半島で北から南へ逃れてくる人々のことを「避難民」と記していました。[2] 新村出・新村猛編著『広辞苑』（岩波書店）では、１９５５（昭和30）年の初版から「難民」の項目があるのですが、その意味は「①困窮する人民　②戦争・天災などのため困難に陥った人民、ことに戦禍・政権を避けて故郷を逃れた亡命者」となっており、「その結果、国外に逃れた」という記載はありません。

『現代用語の基礎知識』（自由国民社）が国際法関係用語として「難民」の項を設けたのは、１９７６（昭和51）年版に東寿太郎・津田塾大学教授が記載したのが初めてです。これは、１９７５年4月に南ベトナム政権が崩壊した翌年にあたります。サイゴン陥落直後にアメリカに約13万人が難民として定住し、78年にベトナム北部から中国に約26万３０００人の難民が定住した時期でした。

英和辞典を見てみると、『ベスタ英和辞典』（旺文社、１９５６（昭和31）年）が初出で、巻末の和英辞典に「難民」に相当する英語として「Destitute, Sufferers, Refugees」が挙げられています。岩崎民平編『研究社　新ポケット英和辞典』（１９６６年）、河村重次郎編『新クラウン英和辞典』（三省堂、１９６６年）、中島文雄編『岩波英和大辞典』（１９７０年）にも「Refugees」の項に「避難者、亡命者、逃亡者」とありますが「難民」という訳語は出ていません。フランス語の辞書では、鈴木信太郎編『スタンダード佛和辞典』(大修館書店、1957(昭和32)年)の「Réfugié」の項に「①避難(亡命者)②ナントの勅令取消しにより亡命した新教徒」と記されています。

なお、日本の外務省では、「UNHCR」の日本語名として、1950年の設置から約10年間にわたって「国連亡命者高等弁務官事務所」と公式に翻訳されていました。つまり「難民」と「亡命」はその当時においても同様の意味合いを有するものとして理解されていたと解釈できます。『広辞林』(三省堂、1983年)でも「戸籍を脱して逃亡すること。政治上・思想上の理由で本国政府の方針を嫌い(一身の危険を感じて)第三国に避難すること」としています。これは「亡命」=「難民となること」の標準的な説明と言えるでしょう。

このように、日本における一般的な解説では、何かしらの脅威的な存在によって、危機的ないしは極度に緊迫した状況に直面して窮地に陥り、他国に向けて逃れた者の救済を急務とするような「強制移住」という点では共通しているものの、亡命者は政治的な理由を抱えた個人または少数で、難民はさまざまな理由により大勢での移動を余儀なくされた人々と捉えられています。そして、亡命者はしばしばエリートのイメージがあり、難民は一般大衆のイメージが見られます。この「難民」と「亡命者」という二つの言葉は、実は国際法上では同意語であることを重ねて強調しておきます。

「難民」という名称は、日本に定着してからようやく60余年が経ったところなのです。

(1)吹浦忠正『「難民」世界と日本』日本教育新聞社、1989年、252頁。
(2)例えば、『読売新聞』1952年8月5日夕刊1面、『朝日新聞』1952年8月8日、夕刊1面など参照。

第4章　日本の難民受け入れ政策は？

含　羞（がんしゅう）
　その笑顔には、なぜ恥じらいが浮かぶのでしょう。「支援」されることに、慣れるはずはないですものね。難民の人々の瞳を思い出すたびに、胸が締め付けられます。

第3章では「難民とは誰のこと?」というテーマで、世界各国で共通に了解されている国連の難民条約における難民の定義や、この難民条約に基づいた国際制度上の受け入れに関して、基礎的なことを説明しました。また、日本の難民認定申請者数や難民認定数など、基本的な情報を確認しました。

第4章では、日本で「難民」をどのように認定し、受け入れてきたのか、歴史的な変遷を見ていきましょう。また、難民の受け入れをめぐって近年問題になっていることなどについても、述べたいと思います。

1 日本における難民受け入れの歴史

◆50年近い経験

日本の新聞・テレビなどの報道では、「難民に冷たい日本」「日本は難民の受け入れ数や難民として認められる割合が極端に少ない/小さい」といった主張をよく耳にします。そのような見方は必ずしも的外れというわけではないのですが、長らく難民支援に携わってきた者としては、日本にも50年近くにわたる難民受け入れの歴史があることを、もっと多くの人に知っていただきたいと思います。(1)

そこで本節では、前章で見た国際的な難民受け入れ制度やその歴史を念頭に置きつつ、日本の難民受け入れの歴史を「4つの段階」に区切って振り返ってみましょう。

◆第1段階：インドシナ難民の受け入れ

①ベトナム戦争の終結

1975年4月30日、アメリカが支援する南ベトナム（ベトナム共和国）の首都サイゴン（現ホーチミン）が北ベトナム（ベトナム民主共和国）軍により制圧され、長く続いたベトナム戦争は北ベトナムの勝利に終わりました。

そして、サイゴン陥落直後から、敗戦に伴う逮捕・拘束など、身の危険を感じた南ベトナム政府の高官や軍人をはじめ、北ベトナムの共産主義政権による統治に恐怖、不安、嫌悪感を抱いた多くの市民が南ベトナムから脱出し始めました。そして、夜陰にまぎれて漁船など小さな船にぎゅうぎ

(1) なお、第二次世界大戦以前では、例えばロシア革命の前後に日本はロシアやウクライナから100人を超える難民を受け入れている。いわゆる白系ロシア人と呼ばれた彼らの中には、日本初のバレエ・スクールを開き「日本バレエの母」と呼ばれたエリアナ・パブロヴァ（1899〜1941）やプロ野球初の300勝投手スタルヒン（1916〜57）の一家（父親はロマノフ王朝の将校）、横綱大鵬（1940〜2013）の父親（元コサック騎兵のウクライナ人）など、日本で活躍した人々もいた。戦後しばらくは、ごく少数の「亡命者（法的ステータスは難民と同じ）」を受け入れただけだった。吹浦忠正『難民——世界と日本』日本教育出版社、1989年。

ゅう詰めで乗れるだけ乗り、命がけで国外へ脱出したのです。陸路でタイに向かう手段もあり得たのですが、その途中で通過するカンボジアやラオスでも共産主義勢力の支配が進んでいたため、海路を選ぶしかなかったのです。

②「ボートピープル」の来日

同年5月12日には、アメリカ船に救助されたベトナム人9人が初めて千葉港に到着しました。このような「ボートピープル」に対して、政府は当初、日本にはそのような人々を受け入れるための制度がなく、国土が狭すぎるなどとして、日本に居留することを一切許さず、「第三国」(多くの場合はアメリカ)へ直ちに送り出していました。

しかし、「アジアの大国なのに、日本は難民に冷たい」という国際的な批判が強まり、1978年以降は一定の条件の下で日本への定住を認めるようになりました。

また1975年には、ラオスとカンボジアでも共産主義体制への移行を目指した政変が次々に起こり、それらの国に暮らす多くの人々が陸路で隣国のタイなどに逃れました。これらベトナム、ラオス、カンボジアを総称して「インドシナ三国」と呼び(図4・1)、それらの国から逃れた人々が「インドシナ難民」と呼ばれました。日本はその後1979年から2005年までに合計で1万1319人のインドシナ難民を受け入れ、日本国内での定住を許可しました。

その後、家族の呼び寄せ、結婚、出産なども増え、インドシナ難民に由来する人々は、現在2万

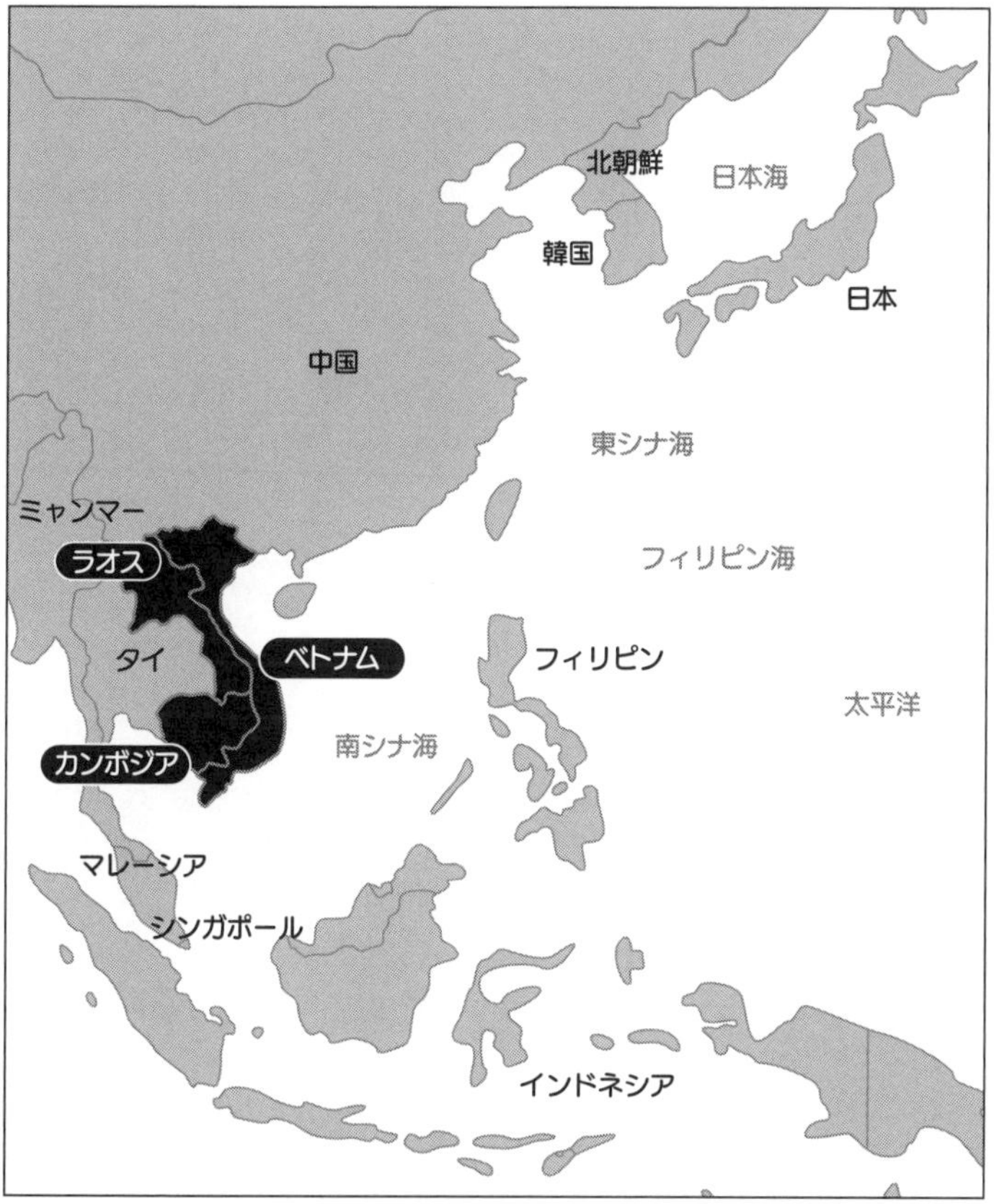

注：濃いアミ掛けをしたベトナム、ラオス、カンボジアが「インドシナ三国」と総称された。

図 4.1　インドシナ半島と日本

人規模に達しているものと推定されます。定住目的で受け入れられた人々の多くは、その後、永住許可を受けることとなりました。なかにはベトナム国籍を放棄して帰化によって家族全員で日本国籍を取得した人々もいます。医師、学者、ＩＴの専門家あるいは会社経営者などになって日本の地域社会に溶け込み、さまざまな貢献をして活躍している人も少なくありません。

③東西冷戦のなかの難民受け入れ

インドシナ難民が日本に到着し始めた当時、日本は「難民条約」に加入していないばかりか、難民保護に関する国内の法制度も整備されていませんでした。そのような状況下、インドシナ難民の多くは、新たな支配者による共産主義統治を嫌悪し、これまでに自分たちが築いてきた日常が失われようとしていることに強い懸念を抱いていました。つまり、彼らの多くは、社会主義体制に移行した後に迫害を受けるおそれのある人々や新体制に馴染めない人々でした。その人々は、新たな体制に警戒心・不信感・絶望を抱いていたために、命の危険を顧みることなく他国への移住を望んでいたのです。

日本政府は１９７８年４月、ベトナム難民の定住を閣議了解で決定し、その９月に一時滞在中のベトナム難民家族３人に初めて定住許可を与えました。78年から79年にかけてボートピープルの悲劇的な状況がメディアを通じて報道され、ようやく日本での定住枠を５００人とすることが閣議了解されたのです。しかし、定住受け入れ枠の少なさと、難民問題に対する日本国民の関心の無さ、それに起因すると思われる定住希望者の少なさなど、国際社会から批判の対象となりました。国内外の難民問題を知る人々から難民条約加盟の声が上がったのも、そのような時期でした。

その後も1979年6月の日米首脳国会議、東京サミット、79年7月ジュネーヴで開催されたインドシナ難民国際会議など、国際会議が開催される都度、日本も難民の保護救済に協力を約束し、受け入れや定住枠を増やしていきました。これらは、1951年「難民の地位に関する条約」と1967年「難民の地位に関する議定書」の枠組みの外で、つまり、その後に整備されることとなる「出入国管理及び難民認定法」による難民認定の手続きを経ることなく、インドシナ難民の受け入れを開始したのでした。日本での先駆的な難民問題の研究者である本間浩氏は、その著書で次のように書かれています。

「1975年5月のヴェトナム難民入港は、一般の人々に、これまでにない衝撃を与え、それだけに難民問題への関心を一気に高めた。当時、この事件は『第二の黒船』事件とまでいわれた。日本政府としては、『難民条約』加入を含む難民保護制度の整備に、とり急いでかからなければならなくなったのである。(2)」

（2）本間浩『難民問題とは何か』岩波新書、1990年、16〜17頁。

この決定は、当時の東西冷戦下における自由主義陣営の結束を示すための、ある種の外交政策に基づいたものとも考えられます。本間氏はまた、「もともと1951年難民条約上の難民の定義は、厳格過ぎる、としばしば批判される。この難民定義は、東西対立の背景のもとに作られ、そのために、生命・身体の自由を危うくする権力的行為を糾弾するという意味が強くなってしまったのである」[3]とも述べています。

それでも、このインドシナ難民への一連の対応と経験が、日本国内で官民ともに難民保護・支援の体制が整えられる大きなきっかけとなったのも事実です。日本における難民政策の歴史を振り返るうえで欠かせない萌芽的段階と見なしてよいでしょう。

◆第2段階：難民条約への加入と難民認定手続きの実施

①難民条約はアジアに関係ない？

上述のとおり、インドシナ難民が来日し始めた当時、日本は「難民条約」の締約国ではありませんでした。それにはいくつかの理由があり、政府による国会答弁などでは次のように説明されていました（1975～79年時点）。

①条約上の難民の定義が必ずしも明瞭ではないとされたこと。

②難民という概念は西欧的であって、日本を含めアジアには関係ないとされたこと。

③条約に加入すれば、政情不安定な周辺諸国から難民が大量に押し寄せる危険があるのではないかと懸念されたこと。
④その一方で、日本周辺ではその時点で差し迫った「難民危機」がなかったこと。
⑤日本の国土が狭く、相当数の難民を受け入れる余裕がないこと。

すでに見たとおり、難民条約がもともと欧州における東西対立を背景として締結されたものであったため、当時の難民条約における「難民」の定義に必ずしも明瞭ではない箇所があったのは事実でしょう。現在の難民認定の実務においても、その影響は一部に見受けられます。しかし、このような認識は、インドシナ難民の漂着によっていよいよ通用しなくなり、アメリカ政府からの外交圧力によって、日本は小規模ながら難民の受け入れを迫られるようになりました。

②難民条約への加入

その他さまざまな要素の検討を経て、難民条約に加入するために必要となる法律案が1981年6月5日に国会で可決・成立し、日本は難民条約締約国となりました。難民条約の内容を実施するための国内法である入管法（出入国管理及び難民認定法）も制定され、1982年1月1日から施行

（3）本間浩『難民問題とは何か』69頁。

されました[4]。

これにより日本では、法務大臣（実際には法務省入国管理局、現在の出入国在留管理庁）が日本国内で庇護希求者の難民認定手続きを行うという体制が敷かれました。

さて、表4・1のとおり、1978（昭和53）年1月1日から2023（令和5）年末までに、合計で10万5487人が日本で難民認定申請を行い、そのうち通算1420人が難民条約上の難民と認められました。その他、定住難民など保護すべき人を含めて日本で庇護された人は1万9071人になります。

ここで注意してほしいのが、「条約難民」の中には、先に述べたインドシナ難民も、以下で見る第三国定住難民も、原則としては算入されていないということです。第3章で見たとおり、国際的な難民保護制度の基盤となっているのは、1951年「難民の地位に関する条約（Convention Relating to the Status of Refugees）」と、1967年「難民の地位に関する議定書（Protocol Relating to the Status of Refugees）」であり、日本では両者を合わせた「難民条約」に規定された「条約難民」のみが「難民」という法的な身分・地位を付与されます。

そのため、インドシナ難民や第三国定住難民が、もし条約難民としての法的地位を希望するのであれば、日本に入国した後で自発的に入管に出向いて難民認定申請を行い、難民認定、すなわち難

（4）このとき、それまでの「出入国管理令」が「出入国管理及び難民認定法」に改められた。

	申請数	難民（1）		補完的保護対象者（2）	その他の庇護（3）	(1)(2)(3)合計
		定住難民	条約難民			
1978年～1999年	1,963	10,531	243	–	116	10,890
2000年	216	135	22	–	36	193
2001年	353	131	26	–	67	224
2002年	250	144	14	–	40	198
2003年	336	146	10	–	16	172
2004年	426	144	15	–	9	168
2005年	384	88	46	–	97	231
2006年	954	–	34	–	53	87
2007年	816	–	41	–	88	129
2008年	1,599	–	57	–	360	417
2009年	1,388	–	30	–	501	531
2010年	1,202	27	39	–	363	429
2011年	1,867	18	21	–	248	287
2012年	2,545	0	18	–	112	130
2013年	3,260	18	6	–	151	175
2014年	5,000	23	11	–	110	144
2015年	7,586	19	27	–	79	125
2016年	10,901	18	28	–	97	143
2017年	19,629	29	20	–	45	94
2018年	10,493	22	42	–	40	104
2019年	10,375	20	44	–	37	101
2020年	3,936	0	47	–	44	91
2021年	2,413	0	74	–	580	654
2022年	3,772	35	202	–	1,760	1,997
2023年	13,823	47	303	2	1,005	1,357
合計	105,487	11,595	1,420	2	6,054	19,071

（人）

出所：出入国在留管理庁「我が国における難民庇護の状況等」令和6年3月26日（https://www.moj.go.jp/isa/content/001414757.pdf）を基に筆者作成。

表4.1　日本における難民認定申請者数と難民庇護の状況など

民条約上の難民に該当している旨の認定を受ける必要があります。つまり、条約難民とインドシナ難民・第三国定住難民とには同じ「難民」という名称が付けられていますが、それぞれの定義や対象が異なっているため、自動的に難民条約上の難民と認められるものではないのです。したがって、仮に難民認定申請を行ったとしても、条約難民として認定されるためには、特定の要因（個人やその集団が不可分に有する人種・民族、国籍、社会的集団などの属性や政治的・宗教的な信条）によって出身国政府の直接ないし間接の関与による個人の生命・自由に対する破壊的な侵害・抑圧など迫害のおそれが客観的に認められるといった条件を満たす必要があります。

③条約難民以外への庇護と包括的行動計画（CPA）

また2023年末までに、難民の定義には当てはまらないけれども何らかの人道的な理由があるとして、6054人に対し庇護に準じた措置により日本での在留継続を認めるための「在留許可」が付与されました。

これは、難民認定手続きを経て、難民条約上の難民には該当しないとされたのですが、例えば本国の状況の推移をしばらく見守るため在留が必要であるような場合や、日本への入国後に婚姻などを通じて新たに身分関係を得たことにより事情変更があった場合などに、在留が認められることがあります。本国での特別な事情により日本国内での当面の日常的な活動ができるように「特定活動」の在留資格が与えられることが多いようです。このほか在留資格はさまざまであり、在留中の権利や支援についても条約上の「難民」や「補完的保護」のような定住支援プログラムが提供されることもなく、一般の外国人と同様に処遇されます。

ところで、外務省によれば、インドシナ難民の流出は、1979年に39万人とピークを迎え、合法出国計画[5]の実施により減少したものの、1987年に再び増加に転じ、89年には約8万人に上りました。この再度の増加の原因は、主として貧困による生活苦から逃れ、より豊かな生活を求めようとする出稼ぎ目的のボートピープルの流出でした。そこで、この問題に対処するため、1989年6月に開催されたインドシナ難民国際会議で「包括的行動計画[6]（CPA）」が採択されました。同計画の採択後、インドシナ難民の流出は激減し、1995年以降、ボートピープルの日本への上陸は発生していないそうです。

（5）合法出国計画（ODP: Orderly Departure Program）とは、南シナ海を漂流中のボートピープルについて、悪天候による遭難または海賊に襲撃を受けるなど、人道上看過できない状況が発生したため、ベトナム国内に滞在する者について、家族再会や人道的なケースに限りベトナムからの合法出国を認めるという事業。1979年からは、国連難民高等弁務官事務所（UNHCR）とベトナム政府との間で締結された「合法出国に関する了解覚書」に基づき実施された。ODPによりベトナムを出た人は約60万人に達すると言われる。日本でも1980年からODPによる離散家族の呼び寄せが認められることとなった。外務省「国内における難民の受け入れ」（https://www.mofa.go.jp/mofaj/gaiko/nanmin/main3.html）など参照。

④インドシナ難民の受け入れ終了

1985年、日本政府はインドシナ難民の定住枠を1万人に増やしました。しかし、定住者は90年10月末でも約7000人に留まり、日本のインドシナ難民受け入れ数は他の先進国と比べてかなり少ないものでした。1995年、地域の政情の安定化によるインドシナ難民問題の終息を受け、特に受け入れ枠の上限を設定する必要はないと判断した日本政府は、定員枠1万人を撤廃しました。

そして、2005年に日本はインドシナ難民の受け入れを終了します。このときまでに日本に定住したインドシナ難民は合計1万1319人となりました。内訳は、合法出国者（ODP）2669人（21％）と、一部の定住者と（元）留学生が条約難民、つまり条約と議定書に基づき日本政府によって公式に認定された難民でした。これらを除く約8000人のインドシナ出身者でパスポートを持たない人々は、入管当局が発行する在留許可に関する証明書に「インドシナ難民」と表記されました。これは、第3章で見た「国内・国際紛争や飢餓から逃れようとして国境を越えることを強いられた人々（displaced persons）」に該当するものです。

日本政府は条約上、いわゆる「インドシナ難民」を恒久的に庇護する義務を負っているわけではありません。しかし実際には、これらの人々を条約上の難民と同様に「国籍国の保護を受けられずまたはそれを望まない」ゆえに日本に来た人々であるとして受け入れたのでした。つまり、制度上は「条約難民」のみを入管法上の難民と認定している日本政府ですが、事実上は庇護すべき人々に関する条約の解釈を柔軟にしたり、難民条約以外の枠組みを政策判断で設定するなど、多様な外国人に庇護を与えているとも解されるのではないでしょうか。

◆第3段階：難民認定手続きに関する法改正

①2004年の入管法改正

日本の難民認定制度は、1982年の施行から断続的に改正が施されてきました。おそらく、これまでに最も大きな改正となったのは2005年5月から施行[7]されたもので、以下の4点が導入されました。

---

(6) 包括的行動計画（CPA：Comprehensive Plan of Action）とは、出稼ぎ目的のボートピープルの流出などに対処するための国際的合意。1989年6月にジュネーヴでASEAN諸国の主導により開催されたインドシナ難民国際会議において採択された。同計画の骨子は以下のとおりである。
(a) ボートピープル流出防止のため実効的措置、ODPの促進。
(b) ボートピープルに対するスクリーニング（難民認定作業）の実施、不認定者の帰還の促進。
(c) スクリーニング実施以前からキャンプに滞在する難民およびスクリーニングで難民認定された者に対する定住の促進。
外務省「国内における難民の受け入れ」（https://www.mofa.go.jp/mofaj/gaiko/nanmin/main3.html）など参照。

(7) 2003年6月、法務大臣の私的懇談会「出入国管理政策懇談会」の下に「難民問題に関する専門部会」が設けられて制度の見直しについての検討が始まり、2004年6月に難民認定制度に関する部分を含む出入国管理及び難民認定法の一部を改正する法律が成立、2005年5月より実施された。

① いわゆる「60日ルール」の撤廃（それまで、難民は原則として来日後60日以内に入管に難民認定申請をしなければ、申請自体が受理されないというルールがありました）。

② 難民認定申請中であって現に在留資格を有していない者には、一定の条件を満たす場合に日本国内での合法的な滞在を認める仮滞在許可を与えるとともに、少なくとも難民認定申請が継続中は送還されないことを保証する（いわゆる「送還停止効」）。

③ 難民に認定された者には、ごく一部の例外を除き、羈束《きそく》的に在留資格を付与する（多くの場合は「定住者」（5年）の在留資格）。

④ 異議申立て（現・行政不服審査法による不服申し立て）制度の見直しの一環として第三者性を高めるため難民審査参与員制度を新設する。

この2004年改正の背景には、情報技術と交通手段の発展による難民認定申請者の急増がありました。1996年頃から難民認定申請者が年に100人、200人と増え始め、2000年以降は毎年200人から300人に達することが当たり前になっていたのです。

振り返ると、1990年代後半から2000年代初頭にかけてインターネットを通じた格安航空券の予約システムも普及し、個人でもオンラインで申し込めるようになるなど、国際的な移動環境が大きく変化しました。世界の難民状況などの情報も得やすくなり、難民認定申請者にとっても世界が身近になったものと思われます。2～3年後には日本の難民認定申請者は、1000人近くに増加していました。そして、その中には申請の誤用・濫用《らんよう》の萌芽のような存在も見受けられたため、真の難民への迅速かつ確実な庇護の推進が求められるようになったのです。

②難民認定制度運用見直しの目的

2004年の法改正以降、まず保護すべき人を的確かつ確実に保護することが目指されました。そのためには、認定判断や手続きを透明化し、難民行政に関わる体制や基盤を強化することも必要です。そこで、出身国情報の分析や共有、難民認定制度に携わる人材の育成も進められ、案件処理体制が強化されていきました。制度の誤用・濫用については、審査の迅速さを図りつつも、個々人の人権に配慮し、多様な事情を踏まえながら適切に注意深く対応する必要があるとされました。

また、徐々に問題になってきたのが、難民認定申請中の就労許可のあり方をどのように適正化するかということでした。難民認定申請が増えるにつれて、その間の生活費を自弁させる方策について検討される一方で、悪質な濫用案件には厳しく対応する必要があるという認識も示されました。

◆第4段階：正規在留の申請者の就労を可能に

当時は正規の在留資格を持つ者が難民認定申請を行った場合、審査手続きに6か月以上かかると見込まれていました。そこで2010年、難民認定手続きの結果が出るまでに日本での生計維持に支障をきたすような場合には、就労可能な在留資格を付与するという取り扱いも開始されました。

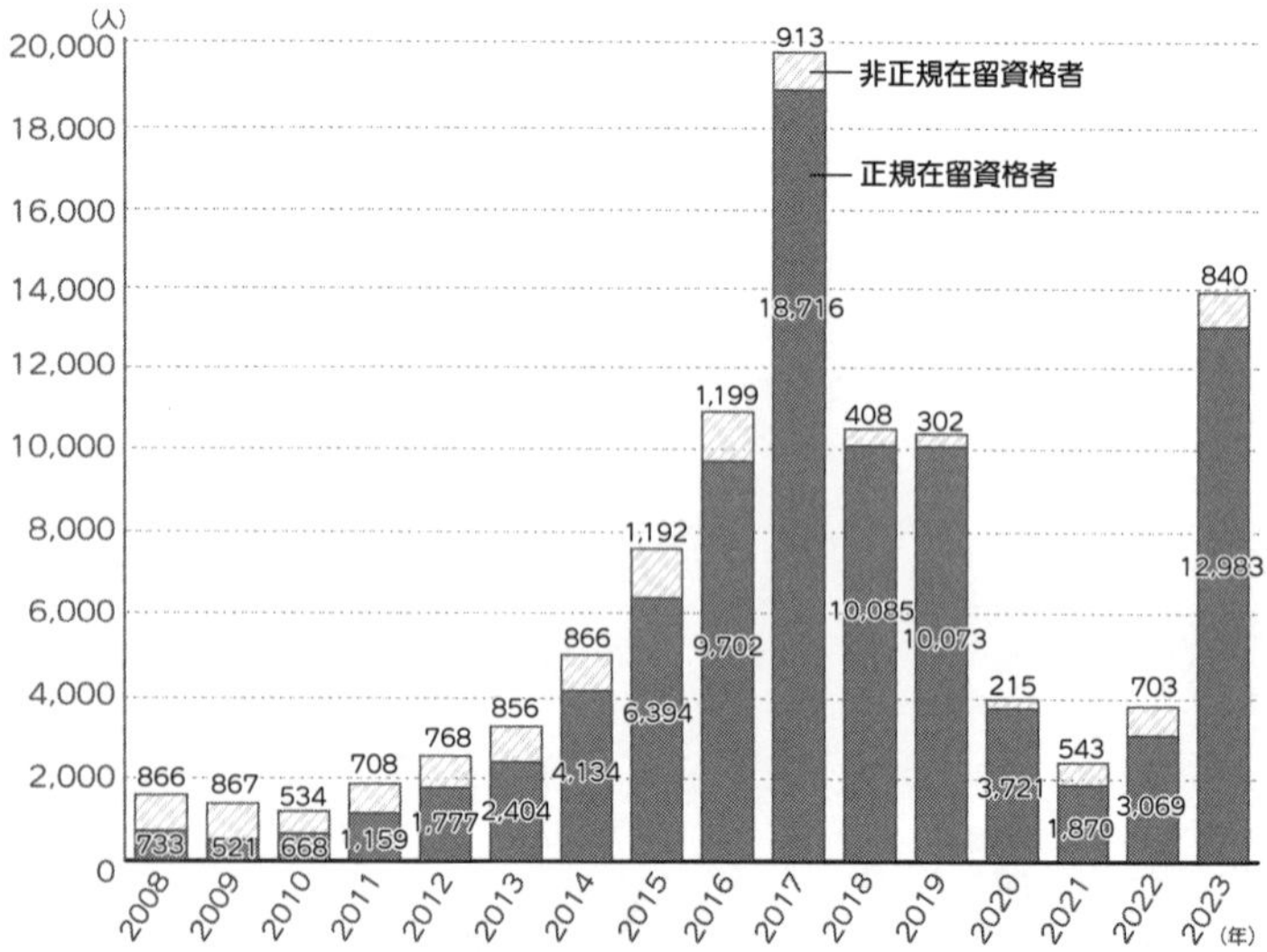

出所：出入国在留管理庁「難民認定者数等について」各年版資料を基に筆者作成。

図 4.2　難民認定申請者の申請時の在留状況

ここまでの改変は、難民認定申請者や難民の人々にとって好意的な改正と言えたでしょう。

しかしその後、図４・２に見られるように、正規の在留資格を持つ外国人による難民認定申請者が急増します。そして、その多くが、上述した難民認定手続中の生計維持手段として就労が認められるようになったことに着目し、職業も自由でフルタイムによる就労が可能な在留資格を得ようとして、あえて難民認定申請を行うという、いわば目的と手段があべこべになる事態が生じたのでした。

◆難民受け入れ組織の拡充

以上、４つの段階で受け入れの経緯

ましょう。

を簡単にまとめました。次に、受け入れの制度的な枠組みや官民の受け皿についても整理しておきましょう。

1979年8月11日、UNHCR駐日事務所が東京に開設されました。また、定住に必要な支援を行うために同年11月2日、日本政府の業務委託を受け「アジア福祉教育財団難民事業本部(RHQ)」が発足しました。

なお、この年の11月24日には、私も所属する「インドシナ難民を助ける会」(現:特定非営利活動法人難民を助ける会(AAR Japan))も設立されました。政治・宗教・思想に偏らない難民のための市民団体として、日本で初めてのものです。翌1980年1月には、インドシナ難民に対する理解と緊急支援のあり方、日本政府に難民条約の批准を促す目的でAAR主催のシンポジウム(8)を開催しました。外務省も同年1月にAARをはじめ他の市民団体とともに、難民救援官民合同懇談会を開催しました。同年2月2日には、AARも参加して市民団体のネットワーク「インドシナ難民救援連絡会(イ難連)」を発足させました。

1981年、日本政府は難民定住枠を3000人に拡大しました(当時、定住者1696名)。日本政府がUNHCRとともに関係者をタイやマレーシアの難民キャンプに派遣し、希望者を募った結果、少しずつではありますが定住者が増えていきました。

(8) シンポジウム「難民救援を考える」を開催(日本青年館)。シンポジストは近衛忠煇日本赤十字社外事部次長、井川一久朝日新聞編集委員、今川瑛外務省人権難民課長。司会は吹浦忠正AAR代表幹事。

そして同年、上記のとおり定住者が少しずつ増え始めたこの時期に、日本はようやく「難民の地位に関する条約」と「難民の地位に関する議定書」の双方を批准します。これは翌1982年1月1日に発効しました。しかし、「条約」と「議定書」の加盟時期が遅く、かつ受け入れ人数が少なかったために、日本は「難民に冷たい国」という印象を世界に与えてしまいました。

結局、日本ではインドシナ諸国出身者の流入時に「難民とは誰か」という定義が曖昧《あいまい》であり、「誰を、なぜ助けるべきか」という目的もはっきりさせなかったために、難民の認定・支援に必要な制度的枠組みの創設でも、実務を担う体制の構築でも後れをとったのでした。そうした経緯から、諸外国からも国内からも「遅すぎる」「少なすぎる」という批判を免れ得なかったのは事実です。

とはいえ、1980年代に入り、ようやく日本も国際条約に加入し、国内法制度も整えたことで、日本の官民による難民問題へのアプローチに前向きの変化が現れたのも確かでした。インドシナ難民に対する一般の日本人による支援は、数々の市民団体をはじめアジア福祉教育財団難民事業本部などの公益団体や企業の取り組みも、多くのケースで評価できると思います。また日本政府については、受け入れ人数などの議論もあるでしょうが、2005年までインドシナ難民の受け入れを継続した点などは評価してよいのではないでしょうか。

2　「難民」一人ひとりの思い、さまざまな人生

ここまで、日本の難民受け入れについて、主に国の制度・政策を振り返ってきましたが、あらためて思うのは、「難民とは誰か」「難民をなぜ助けるべきか」を定めることの難しさです。そして、これは、今日まで繰り返し湧き起こっている問題です。

皆さんは、「難民」と聞いて、どんな人の、どんな人生を思い浮かべますか。皆さんの身近に「難民」あるいは「難民」に出自を持つ方はいらっしゃいますか。メディアの一方的な報道から受け取ったステレオタイプなイメージで難民政策を語れば、ときに極端で非現実的な議論に向かってしまいます。「難民」一人ひとりの多様な姿や生きざまに触れることで、「本当に支援を必要とする人々の役に立つ政策」のあり方も見えてくると思います。

本節では、私の知る「難民」の方々を少しですが紹介します。皆さんも、「群衆」や「行列」としての難民ではなく、苦難を乗り越え新たな人生を切り拓こうとする「一人の人間」としての難民に思いを馳《は》せてください。

◆ベトナムからの危険な賭け

ボートピープルとして危険な賭けに出たベトナム難民のうち、自力で外国の陸地に到着できた事

例はそう多くありませんでした。１９８０年代にＡＡＲの奨学金給付生との難民合宿研修会の折に彼らから直接聞いた話では、ベトナムの小さな漁村から小舟で大海原に向かい、沖合でエンジンを止めてわずかに残る燃料を絶やさないようにしながら、通りがかりの船を待ったそうです。「運が良ければの話」と。

１９８４年６月に三重県四日市市に着いたベトナム人２人は、ベトナムをボートで出たときは同行者が計１４１人だったと証言して、関係者にショックを与えました。また同年7月のＵＮＨＣＲの発表によれば「84人のボートピープルが南シナ海で32日間漂流中に、約40隻の船に援助を求めたが無視された。68人が飢えと渇きで死亡。16人だけが生き残り、フィリピンのサンタクルース島に漂着した(9)」という事例もあったそうです。

◆日本での「初めの一歩」

また30年前に就職の相談でＡＡＲへ来られ、私たちがある会社に紹介した女性が、先ごろ定年を迎えたということでお礼の挨拶《あいさつ》にいらっしゃったのですが、感謝の言葉とともに、こんな質問をされました。

「どうして柳瀬さんは、この会社に私をお世話くださったのですか？　とても良い会社で、私は本当に恵まれていました。」

この問いかけに、私は戸惑いました。当時、何度も説明したのです。彼女は、言葉が通じず本当は何も伝わっていなかったのに、分かった振りをしてくれていたのでした。彼女は、選択肢のないレールに乗せられて、懸命に仕事を覚え、夫とともに家族を育み、日本社会と向き合って日々を生きてきました。そして、定年を迎えた今になって、自分の日本での「初めの一歩」がどのようにスタートしたのか、ふと知りたくなったということでした。

◆家族との再会

日本に辿り着いたインドシナ難民の多くは、定住先としてアメリカを希望していました。アメリカ行きが叶わず日本に定住した人々に当時のことを聞くと、ベトナムには日本についての情報がほとんどなかったそうで、知っていたのは『トラトラトラ』[10]という映画だけだったという話も何人から聞きました。

１９８０年代の初め頃、私はまだあどけなさを残した一人の青年に出会いました。彼は「兄弟、親戚もアメリカにいます。生きていたら、再び会えるのなら、アメリカで会う約束をしたので、どうしてもアメリカに行きます」と語りました。

（9）ＵＮＨＣＲ『世界難民白書―人道行動の50年史２０００』時事通信社、２００１年、86～87頁。
（10）第二次世界大戦中の日本軍による真珠湾攻撃を描いた米国映画、１９７０年公開。

彼は、2年以上アメリカからの招聘《しょうへい》を待ちましたが、望みは叶わず、日本への定住を決めました。渡米し肉親との再会が叶ったのは、それから数年が経ち、生活も落ち着いた後、日本政府が発行した難民旅行証明書[11]を使用してのことでした。

◆再び、日本に

この難民旅行証明書とよく似たもので、再入国許可証[12]（リエントリー・ビザとも呼ばれる）に関するエピソードもご紹介しましょう。日本にすでに8年以上定住していたベトナム人のジャンさんの家族です。義理の兄（夫の兄）はボートピープルとして難を逃れ、アメリカに受け入れられて医師として成功していました。１９９０年頃でしたか、その兄に「家族を丸ごと引き受けるから、渡米するように」と誘われ、夫婦は子ども3人とともに渡米しました。

2年、3年と経ち、やがて日本育ちの子どもたちもアメリカの高校、大学を卒業し、みな自立しました。ジャンさんは、どんなところでも料理の腕前を発揮して働くことができました（彼女の料理は本当に美味しいのです！）。けれども夫（元南ベトナムの憲兵大尉）は、なかなか仕事がうまくいきません。日本語はかなり理解していましたが、40歳を過ぎての渡米だったこともあり、英語で仕事をこなすのは難しかったようです。

ある日、「ヤナセさーん！　日本に帰ってきました」と、ジャンさんから電話がかかってきました。

私「（驚き）遊びに来たの？」

（11）難民旅行証明書とは、難民にも海外旅行の道を開くもので、いわゆる外国人旅券としての性格を有していることから、難民条約の締約国により有効な旅行文書と認められ、難民の入国に査証が必要なときは、この証明書に査証が与えられる。これは、難民条約第28条および同条約附属書の規定を受けたもので、難民はその本国または常居所国から旅券などの旅行文書の発行を受けることができないため、難民の便宜を考慮して設けられた規定である。難民と認定された者は、入管法上の効果として、申請に基づき、難民旅行証明書の交付を受けることができる。

なお、難民旅行証明書の有効期間は２０２４年６月10日の法施行より、１年から５年に伸長され、その間は何度でも使える。

（12）再入国許可とは、日本に在留する外国人が一時的に出国し再び日本に入国しようとする場合に、入国・上陸手続きを簡略化するために出入国在留管理庁長官が出国に先立って与える許可である。

再入国許可書は、有効な旅券がない人に交付されるものであり、その許可書の中に再入国許可の証印が貼り付けられる。本人の希望に応じて、１回限り（シングル）、あるいは、数次（マルチ）のいずれかの証印が貼られる。数次の場合は使い回しが可能で、有効期間は５年間（特別永住者は６年間）である。上陸後は、従前の在留資格および在留期間が継続しているものとみなされる。

ジャンさん「違います。アメリカから引き揚げて、日本に帰ってきたのです。」
私「(アメリカ政府から) どんなビザを出してもらっていたの?」
ジャンさん「日本から出国した時に出していただいたリエントリー・ビザです。」

私はてっきり、2年以上アメリカにいたのだから、何らかの資格を取得して、アメリカでの滞在が許可されていると思っていました。しかし実際には、彼女たちは「日本で難民として認定され、日本に再入国することを許可された者」としてアメリカへ「一時渡航」するという形で渡米・滞在していたのでした。これは、言い換えれば、「日本政府が必ず引き受けると約束した人物だから、アメリカ政府は国内での滞在を認めた」ということになるのでしょう。

考えてみれば当然なのですが、日本が難民として引き受けた以上、彼らの戻るべき国は日本だったということを、あらためて理解しました。そして、その4年後にジャンさんの一家は帰化が認められ、日本国籍を取得しました。

Column

「誰が難民か」を誰が決めるのか?

◆日本における「難民」

日本では、「難民とは誰か」について長年にわたり議論が続いてきました。日本政府は、難民の認定について、「難民条約」の定義に基づき判断しています。つまり、「人種、宗教、国籍もしくは特定の社会的集団の構成員であることまたは政治的意見を理由に迫害を受けるおそれがあるという十分に理由のある恐怖を有するために、国籍国の外にいる者であって、その国籍国の保護を受けられない者またはそのような恐怖を有するためにその国籍国の保護を受けることを望まない者」という条件に当てはまることです(第3章参照)。これらの条件の一つでも満たしていないと、難民とは認定されません。日本は「難民の地位に関する条約」と「難民の地位に関する議定書」に加入してから今日まで一貫して、難民の定義を厳格に解釈し、認定の是非を判断しています。

一方、近年に絞ってもミャンマーの軍事政権の復活、アフガニスタンのタリバンの台頭、そしてロシアのウクライナに対する軍事侵攻などにより、世界各地で多くの避難民が発生しています。日本政府は、日本へ救いを求めてきた人々に対し、補完的保護対象者の認定制度の開始など何らかの資格を付与して保護しています。

また、アフリカの自然災害による被災者や、シリア、イラクなど紛争地域からの避難民などに対し、出身国や地域だけで包括的に難民と認定するような方針はとられていませんが、個々人に対しては申請内容を精査し、難民条約の定義に照らして難民の蓋然性が高い場合は認定しています。さらに、難民とは認定できないものの人道的な配慮が必要な人々に対しては、個々の事情を踏まえた在留許可（すでに在留資格を失っている場合は在留特別許可）で当面の在留を認めています。

今日の世論の動向からは、こうした難民認定に関する厳格な解釈と、避難民の保護における柔軟な対応について、積極的に変更しようという気運は湧き起こっていないように見えます。ただし、こうした日本における難民受け入れの特徴が、メディア関係者にさえ十分に理解されておらず、それが折々に議論の混乱を生んでいるようにも思えます。

日本政府が現在の方針を維持するにせよ、難民の認定基準を緩和・拡大するにせよ、私たち国民の広範な理解と合意に支えられる必要があると思います。労働目的の移民であったとしても、庇護を求めてきた難民であっても、彼らを実際に受け入れるのは、移民・難民の支援団体でもなく、入管庁でもなく、最終的には地域社会で共に生きる私たちなのですから。そして法を執行する政府を見張るのは、政策面では国会（議員）であって、また個別事案を判断するのは裁判所ですから、それらの相互のやり取りを経て受け入れの方針が決定され、見直されていくのでしょう。その意味でも、最終的には私たち日本国民の一人ひとりが判断することになります。

◆世界における「難民」

一方、私たちは国際社会の一員でもあります。

１９４８年に国連で採択された「世界人権宣言」第14条第1項では「すべて人は、迫害からの逃避を他国に求め、かつ、これを他国で享有する権利を有する」（Everyone has the right to seek and to enjoy in other countries asylum from persecution）と明記されています（庇護原則規定）。しかし、難民の受け入れ義務化は、国連でも何度か審議されましたが、結局は各国の主権的判断によると確認されたのでした。

「難民条約」は主権国家が主体であり、国家の主権や国土（国境の内側か外側か）が重要視されるものです。また、条約上の定義を基準にすれば、迫害以外の理由で逃れた広義の難民は、条約上の難民には当たらないことになります。そして、「迫害」や「恐怖」という抽象的な単語や「十分理由のある」という限定句の解釈も、各国の判断に委ねられています。つまり、条約の解釈に関する国際法上の一般原則に依拠しつつも、最終的には条約の加盟国がそれぞれの国益に鑑《かんが》み、実情に合わせて運用できるということが、そもそも視野に入れられているのです。

そのため、現実の世界ではその国の移民政策の一環として「迫害のおそれ」を相当に「柔軟かつ寛容」に解して人道移民の受け入れを積極的に行う国もあれば、日本のように、条約難民、補完的保護、人道配慮による在留許可という「グラデーション」の中で必要な庇護や保護を図ろうとする国もあり、あるいは自国以外の国に移送して、そこで庇護する政策をとる国々もあります。このように、各国の難民受け入れに関する政策や方針は、その国の国内情勢や世論の動向によって異なり、また変化を余儀なくされているのです。

ところで、UNHCRは、1991年に各国での運用を参考にしながら、『難民認定基準ハンドブック—難民の地位の認定の基準及び手続に関する手引き—』を作成し、統一的な判断基準を示しました。その後も数度にわたる改訂を重ね、2024年現在、公表されているものとしては2011年（日本語版は2015年）が最新のものとなっています。そして、各国がハンドブックの基準に沿って、難民の定義を解釈し実務で運用するよう要請しています。

今日、1951年「難民の地位に関する条約」からは70年以上、1967年「難民の地位に関する議定書」からも60年近くの年月が経過しました。内戦、政治的混乱、自然災害、極端な貧困、外国による侵略など、人々が祖国を離れざるを得ない状況が、この世界から消え去る兆しは見えません。

一方、グローバル化により文化、政治、経済、テクノロジーなどが大きく変化し、地球上のあらゆる地域の人々が世界中の情報を容易に安価で瞬時に入手できるようになりました。インターネットやソーシャルメディアの発展は、人種や宗教、国境を越え、安心や豊かさ、自由や民主主義的な社会への憧憬《どうけい》を育みます。そして、交通機関など移動手段の発達は、祖国からの脱出を後押しします。苦難を逃れ、よりよい人生を求める人々の移動を抑え込むことは、ますます非現実的になるでしょう。

そうした時代において、「難民を受け入れるかどうかは、条約解釈を適正に行うことを前提としつつ、最終的にはあくまでも各国の判断によって個々の事案の判断がなされる」という広く行きわたった考え方は、このまま持続しうるのでしょうか。それとも、私たちの世界は、難民条約の見直しを含め、現代の国際情勢を反映した統一的な判断基準による難民の受け入れについて、新たな一歩を踏み出すことができるのでしょうか。

3　難民認定申請と難民審査参与員制度

さて、本章の後半では、日本の難民受け入れ政策をめぐってしばしば議論になる「難民認定」に関わる問題について、考えていきましょう。本節では、難民認定のための手続きと、その一環である難民審査参与員制度について説明します[13]。

◆難民認定の手続き

保護を求めて日本に到着した人々が難民として認定されるには、難民認定のための申請を行い、審査を受ける必要があります。まず、日本の難民認定の仕組みを簡単に説明します。

〈難民認定申請の手続き〉

①申請書を地方出入国在留管理局に提出します。

②難民調査官による面接を受けます（一次審査）。

③審査が行われ、難民認定の可否が通知されます。

A（難民認定）：難民認定されると、定住者の在留資格が付与され、住民基本台帳に登録されたうえで（内容次第ではあるものの）日本国民あるいは永住許可を有する外国人とほぼ同様の待遇を受けられます。国民健康保険への加入資格や、条件により国民年金、児童扶養手当などの受給資格が得られます。必要があれば市・区役所など通じて福祉支援を受けることもできます。

B（難民不認定）：不認定となった場合は、不服申し立てをする権利が与えられます。

〈不服申し立ての手続き〉

④法務大臣に対し、審査請求を行います（不認定の処分後7日以内に申し立てなければなりません）。

---

(13) なお、2023年12月から実施されている補完的保護対象者の認定については、原則として難民認定と並行して手続きが行われるため、以降の説明ではあえて明示していない。

⑤審査請求（不服申し立て）により、あらためて不服審査を行います。ここで必要に応じて申請人の口頭意見陳述が行われます。担当するのは3人の難民審査参与員です。

⑥本人の希望や参与員の判断に応じて口頭意見陳述や参与員によるインタビューを受けて、参与員の意見書が提出されます。

⑦難民認定の可否が通知されます。

以上で、1回目の審査が終了します。入管庁の発表では、この間に「一次審査の平均処理期間は約26・6か月、審査請求の平均処理期間は約9・9か月[14]」となっています。

難民と認定されれば、前記Aの手続きに進めます。不認定の場合は、在留資格を持っていれば、引き続き在留できますが、在留期限が満了したり、すでに在留資格を有していなければ、法令上の手続きを経て、国外への退去を促されます。ただし、1回目の審査結果に対して納得がいかない場合、新たな理由などを申請書に記載し、あらためて①から⑦までの手続きをとることを希望できます（その間は、母国への送還が停止されていました）。しかし新法では、通算で3回目以降の申請において相当の理由が具体的に示されていないと判断される場合は、送還停止に関する法令上の効力を失い、退去強制手続きの最終局面として送還することが可能になりました。

したがって、これまでは難民認定手続きを何度も繰り返すことにより、結果的にいつまでも滞在し続けることが可能だったのですが、2023年の入管法改正では、「3回目以降の申請」「3年以上の実刑前科者」「テロリスト」などの要件に当てはまる人は、難民該当性の立証に関して相当の理由が示されなければ日本国外に送還できるという例外規定が設けられました。このほかにも、特に送還が困難な外国人には刑事罰を科したり、自発的な帰国を促すために優遇措置を設けたりといった点が追加されています。[15]

◆審査請求の現状

入管庁が毎年公表している業務統計資料によれば、2023年における審査請求の状況などは次のとおりです。[16]

まず、審査請求の処理数は3459人で、前年に比べて1773人（約34%）減少しました。そ

(14) この処理期間の短縮は喫緊の課題であり、国会の質疑でも解決を求められている。

(15) いずれも送還忌避者の問題解消を図り、送還を促すために改正入管法に加えられた規定。例えば、退去を拒んでいる自国民の引き取りに応じない国を送還先とする者、または過去に航空機内で大声を出したり暴れたりするなどの送還妨害行為に及んだ者を対象に退去を命令し、これに従わなかった者には、1年以下の懲役もしくは20万円以下の罰金に処し、またはこれを併科する。

一方、退去強制令書の発付を受けている者が日本国内で婚姻により新たな身分関係を構築したり、高等教育課程を修了してから新たに就職先が見つかったという状況（つまり、在留資格に新たに該当して出直すことが期待できる状況）にある外国人などについて、その申請に応じ、退去強制令書により日本国外に自発的に出国することを条件に、上陸禁止期間（通常は5年間）を短縮して例えば1年間とすることができる。

の内訳は、審査請求に「理由あり」とされた人（つまり、難民と認定された人）が14人、「理由なし」とされた人（難民と認定されなかった人）2582人でした。前述の「②入国審査官（難民調査官）による面接」で不認定となった人々のうち、14人が不服審査によって難民に認定されたということです。一方、審査請求を取り下げた人々が863人おり、これは全処理数の約25％に当たります。[17]

次に、「理由なし」とされた人（難民不認定者）の国籍は43か国にわたり、主な国籍は、①ミャンマー688人、②カンボジア370人、③トルコ363人、④スリランカ270人、⑤バングラデシュ236人、⑥パキスタン183人、⑦インド167人、⑧ネパール44人、⑨ナイジェリア42人、⑩イラン40人となっています。

そして、審査請求に「理由あり」とされた人（難民認定者）および「理由なし」とされた人（難民不認定者）のうち、口頭意見陳述などを実施したのは384人、実施しなかったのは2212人です。口頭意見陳述などを実施しなかった2212人のうち、口頭意見陳述の申し立てを放棄した人は1373人いました。

なお、これら審査請求に対する「理由あり」または「理由なし」の裁決・決定にあたって、法務大臣が難民審査参与員の多数意見と異なる判断をした事案はありませんでした。

◆難民審査参与員の仕事

次に、難民審査参与員制度について説明しましょう。出入国在留管理庁は、難民審査参与員制度について、以下のように説明しています[18]。

まず、日本の難民認定制度は１９８１年に創設されました。その後、国際情勢の変化などに伴って難民認定を取り巻く状況が大幅に変化していることなどを踏まえ、より公正・中立な手続きで難民の適切な保護を図るため、２００５年に難民審査参与員制度が創設されました。

２０１６年には行政不服審査法の改正に伴い、難民審査参与員（以下「参与員」）を同法に規定する審理員とみなして同法の規定を適用すること、また難民認定申請に対する不作為についての審査請求の手続きにも同制度を適用することとされました。

難民審査参与員制度では、まず、法務大臣は難民不認定処分などに不服がある外国人からの審査請求に対する裁決にあたって、法律または国際情勢に関する学識経験を有する人々の中から任命された参与員の意見を聴かなければなりません。

（16）出入国在留管理庁「令和5年における難民認定者数等について」（https://www.moj.go.jp/isa/publications/press/07_00041.html）。

（17）なお、審査請求において補完的保護対象者と認定された者はいなかったが、施行時期（２０２３年12月1日）の関係で日が浅かったことによるものと思われる。

（18）出入国在留管理庁「難民審査参与員制度について」（https://www.moj.go.jp/isa/refugee/resources/nyukan_nyukan58.html）。

参与員は法務大臣から指名された非常勤の国家公務員であり、その任期は2年です（ただし再任は妨げられていません）。そして、参与員は3人で1班を構成し、口頭意見陳述や質問などの審理手続きを行います。

参与員の提出した意見に法的拘束力はありませんが、法務大臣は参与員の提出した意見を尊重して、審査請求に対する裁決を行うことが求められます。

なお、参与員が自由に意見交換をしながら難民該当性などに関する心証を形成することができる環境を確保するため、どの案件をどの参与員が担当したかについては、一切公表されていません。また、各班の構成員についても公表されていませんが、基本的に法曹資格者（元検察官、元裁判官、弁護士）、法学・国際関係学などの分野の大学教員、国際実務経験者（国内外で活動するNGO、国際ジャーナリスト、外国に所在する企業の駐在員など）の三者で構成されるのが通例とされています。そして、これら三者がそれぞれの知識・経験を踏まえて、個別案件に真摯《しんし》に向き合いながら、難民調査官と同様のプロセスを経て本人の陳述内容や出身国情報をもとに信ぴょう性や、難民該当性などについての心証判断を行います。

◆口頭意見陳述の不実施

不服審査をめぐって、一つお伝えしておきたいことがあります。先ほど紹介した入管庁の報道発表のなかで、審査請求に「理由あり」とされた人および「理由なし」とされた人のうち、口頭意見陳述を実施したのは384人、実施しなかったのは2212人という記述がありました。そして、実施しなかった人のうち、口頭意見陳述の申し立てを放棄した人は1373人でした。ということは、839人は口頭意見陳述を希望したけれど、実施に至らなかったことになります。

こうした事実に対して、「難民認定申請者の機会を奪っている」「権利の侵害である」といった批判を受けることがあります。

申請者は、不服審査で初めて3人の参与員と面談します。参与員の前で行う口頭意見陳述は、申請者にとって自らの難民性を主張することのできる権利です。一次審査で難民調査官と面接したときには、まだ緊張や興奮のために、自分の難民性を上手く主張できなかったかもしれない。参与員の前ではリラックスして、自由に発言してほしい。それは、私だけでなく、他の参与員も望んでいることでしょう。しかし、残念ながら新たな主張はほとんど見ることができず、新たな主張の記入欄に「ナシ」と記載されているものも少なくないのです。その理由の一つには、一次審査で難民に該当する人または保護すべき人をおおむね適切に認定しているということもあるでしょう。

それでも、何か重要な点を見落としていたり、時間の経過で新たな主張が出てきたり、本国情勢が大幅に変わる場合もありますので、私たちは注意深く話を聞き、審査を進めます。参与員は、口頭意見陳述に先立って一人ひとりの書類をしっかり読みます。しかし、新たな主張は何もない、どれも同じような文章のコピー、もはや時間稼ぎとしか思えない内容を何度も目にしました。

口頭意見陳述を実施しないという決定は、担当する3人の参与員が同様の考えによりその必要がないと判断した場合に下されるものです。しかし「この申請者は、難民の蓋然性があるかもしれないから、口頭意見陳述を実施しましょう」という意見が参与員から1人でもあれば尊重されることになるでしょう。また、申請者本人から口頭意見陳述を希望しないという申告があったとしても、参与員の側で不服申し立てにおける難民性の主張に関して確認すべきと思われる点があれば、質問権の行使という形で審理の場にお呼びすることもあります。実際、私もこうした判断に幾度も関わってきました。

◆背景にある問題に目を向ける

一人ひとりの権利を守り、人権を尊重し、丁寧に審査をすることは、言うまでもなく大切ですし、私たちはそうした気持ちで毎回の審理に臨んでいます。しかし、難民の蓋然性がまったく読み取れない申請書も数多いのだという実態も、ぜひ理解していただきたいと思います。

ただし、だからといって「ヤツらは偽装難民だ」「自分の国に追い返せ」などと短絡的に決めつけないでください。むしろ、実際には迫害を受けていない人々が、なぜ日本で「難民」という身分を求めなければならないのかを考えてほしいのです。そうすれば、日本の労働市場が抱える問題や、日本の「移民政策」のいびつさが浮かび上がり、それらが難民認定制度を通して私たちの目の前に噴《ふ》き出しているのだと気づくはずだからです。

偽装難民や長期収容をめぐる問題は、「難民問題」という以上に日本が「多文化共生社会」を目指すうえで根本的に解決すべき問題です。次節では難民認定申請者による就労をめぐる問題について考えましょう。

4　日本の労働市場の欠陥が生み出す「難民認定申請者」

これからお話しする事例は、決して気持ちのよいものではありませんし、難民認定申請者すべてに当てはまることでもありません。もちろん、難民認定申請者への偏見を助長したいのでもありません。繰り返しになりますが、こうした申請者たちの声や行動から、日本のどこが問題なのか、何が必要なのかを考えてほしいということを、重ねてお願いしたいと思います。

◆留学生・技能実習生による難民認定申請の急増

ここまで述べたように、難民認定申請は最終的な決定が出るまでにさまざまな手順を踏む必要があるため、相当の時間がかかります。日本政府はその間の生活を維持できるようにするために、2010年4月に難民認定申請者に対してフルタイムの就労を認めることとしました[19]。これにより、

(19) ただし、風俗営業関連は除く、雇用関係によるものに限るといった条件が付されている。

		2014年	2015年	2016年	2017年	2018年	2019年	2020年	2021年	2022年	2023年
正規		4,134	6,394	9,702	18,716	10,085	10,073	3,721	1,870	3,069	12,983
在留資格	短期滞在	1,813	2,882	5,395	11,323	6,105	6,919	1,748	181	1,516	10,738
	技能実習	414	731	1,106	3,037	1,339	634	645	623	466	512
	留学	669	1,413	1,399	2,036	851	197	241	582	296	374
	特定活動（出国準備期間）	-	-	436	1,019	1,084	1,097	320	81	105	426
	特定活動（難民認定申請者用）	628	849	784	706	297	824	470	65	47	111
	その他	580	519	582	595	409	402	297	338	639	822
非正規		866	1,192	1,199	913	408	302	215	543	703	840
総計		5,000	7,586	10,901	19,629	10,493	10,375	3,936	2,413	3,772	13,823

出所：出入国在留管理庁「令和5年における難民認定者数等について」「表3 在留資格別難民認定申請者数の推移」（https://www.moj.go.jp/isa/content/001414756.pdf）。

表4.2　日本における在留資格別の難民認定申請者数の推移

日本での正規滞在者が難民認定申請した場合、6か月経過後に就労可能な在留資格が付与されます。

すると、2010年以降に難民認定申請者が大幅に増加しました（表4・1[20]、139頁）。特に2014年以降、日本語学校・専門学校の留学生や技能実習生の中から難民認定申請をする人が少なくなかったのです（表4・2）。

勉学や研修の目的により、場合によっては出身国で能力や試験により選考され、政府の推薦を受けて日本に来た留学生や技能実習生が、「実は自分は○○の理由で迫害を受けていた」と証言するのです。私の印象では、申請する時期としては、日本に入国してすぐに、もしくは滞在期限の終わり頃という「2つのピーク」があるように思います。なかには、留学生や技能実習生として日本国内で「在留できる分には難民であることをあえて名乗る必要はなかったので、黙っていました」と言う人もいます。そしていよいよ学籍を失い、あるいは実習先から飛び出してきて在留資格を失いかけてから、「今ここで帰国するわけにはいかないので、難民として認めてほしい」と言う人もいました。

この当時の難民認定申請者の申請時点の在留資格を見ると、2017年の難民認定申請者、計1万9629人のうち、正規滞在の技能実習が3037人（15・5％）、留学が2036人（10・4％）を占めていました。また、この時期には留学生や技能実習生が逃亡・失踪し、その一部の人々が不法に就労していたことが社会問題ともなりました。

◆「特定活動（就労可）」による職業選択と居住移転の自由

技能実習生の失踪の理由は、主として賃金に対する不満とされていますが、それ以外にも人間関係上のトラブルも指摘されており、労働条件や生活・労働環境などが適正でなかったことも考えられます。ひとたび失踪すれば、本来の在留資格を離れてしまうために、在留資格が取り消される対象となりますし、在留期限が満了した後は不法滞在となってしまいます。そして、その間に不法就

(20) 2008年、2009年における難民認定申請者の増加は、東アジアの政情が不安定になったことや、欧米などによる入国管理が強化されたことに加え、08年はミャンマーのサイクロンの影響なども考えられる。

労に携われば、劣悪な労働条件の下で搾取の対象にされたり、犯罪に巻き込まれるおそれもあります。

その一方で、本来の在留期限内に難民認定申請をすれば、難民認定申請者として在留資格が与えられてフルタイムの就労活動が認められることもあり、特にトラブルが生じているわけではないのに、より条件のよい仕事を選ぶために技能実習先から安易に離れるような事例も生じました。その点も考慮し、2018年の運用見直しで就労が認められないように規制が行われたため、申請件数は減少しました。

難民認定申請者の声によれば、「仕事はいくらでもある」というのが現実のようです。しかも留学生の資格外活動のような時間制限もありません。技能実習生のように人材育成のための計画に沿って特定の作業に従事する必要もありません。そして、勤務時間や勤務場所の制限もありません。実際に、自動車や家電、縫製会社など、大手メーカーの下請け企業や、水産加工会社、建設や解体の現場で働いているという難民認定申請者も多く見られます。そして、それらの企業・事業所で就労するには難民認定申請中の在留資格で「特定活動（就労可）」と記載された在留カードがあればよいのです。その意味では、職業選択の自由や居住移転の自由があります。

こうした「自由」は難民認定申請が受け付けられて、すべての手続きが終わるまでの期間に限定されますが、かつては何度も手続きを繰り返すことによって、実質的に定住外国人並みの法的地位を維持することが可能となっていました。

あまりに濫用がひどいので、上述のように運用の見直しが行われ、留学生の除籍退学や技能実習生の失踪後にすぐ難民認定申請を行い、その時点では在留資格が残存しているような外見であっても、原則として就労を可能とする在留資格に切り替える取り扱いは見直されることとなりました。これは、難民認定申請をしたほうが自由に稼ぐことができるといった誤解が広まり、自主的な退学や失踪を助長するという事態を防止する意味合いがあったものと考えられます。

◆放棄される口頭意見陳述の権利

難民認定申請者の中には、いったんフルタイムの就労が可能な在留資格を得ると、可能なかぎり難民認定の手続きに要する時間を引き延ばしながら、できるだけ長い期間働こうとする人々も見受けられます。聞くところによれば、むしろ、申請が受け付けられた後にすぐ参与員のインタビュー実施の案内が来ると、「なぜそんなに早く連絡をくれるんだ」と率直に不満を述べる申請者も見受けられるそうです。なかには、自らの難民性を積極的に主張せず、入管からの呼び出しがあっても応じなかったり、直前になって予定をキャンセルしたりする例もあります。ただし、そうした態度をとり続けると、在留期間の更新が許可されない場合もあるため、「特に言うことはありません。申請書に書かれたとおりです」とだけ申告して自発的に退室される例もあります。

例えば、一次審査により難民性を認定されなかった（不認定）場合は、不服審査により口頭意見陳述の機会が設けられます。日時が設定されるまでは、事案に応じてかなりの時間を要します。その間、在留期間が更新されていれば、難民認定申請中の在留資格（「特定活動（就労可）」）での稼働が可能となります。

また、審査請求後の審理で、参与員の質問に対し当《とう》を得《え》ない返答を続けるものですから、「それでは十分な審理ができません」と伝えると、「2回目、3回目の申請をすればよいので」「難民として認められるまで何度でも申請しますから」と言い返されたこともあります。あるいは、「自分は難民なんかじゃないですよ。でも、ほかに日本で働ける方法がないから、こうして何回も申請し続けるしかないんです」と言われたこともありました。

繰り返しになりますが、難民認定申請中の人は、原審（一次審査）の結論（不認定処分）に不服があれば、審査請求することができます。審査請求は、原審の処分結果に不服であるとして、あらためて法務大臣に対して見直しを求める手続きであり、難民審査参与員に対して口頭意見陳述という場で自らの難民性を直接訴える機会となります。

ところが、審査請求希望の申請書に当初から「口頭意見陳述を放棄する」と記載してある案件が近年になって増えています。これは、自らの行政手続上の権利を放棄してしまうことです。その理由と問うと、「口頭意見陳述の機会をもらっても、言うことがないから」という回答が比較的多いのだそうです。

◆人手不足の日本企業と仲介業者の存在

こうした状況の背景としては、非熟練単純労働のマンパワーを安易に確保しようとする日本の企業をはじめ、受け入れ機関の側にも問題があります。就労を目的に難民認定申請をする人々の流れが途切れないのは、そういった人々を雇おうとする企業が存在するからです。そうした企業は、難民認定申請中に付与される「特定活動（就労可）」という資格について熟知し、滞在できる期間が限られているものの、フルタイムかつ仕事の内容にかかわりなくほぼ自由に稼働できるという実情も知っています（一部では、この資格を「ＮＡＮＭＩＮビザ(21)」と呼ぶ人々もいます）。そして、彼らはしばしば人手不足に悩み、限られた期間でも人手を確保しようとします。その結果、企業に外国人労働者を送り込もうとする斡旋《あっせん》業者（ブローカー。日本人も外国人も関与しています）の暗躍を許すことになっています。

以前には、留学生や技能実習生として在留している同国人を誘って難民認定申請を指南し、人手不足で困っている企業、工場・事業所、農家などに斡旋しようとして不法就労助長に問われた事案もありました。

---

(21)「難民ビザ」「ＮＡＮＭＩＮビザ」は、正式な在留資格の名称ではなく、正式には「難民申請中の特定活動」である。難民認定の審査には、数か月～数年かかることもあるため、一定の条件を満たしていれば、この待機期間中は「特定活動」の資格で日本で働くこともできる。

◆ほかに日本に残るための方法がありますか?

難民認定申請者の多くは、事前に何らかの情報を得て来日します。短期滞在の観光目的あるいは留学生・技能実習生として来日し、その後に何かしらの指南や世話を受けながら、滞在期限が切れるまでに難民認定申請する傾向があります。日本での受け入れ先が決まっていないような場合は入国後すぐに申請を行おうとし、留学生や技能実習生のように所属先がある場合はまずはアルバイトや技能実習に励むものの、そのうちさまざまな問題やトラブルに直面し、あるいは自らの意思により稼働先など生活環境を変えようとして、在留期限ぎりぎりになってから申請を行おうとする傾向がうかがわれます。

きわめて残念なことですが、日本では難民認定申請をすれば「NANMINビザ」によって年単位で滞在することができるし、そのためのサポートも受けられるという間違った噂が、各国で飛び交ったのだそうです。次に列挙しているのは、難民審査参与員によるインタビューの折などに、難民認定申請者から聞かれることのあるコメントを私がまとめたものです[22]。

「難民認定申請さえすれば日本で働けると言われました。仲介業者が何もかも準備してくれました。虚偽の申請をしたという認識はありません。だから不法就労とも思っていません。自分は彼らの指図どおりに難民ビザの申請をしただけです。」

「日本に来るのに、たくさん借金をして、まだ返せません。難民ビザをもらったので、あと2

年くらい働いてお金が十分に貯まったら帰ります。」

「不法滞在がばれてしまったので、友人に言われてとりあえず難民認定申請をしました。ほかに日本に残るための方法がありますか？」

「出身国には仕事がないので日本に働きに来ました。日本は平和で安全で清潔です。日本で生活したい。それが難民申請の理由です。」

5　就労を制限するための新たな難民認定制度の開始

◆旧西ドイツの教訓

実は、難民認定申請者に対する一律の就労許可を狙ったと思われる申請件数の急増という現象は、今から50年以上前のヨーロッパでも直面していた課題でした。日本が難民条約に加入する以前のことです。その成り行きを本間浩氏は著書『難民問題とは何か』で紹介しています（194〜195

（22）なお、出入国在留管理庁では「難民と認定した事例」「人道配慮により在留許可を行った事例」「難民等と認定しなかった事例」および各判断のポイントを公表している。例えば、出入国在留管理庁「令和5年における難民認定者数等について」（https://www.moj.go.jp/isa/publications/press/07_00041.html）内「難民と認定した事例等について」など参照。

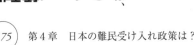

頁)。

当時の旧西ドイツ憲法には、「政治的に迫害される者は、庇護権を享有《きょうゆう》する」と定められている(第16条第2項)ほか、それ以外の難民認定についても触れられています。本間氏は、難民保護の法制度のあるべき姿、進むべき方向の一つが示されていると述べ、高い理念の原則がいかに憲法に盛り込まれているのかも考察しています。その一方で、以下のように記しています。

「客観的かつ公正な審判は、どうしても時間と手間がかかる。目を付けた多くの外国人が、外国人労働者(ガストアルバイター)受け入れの窓口が政府により狭められはじめた1974年以来、難民資格を認定してもらうための手続きを乱用するようになった。

難民としての、要素が自分にはないことを知りながら、この認定を求める申請を出す。申請を受けた国としては、ともかくも当人の入国と一時滞在を認めなければならない。乱用者が増えれば増えるほど、申請書類は山積みとなり、審査結果までの時間がかかり、乱用者は得をする。憲法から削除すべきという意見も強くなった。しかし強い反対があったので、削除だけ免れた。1982年に従来の手続きを部分的に修正し、他国の保護をすでに受けていることが、一見して明らかな者、難民資格がないことが、一見して明らかな者を、手続き上早期の段階で、しかも簡便な方法で見分けて、国外に排除するようにした。」

◆新運用による難民認定申請者数の減少

翻《ひるが》って日本でも、2018年1月、当初から出稼ぎを意図した難民認定申請者の増加に対して、その改善を図るべく法務省が新たな難民認定制度の運用を開始しました。申請受付後の早期の段階で振り分けたうえで、難民性を帯びていないことが一見して明らかな案件、あるいは本国事情に照らして速やかに保護を要する案件についての手続きを優先的に処理する一方、出身国情報や本人に対するインタビューを通じて慎重に審査する案件は通常どおりにプロセスを進めるというものです。

難民申請者には、出入国在留管理庁（当時は法務省入国管理局）の担当責任者数人が関わり、個々の申請内容に応じ、A、B、C、Dの案件に振り分けられることとなりました。まず、条約難民や補完的保護対象者である可能性が高いと思われるもの、または本国情勢などにより人道配慮を必要とする可能性が高いと思われるケースを「A案件」とし、難民条約などに照らして明らかに該当しない事情を主張しているケースを「B案件」、複数回目の申請であって前回同様の主張を繰り返しているようなケースを「C案件」とし、それ以外を「D案件」としました。

出入国在留管理庁（法務省入国管理局）の発表した新運用の結果、2018年の難民認定申請者数は1万493人となり、前年に比べ9136人（約47％）減少しました。また、審査請求数は9021人で、前年に比べ491人（約6％）増加しました。その結果、在留を認めた外国人は82人でした（うち難民認定者42人、難民とは認定しなかったものの人道的な配慮を理由に在留を認めた外国人が40人）。難民認定申請の減少は8年ぶりです。また、審査を取り下げた案件を見ると、2017

年の審査取り下げ数1612人に対し、18年は2923人と急増しました。

2018年の例をもう少し詳細に見てみましょう。[23]

一次審査の結果、難民認定者は38人で、難民と認定しなかったのは1万541人でした。そのうち、申請を取り下げた人が、2923人いました。

そして、同資料より18年の不服審査結果も見てみましょう。[24] ここからが、私たち難民審査参与員が関わる審理です。

一次審査での難民認定をしないという処分に不服があるとして、審査請求を行った外国人は9021人でした。これは前年に比べて491人（約6％）増加しました。その国籍は60か国にのぼり、主な国籍はフィリピン、ネパール、インドネシア、ベトナム、スリランカとなっています。

不服申し立ての処理数は8171人でした。前年に比べて3780人（約86％）増加です。その内訳は、不服申し立てにより、「難民の理由あり」と認定された人が4人で、「難民である理由なし」とされた人が6013人、不服申し立てを取り下げた人は2154人となっています。

新運用に関し、2019年3月27日付『日本経済新聞』は「18年の難民申請8年ぶり減　法務省、運用厳格化が奏功か」との見出しで、「法務省は27日、2018年の難民認定申請者数が1万493人と前年から約47％減ったと発表した。減少は8年ぶりで、申請後の取り下げも増えた。就労目的の申請を防ぐため18年1月に制度を厳格化し、明らかに難民に当たらない場合は在留を認めないよう改めた。その結果、就労目的の申請が減ったとみられる」などと報じています。

6　労働力不足の解消から多文化共生へ

◆労働力不足をどう解決するか？

難民認定手続きに関する一連の運用見直しの目的は、あくまでも真の難民をいち早く保護することが目的だったはずです。難民認定申請を濫用した就労目的の申請者を減らすことは、その部分的な手段でしかありませんでした。

その一方で、深刻化する人手不足問題を解消する一環として、外国からのマンパワーを受け入れるための仕組みを設ける必要もあるでしょう。一定の能力を有していると証明された人々が、より公正で分かりやすい手順を経ることで在留資格が得られるようにすれば、わざわざ冒険してまでこのような方法をとる必要はなくなるとも考えられます。

現在のままでは、真面目に手続きを経て真摯に日本で働きたいと考えている外国人のモチベーションを下げるばかりで、かえってブローカーが暗躍し、法外な費用を支払って掟《おきて》破りの方法に頼

(23) 出入国在留管理庁「平成30年における難民認定者数等について」(https://www.moj.go.jp/isa/refugee/resources/heisei30_namin.html)。

(24) 難民の認定をしない処分に対する不服申し立ては、2016（平成28）年4月1日に施行された改正入管法により、従来の「異議申立て」から「審査請求」に改められた。

ろうとする人々を増やし、不法就労問題をさらに深刻化させるおそれもあります。

また、外国人を日本の人手不足問題の解決の「切り札」とみなす報道もあります。経済界からの要望もあります。それを受けて、政府は新たな外国人材の受け入れに関する政策パッケージを打ち出しました。新たな在留資格「特定技能」によって、条件付きではあるものの専門的・技術的と認められる外国人材を発掘しようとしたものです。

さらに、このような外国人材の受け入れが促進されることに伴い、日本の地域社会での受け入れ環境を整備することとしました。多文化共生に関する総合的な施策、特に日本人と在留外国人とのコミュニケーションの向上を目指しています。

そして、これらを具体的に実施するためにも、出入国在留管理庁が設けられたのです。

残念ながら、その後のコロナ禍の影響もあって「特定技能」を含めたすべての外国人の入国が厳格に規制されることとなりました。加えて、新たな在留資格には専門的・技術的な能力を公正な試験を経て考査する必要がありますので、2018年の改正入管法施行の直後には従来の技能実習生のほうが急激に数を伸ばしたようです。しかし、コロナ禍から脱した後の運用の見直しを通じて、出身国で試験を経た者、あるいは技能実習の課程を終えた者から特定技能による受け入れが増え始めています(25)。

◆「特定技能」のスタート

「特定技能」は、外国人が日本に滞在するための在留資格の一つです。外国人の在留資格は（数え方によるものの）29種類ありますが、特定技能制度は、日本国内で人材を確保するのが困難な状況にある産業分野で、一定の専門性・技能を有する外国人を受け入れることを目的とした制度です。2018年に可決・成立した改正入管法により在留資格「特定技能」が創設され、翌19年4月から受け入れが可能となりました。特定技能1号と特定技能2号があります。

特定技能1号は、特定産業分野に属する相当程度の知識または経験を必要とする技能を要する業務に従事する外国人向けの在留資格です。通算滞在年数が5年に限定されており、配偶者や子といった家族の同伴は認められません。

特定技能2号は、特定産業分野に属する熟練した技能を要する業務に従事する外国人向けの在留資格です。2号の在留資格が認められると、家族の帯同も認められます。また通算滞在年数の上限も外されるため、仕事に就いているかぎり在留期間の更新も認められます。厳格な要件を満たせば、永住許可の取得も可能です。

この制度の創設当初は、国内での試験の実施回数も限られており、海外では実施されていませんでした。2024年現在では、国によって異なりますが、インドネシアなどでは活発に試験を実施

(25) この背景として、技能実習2号または3号を満了していれば、技能水準や日本語の要件が免除されることも影響していると推測される。その場合、無試験で特定技能に移行でき、技能実習とあわせて通算で最大10年間在留できるというメリットもある。

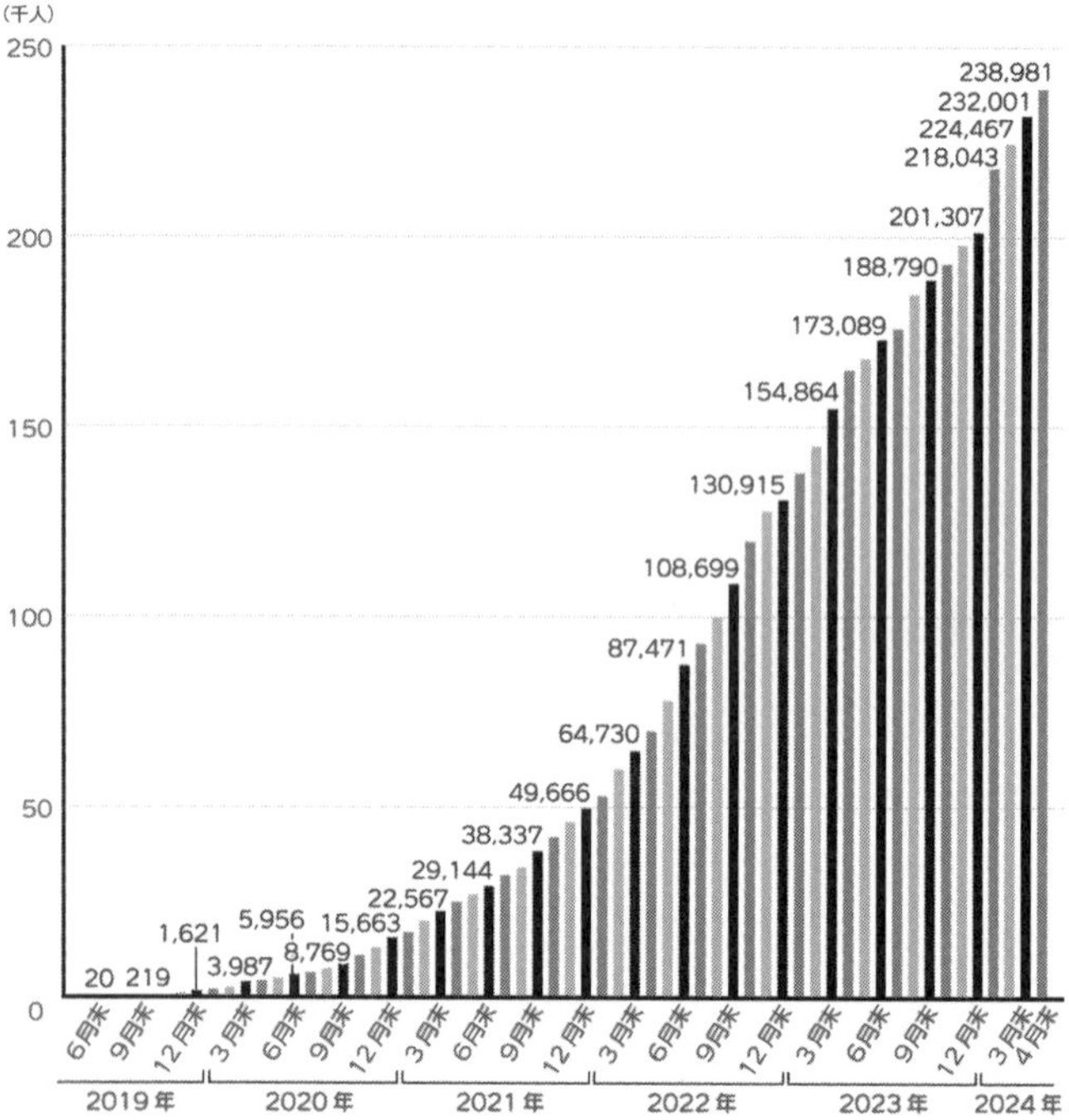

特定技能1号在留外国人数　238,981人（2024年4月末）

分野	人数
介護	34,287人
ビルクリーニング	4,298人
素形材・産業機械・電気電子情報関連製造業	43,005人
建設	29,456人
造船・舶用工業	8,300人
自動車整備	2,797人

分野	人数
航空	927人
宿泊	451人
農業	26,491人
漁業	2,919人
飲食料品製造業	68,251人
外食業	17,799人

出所：出入国在留管理庁「特定技能在留外国人数の公表等」各年月資料より筆者作成。

図4.3　特定技能1号在留外国人数の推移

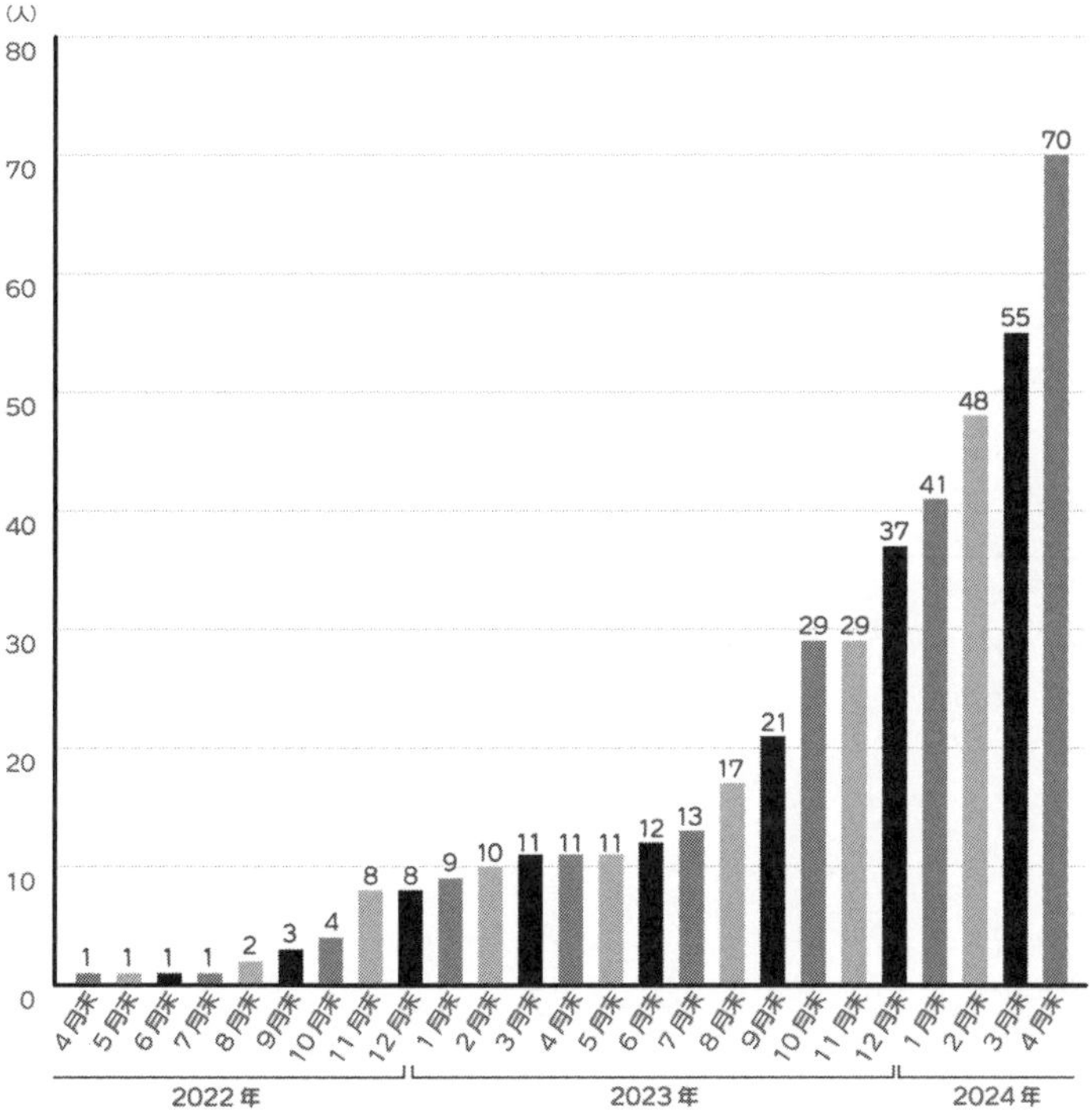

（注）「特定技能２号」の在留資格は2022年４月に初めて許可

特定技能２号在留外国人数　70人（2024年４月末）

分野	人数
素形材・産業機械・電気電子情報関連製造業	10人
建設	39人
造船・舶用工業	16人
農業	5人

出所：出入国在留管理庁「特定技能在留外国人数の公表等」各年月資料より筆者作成。

図4.4　特定技能２号在留外国人数の推移

しています。人材派遣の会社が中心ですが、海外での日本語学校もさまざまなチャレンジができるよう工夫している様子がうかがえます。

さらに難民認定申請中であっても、特定技能の在留資格に移行するための試験に挑戦することも可能になりました。もちろん、チャレンジできるくらいの日本語能力や技能を身につけていることが必須です。また、雇用契約の締結を経て特定活動の在留資格が付与されるため、これらの試験に通ったとしても、実際に稼働先を見つける必要があります。

２０２４年３月末には、特定技能１号に自動車運送・鉄道・林業・木材産業の４分野が追加され、合計16分野になりました。

２０１９年９月末に「特定技能」の在留資格で日本に在留している外国人は、わずか２００人ほどでしたが、24年４月末現在（速報値）では、図４・３、図４・４のように１号が23万８９８１人、２号はまだ70人と少数ですが、急速に伸びています。特定技能２号への移行が可能な分野が大幅に拡大し、試験も今後拡充されるでしょうから、さらに増加することが見込まれます。

特定技能の資格で就労している外国人は、他の資格で在留している人（例えば、技術・人文知識・国際業務の約36万人、技能実習の約41万人、資格外活動、アルバイトの約35万人）に比べればまだ少ないものの、産業分野も増えており、在留期限に上限のない特定技能２号に魅力を感じて、さらに経験を身に付けて技能の向上を図ろうと努力する人も増えるでしょう(26)。

また、技能実習生の在留資格の移行が進んだことも大きいでしょう。契約期間が終了したけれども新型コロナウィルス感染症のため帰国できなかった技能実習生に対して帰国困難に伴う「つなぎ」的な在留期間の延長が認められ、その間に特定技能に在留資格を移行したという事例もあります。また帰国した元技能実習生で、特定技能に挑戦して再度来日し、就労を始めているといった話題も聞かれます。

そして一番大切なことは、この外国人たちとの共生です。２０２４年６月、政府は日本が目指す外国人との共生社会のビジョン、それを実現するために取り組むべき中長期的な課題や施策のためのロードマップの改訂を決定しました。

就労している人々は一人ひとりの外国人です。縁あって日本に住み、働いているのですから、相互に良い信頼関係がつくれるように、働いている会社もその周りの人も、そして地域社会も学んでいくことができるとよいと思います。

(26) 詳細は、出入国在留管理庁のウェブサイトで随時更新されている。出入国在留管理庁「特定技能制度」(https://www.moj.go.jp/isa/applications/ssw/index.html)。また、特定技能1号は対象分野によって厚生労働省、経済産業省、国土交通省、農林水産省と所管省庁が異なるため、各省庁のウェブサイトなども参照のこと。

第5章　難民に選ばれない国？　ニッポン

邂逅（かいこう）

私にとって難民の方々との出会いは、いつも、思いがけない〈めぐり会い〉であり、感謝の気持ちでいっぱいです。

さて、第4章までお読みいただき、日本に来る難民認定申請者のうち相当数が「条約上の難民」としては認められていないこと、ただしウクライナやシリアなどからの紛争避難民については「補完的保護対象者」などとして受け入れられ、さらに人道的な配慮により当面の在留を認められている人々もいる、ということはお分かりいただけたでしょうか。

その一方で、日本で難民認定を申請する人たちの中には、日本国内でのフルタイムかつ稼働内容の自由度が高い就労資格を求めて来日した人々も多いこと、また彼らを雇いたいと考える日本国内の企業・事業所も存在していること、そして、そうした実態と日本の制度がうまく折り合っていないこともご理解いただけたのではないでしょうか。

そうした外国人の就労に関する現状と法制度を理解しないまま、「あの人たちは偽装難民だから、日本から追い出せ」と一方的に主張することはヘイトスピーチにもつながりかねませんし、日本社会の問題を解決することになりません。また、「難民の認定率を高めよ」と要求するだけでは、在留資格を得るために努力している人々との間に不公平をもたらしかねませんし、必ずしも本当に庇《ひ》護《ご》や支援を必要とする人々の力にはなれないのです。

この問題を解決するには、現実的・理性的な議論を重ね、これからの日本社会の姿、とくに日本の多文化共生のあり方について、国民の合意を創り上げていかなければなりません。

さて、そのうえで、一つの疑問が湧いてくるかもしれません。「新聞・テレビのニュースでもネットを見ても、世界中で、多くの人々が現実に難民になっているじゃないか」、「もし日本に来る難民認定申請者の多くが『条約上の難民』ではないなら、その『条約上の難民』は、どこへ行ったの?」「じゃあ、難民はなぜ日本に来ないの?」…と。

実は、日本は(少なくとも現状では)「難民になかなか選ばれない国」なのです。それには地理的条件など当然の理由もあるのですが、私たちが反省するべき面もあります。「なぜ選ばれないか」を知ることは、日本の難民政策をより広くグローバルな視野から考えるヒントになるでしょう。また、それらの反省点は、日本が難民だけでなく外国人材を受け入れ、多文化共生社会を築いていくうえでも取り組まなければならない課題です。そこで本章では、「日本はなぜ難民に選ばれないのか?」という疑問をきっかけにして、多文化共生社会への課題について考えてみましょう。

1 「日本は冷たかった~」

まずは、私個人の経験からお話ししましょう。私は難民支援のための非営利・非政府団体に所属して、43年間にわたり活動を続けてきました。周囲には一緒に活動する数多くの仲間がいて、さらに多くの方々が私たちの活動を支援してくださっていました。ですから、「日本は難民に冷たい」などと言われると、とても胸が痛みます。しかし、残念ながら「難民に冷たい日本」というイメージは、世界に広く伝わってしまっているようです。また、事実、冷たいと言われても仕方のないような側面もありました。

◆一人ひとりの狭量さが作り出す心の傷

新型コロナウィルスが5類に移行した2023年の初夏に、元ベトナム難民の方々とじっくり話す機会があったのですが、そのうちの一人、フォンさんは、来日当時（1982年）の日本は「冷たかった～」としみじみ語られました。そこで、日本のどんなところに冷たいと感じたかを聞いてみました。

フォンさんがまず挙げたのは、日本への定住の準備期間中、特に日本語の習得期間があまりにも短かったということでした。日本の社会状況が何も分からないまま、定住促進センターから放り出されたという印象だったそうです。

「日本の人々が冷たかった。AARのように支援してくれる団体と出会うことができた難民はほんの一握りです。多くの人々は支援者と出会うことができず、何度も何度も涙を流し、家族で路頭に迷いました。積極的に自分を主張できれば、確かに何らかの助けに出会うことはできましたが、日本語を自由にしゃべれず意思疎通のできない人には辛かったです。とりあえず与えられた仕事について、言葉も分からないまま我慢するしかなかったです。」

学校でも、先生が難民の子どもたちの勉強の遅れを心配して、善意から放課後に補習をしていると、日本人の親は「難民だけを、ひいきしている。不公平だ」と教育委員会に訴えたそうです。大変な苦労をして辿り着いた日本で、そんなに冷たい扱いを受けたのかと想像すると、今さらながら切なくなります。

また、20年以上も前のことですが、ＡＡＲの相談室に来たタムさんのことも思い出されます。

「仕事先で社員寮を提供してもらったことは、とてもありがたかったのです。実は、ベトナム脱出時にボートで別れ別れになり、お互いに生きていないと思っていた親しい友人と何年ぶりかで連絡がつき、昨晩、彼が寮に訪ねてきました。けれども、寮の出入りは夜10時までです。『外部の人は、一切宿泊させてはいけません』と管理人のおじさんに言われました。『もう夜遅いことだし、せめて一晩だけ泊めさせてほしい、奇跡的に出会えたのだから。明日早くに出て行ってもらいますので』と懇願《こんがん》しても、おじさんは許してくれませんでした。」

結局、タムさんは、住むところもやっと慣れた仕事のことも先のことをも考えることなく、翌日その会社を辞めてしまい、その足でＡＡＲに来たのでした。その個々を取り上げれば、そのときのコミュニケーション不足であったり、対応した人の個人的な心の狭量さであったりしたのでしょう。けれども、このような一つひとつの小さなことが積み重なって、心に傷を残すのです。

◆「もっと手厚く」を積み重ねる

こうした残念なエピソードは数多くあります。しかし、日本政府も、民間の組織も、この50年近くの間に、一歩一歩ですが経験を積み、少しずつ支援を充実させてきたことも事実です。

日本政府では難民に対する支援として、条約難民と第三国定住難民（かつてはインドシナ難民）を対象に定住支援プログラムを実施しています（2024年4月からはウクライナ避難民をはじめとする補完的保護対象者に対する同様のプログラムも開始されました）。これは1979年11月当時から現在まで、アジア福祉教育財団難民事業本部（RHQ）支援センター（東京都）に委託されている事業です。RHQ支援センターでは、難民およびその家族が日本社会で自立した生活を営むため、①日常生活に必要な日本語力を身につける日本語教育、②日本の社会制度や生活習慣、文化、保健衛生などを学ぶ生活ガイダンス、③就職先や職場適応訓練先の斡旋《あっせん》などを行っています[1]。

1980年代の創設当初は、難民定住促進センターなどの宿泊施設に3～4か月間ほど入居して、日本語学習をはじめ、朝から晩まで受講するという定住のための生活支援プログラムが用意されていました。また、労働省（現：厚生労働省）による職業斡旋など、自立支援のための施策もありました。諸々の自立支援金も供与しました。現在も定住支援プログラムに参加した場合に受け取れる援助金や、就職を希望する入所者には就職促進のための援助金が支給されます。

とはいえ、この半世紀近い歳月の間の通信情報手段の発達や、外国人労働者や難民に対する一般社会の理解の促進は、当時とは比較になりません。当初は、生活支援プログラムにより仕事を紹介され、センターを退所したといっても、すぐに日本の生活環境に馴染んで自立できるわけではありませんでした。離職率も低くなかったように記憶しています。

そこで、もっときめ細かい支援が必要だという声が上がり、ＡＡＲやさぽうと21などの民間組織も50年近く前から日本語教育支援や、子どもたちへの学習支援、自立のための奨学金や生活支援を行ってきましたし、各地方自治体の支援も長い歳月をかけて次第に充実していきました。そして、現在に至るわけです。

もちろん、「もっと手厚く」という声はその当時からありました。しかし、日本政府は初めて大勢の難民を受け入れて手いっぱいだったでしょうし、私たち市民団体も試行錯誤の繰り返しでした。今日でも十分とは言えませんが、かつてに比べれば、さまざまな支援へのアクセスは、劇的に増えています。とくにインターネットやスマホ・タブレット端末の普及により、語学の学習環境は飛躍的に改善されています。

たしかに初期の定住促進センターでのプログラムを修了した難民は、問い合わせるべき役所やすでに定住している人々も限られており、言葉も不自由な状況下で苦労されました。「冷たかった」と言われても、あながち否定することはできません。しかし、一部のメディアが、こうした多くの

（1）アジア福祉教育財団難民事業本部「定住支援プログラムを実施」（https://www.rhq.gr.jp/support-program/p01/）など参照。なお、２０２４年現在では、ＲＨＱ支援センターに入所して6か月のプログラムを受けることができる。

人々による長年の努力の積み重ねを顧みることなく、ただ「日本は難民に冷たい」と報じることは、とても残念でなりません。

2　難民はどこへ行くのか？

◆たしかに少ない日本の難民認定者数

第4章でも触れましたが、出入国在留管理庁によれば、1978年から2023年12月末日までの45年間に10万5487人が日本へ難民認定の申請を行い、約1万9000人が難民および「その他の庇護」として受け入れられました。ただし、このうち1万1319人はインドシナ難民ですので、それ以外で難民に認定されたのは約45年間でおよそ7500人余りです。この数字は、たしかに欧米諸国と単純に比較すると、とても少ないものです。

他方、難民認定申請者は、2005年まで毎年200～300人だったのですが、2006年頃から増えてきて、17年には申請者が1万9000人を超えました。ただし、その間に難民認定された人は年間20人から40人くらいと、ほとんど変わっていません。その他の庇護や、補完的保護の対象となった人々と難民認定者すべてを含めても、2021年に654人、22年1997人、23年1357人と増加はしているものの、世界的に見れば申請者も少ないし、庇護された人も少ないのです。

こうした問題を提起すると、日本ではとかく国内制度・政策への批判に議論が集中しがちです。もちろん、日本の難民認定手続き・基準について、見直すべき点はあると思います。しかし、そうした議論の前提として、国際的な難民の動きを知ることも大切だと思います。

◆偏る難民受け入れ国

2024年6月13日にUNHCRが発表した年間統計報告書『グローバル・トレンズ・レポート2023[2]』によると、2023年末の世界で移動を余儀なくされた人々（紛争や迫害によって故郷を追われた人）は約1億1700万人、その中で世界の難民の数は4450万人です。帰還した難民の数は110万人でした。出身国を見ると、シリア640万人、ウクライナ570万人、アフガニスタン570万人の上位3国で全体の半分以上（52%）を占めています。

そして、その多くは近隣諸国が受け入れています。難民受け入れ上位国は、トルコ360万人、イラン340万人、コロンビア250万人、ドイツ210万人、パキスタン170万人などです。難民、その他の国際保護が必要な人の76%が低中所得国で受け入れられ、後発開発途上国での庇護

（2）UNHCR（2024）*Global Trends report 2023*（https://www.unhcr.org/global-trends-report-2023）. 同ウェブサイトでの情報は更新されており、2024年5月時点で1億2000万人に達し、日本の人口とほぼ同数となった。

国名	人数	国名	人数	国名	人数	国名	人数
アフガニスタン	237	イラン	3	ガンビア	1	ソマリア	1
ミャンマー	27	ウガンダ	3	カンボジア	1	ナイジェリア	1
エチオピア	6	トルコ	3	シリア	1	バングラデシュ	1
イエメン	5	カメルーン	2	スーダン	1	レバノン	1
中国	5	コンゴ民主共和国	2	スリランカ	1	無国籍	1

出所：出入国在留管理庁「令和5年における難民認定者数等について」（https://www.moj.go.jp/isa/content/001414756.pdf）より筆者作成。

表5.1　日本における難民認定者の国籍別内訳（2023年）

は全体の20％と記されています。

そして、世界の難民の約半数を占めるシリア、ウクライナ、アフガニスタンから日本に逃れてくる人々は、きわめて少数です。入管庁によれば、２０２３年の日本への難民認定申請者の出身国は87か国で、主な国籍はスリランカ３７７８人、トルコ２４０６人、パキスタン１０６２人、インド９３４人、カンボジア８８８人です。

これに対し、難民認定者数は３０３人で、その国籍の内訳はアフガニスタン２３７人、ミャンマー27人、エチオピア６人、イエメン・中国各５人と続きます（表５・１）。

また、難民とは認定しなかったものの、補完的保護対象者と認定した人は２人（11月・12月のみ。ウクライナ・スーダンが各1人）です。さらに、難民および補完的保護対象者のいずれにも認定しなかったものの、人道的な配慮を理由に在留を認めた者は１００５人で、そのうち本国の情勢や事情などを踏まえて在留を認めた者は９５６人、日本人と婚姻し、日本人の実子を監護・養育するなど、日本での特別な事情などを考慮して在留を認めた者は49人

本国情勢

（人）

国名	人数	国名	人数	国名	人数
ミャンマー	920	スーダン	12	ウガンダ	1
シリア	17	アフガニスタン	5	ブルキナファソ	1

本邦事情

（人）

国名	人数	国名	人数	国名	人数
スリランカ	9	ミャンマー	3	セネガル	1
トルコ	8	イラン	2	中国	1
インドネシア	5	インド	2	チュニジア	1
ナイジェリア	4	パキスタン	2	ネパール	1
ガーナ	3	ブルキナファソ	2	バングラデシュ	1
カメルーン	3	ウガンダ	1		

出所：表5.1と同じ。

表5.2　日本において人道的配慮により在留を認めた人の国籍別内訳（2023年）

です（表5・2）。これらに第三国定住難民の47人を加え、合計1357人が日本に受け入れられました。

3　なぜ難民は日本に来ないのか？

◆世界の多くの人々は日本という国を知らない

では、なぜ多くの難民は日本に来ないのでしょうか。その理由の一つは、そうした難民が多く発生している国々では、日本はよく（あるいは、まったく）知られていないからです。日本人は、世界の多くの人々が日本を知っていると思いがちです。しかし、海外に一歩出ただけでも、日本がいかに知られていないかを実感することができます。

10年ほど前の話ですが、アフガニスタンの首都カブールにあるAARの事務所に行ったときも、現地人のスタッフは、地図上で日本がどこにあるのかを知りませんでした。日本のNGOに所属するスタッフであっても、日本に対してあまり関心を持っていなかったのです。

21世紀に入り、インターネットの発達によってSNSなどでも手軽に情報が発信されるようになり、日本を知る人が増えているのは事実です。遠く離れた国々からの観光客も増えています。それでも、多くの国の人々にとって、日本は馴染《なじ》みのある国ではありません。私は、ときどきテレビで世界のニュースを見ていますが、そのニュースで日本が取り上げられることは、まずありません。「海外で日本のアニメや日本文化が大人気」といった報道も見聞きしますが、全体から見たら、ごくわずかでしょう。日本をよく知らない人々が、難民となり逃れる国として遠い日本をわざわざ選ぶでしょうか。

逆のことを考えてみてください。例えば、私たちが何らかの事情で、日本から海外に逃れなければならなくなったとき、どこへ行こうと思いますか。自分や家族がその国の言葉を話せるとか、家族や友人・知人がすでに住んでいるとか、以前に訪れたことがあって印象が良かったとか、その国へ一緒に逃れる人がたくさんいるとか、ビザを簡単に入手できるとか、難民の受け入れに柔軟・寛容であるとか…。人それぞれに、その国を選ぶ理由があるはずですが、日本にはその理由が当てはまるでしょうか。

皆さんがインターネットで調べれば、現在、どのような国・地域で多くの難民が発生しているかが分かるでしょう。あなたは、その国の人々をどれだけ知っていますか。その国の人々にとって、日本はどれだけ馴染みのある国でしょうか。難民になる人々は、生命や財産の危険にさらされ、避難する場所を文字どおり命がけで選択します。そのとき、はたして日本は避難しやすい国でしょうか、新たな生活を築きやすい国でしょうか。後ほど詳しく述べますが、難民支援を考えるうえでは、まずこの事実を理解することが大切だと思います。

◆日本には移民・難民受け入れの歴史的な蓄積が少ない

実際のところ、多くの難民にとって、日本は避難先の選択肢に入っていません。これには、歴史的な要因もあります。

例えば、歴史的に日本へ移動する人々が多くなければ、移動の手段やルートも確立されません。日本でも、1917年のロシア革命後、1922年のナンセン旅券を発給されて、日本を経由してアメリカに逃れた亡命者（難民）がいましたし、杉原千畝《すぎはらちうね》らによって「命のビザ」の発給を受けたユダヤ人難民がヨーロッパから日本経由でアメリカに渡ったという例もありました。しかし、あくまで例外的な事例であり、移動ルートが出来上がっていたわけではありません。歴史に「もしも（if）」はないのですが、もしもこの時代の日本が人道的な見地に立ち、経由する難民を自国内で保護していたら、現在とは別の日本が生まれていたかもしれません。

一方、欧州各国は、現在の移民・難民が発生している国々の宗主国でしたので、歴史的に旧植民地から移民を受け入れてきました。また、欧米各国は移民により労働力を確保し、国を富ませる政策を長年にわたり採用してきました。そこでは、すでに人々の流れができており、移民の側も移動しやすく、受け入れ国側も移民のうちの難民を人道移民という概念で捉えやすかったのでしょう。これに対し、日本は1970年代まで国内人口だけで労働力を賄《まかな》うことができたため、積極的に移民や外国人材を受け入れる必要はありませんでした（第2章を参照）。

こうした歴史的経緯から、日本という国が世界で広く知られることにならず、また日本人の側も外国人を受け入れ、共生することに慣れていなかったという面があると思います。

◆海の向こう、遠い日本

さらに、地理的な条件も大きな要因になり得ます。日本は、難民が多く発生している国々から距離的に離れており（ただし、そのことが将来も同じであるとは限りませんが）、周りを海で囲まれた島国ですので、船や飛行機を利用しなければ到着することができません。これは、隣国と陸続きでつながっている国々との大きな違いです。

皆さん、難民が多く発生している国や地域をインターネットで調べたら、自分がそこへ辿り着く方法を考えてみてください。どのような交通手段を使いますか、どれだけのお金がかかりますか、難民の人々はその手段を利用することができますか。難民の目線に立って具体的に考えれば考えるほど、日本まで避難してくるのがどれほど大変なことかが、よく分かるはずです。

ただし、こうした話をすると、見当違いな解釈をする人も出てきます。「そうだ、日本へはやって来にくいのだから、わざわざ来ることはないし、受け入れることもない。だから、日本はカネさえ出していれば、また人を派遣さえしていれば、難民を受け入れる必要はないのだ」と。

いいえ、私はそうは思いません。たしかに過去の歴史や地理的条件は変えられませんが、難民にとって日本へ避難しにくい理由は他にもいくつかあるからです。そして、それらは十分に改善できることであり、むしろ難民の受け入れにとどまらず世界各国から外国人材を受け入れて共生していく面でも日本にとって改善すべきことだからです。

◆日本語はコスパが悪い？

大きな壁は、コミュニケーション、つまり言葉でしょう。日本では、日本語を理解できないと仕事に就くことも難しいでしょう。資格試験も日本語が必須です。また、頑張って日本語を学んでも、日本以外の国ではほぼ通用しません。私は親しい外国人から「私は結婚相手が日本人で、家族と同居するために日本語を学んだわけね。でも、日本語は日本以外では役に立たないでしょう。コスパが悪い！」と（冗談めかして）言われたことがあります。

英語を使って仕事をしていた人なら、新たにローカル言語を習得するよりも、英語を使って早く仕事を始めたいでしょう。母語が英語でなくても、自国でアルファベットに馴染んでいれば、アルファベットを使っている国のほうが適応しやすいでしょう。

これは、私たちが日本人であり、日本語を話すかぎり、仕方のないことでしょうか。いいえ、そんなことはありません。言葉の壁は世界中にありますが、工夫によって壁を低くすることはできるからです。

日本語の壁を引き下げるには、二つの方法があります。一つは、来日する外国人やその家族への日本語教育の支援にもっと力を入れること、もう一つは英語（あるいは多言語）で働ける職場を増やしていくことです。この両方が不足しているからこそ、日本は難民のみならず外国人から選ばれにくいのです。

◆自国で培ったキャリアや取得した資格を活かせない

これは日本に限ったことではありませんが、難民が別の国に逃れて自立しようとしたとき、母国でのキャリアや資格を活かせるかどうかが重要なカギとなります。自国では高度な専門知識や熟練した技能を使って働いていたのに、難民として避難した受け入れ国では低賃金で慣れない単純労働に従事せざるを得なくなることもしばしばあります。そして残念ながら、日本は難民が自国で培ったキャリアを活かしやすい国ではありません。

例えば、母国では現職の医師や看護師として活躍していたとしても、日本ではあらためて医師国家試験や、看護師の国家試験を受けて合格しなければなりません。一部の国とは国家間の協定により医師資格の互換制度などを設けていますが、現在の難民の出身国で日本とそうした協定を結んでいる国はほとんどありません。あるいは長年、教壇に立ってきたベテラン教師でも、日本の教員免許状を取得しなければ学校の教師になれません。また会社を経営していた人であっても、まず日本語の読み書き、会話ができないと、起業したり金融機関から融資を受けたりするのも簡単ではないでしょう。美容・理容に優れた力を発揮していたとしても、やはり日本語での国家試験や免許の取得という壁があります。

◆初等・中等教育では優れた面も

日本へ避難してきた人々にとって、まずは就労して経済的に自立することが喫緊の課題ですが、一定期間でも定住するとなれば、子どもたちの教育環境もまた同じくらい重要になります。

その点、日本は初等・中等教育を無償で受けられます。親が難民認定申請者として特定活動の「就労可」で働いていればもちろんのこと、何らかの事情で不法滞在であったとしても、その子弟については、申し込みがあれば、公立の幼稚園・保育園や小・中学校ではできるかぎり速やかに受け入れています。もちろん、そこには国・地方の予算が投入されていますが、難民も就労すれば納税者になることは忘れないでください。

近年は多文化共生の考え方が浸透しつつあり、日本の子どもたちも保護者も、学校で難民申請中の子どもにだけ日本語教育や補完教育を行っても「差別だ」などとクレームをつけることもなくなり、むしろ積極的に協力・応援するケースも多く見られます。首都圏の保育園や小・中学校では、いまや外国にルーツのある子どもが学んでいるのは当たり前の光景になっています。

なお、親が退去強制手続中による仮放免の場合、従来は校外学習などで他の都道府県へ移動する際に入管への届け出が必要でした（難民あるいは在留資格が認められれば必要ありません）が、最近になって、学生・生徒については、この移動制限を緩和する方向にあるようです。ただし、高等学校以上の進学では住民票の提出を求められます。中学を卒業して就職しようと思っても、在留資格が「難民認定申請中の親の子」という立場では、簡単ではありません。地方自治体や教育現場がいくら頑張っても、第1章や第2章でお話ししたように、外国人が日本で生活するためには在留資格が必要なのです。

4　外国人材から選ばれるニッポンへ

その他にもさまざまな理由がありますが、日本は「難民に選ばれる国」とは言い難いのが現実です。私たちは、「日本は難民の受け入れ数が少ない」と言うとき、とかく難民認定申請者数に占める認定者数だけを見て「日本が難民を拒否している」という印象を持ち、だから「入管制度・認定基準を改善せよ」という結論に行き着きがちです。

法制度の改善も具体的に考え、議論すべきでしょうが、もう少し視野を広げれば「そもそも日本は難民の避難先として選ばれていない」ことに気づくでしょう。そして、「なぜ選ばれないのか」と考えれば、難民を含む外国人にとって（また、外国にルーツを持つ日本人にとっても）日本社会のどこが不便なのか、なぜ日本は暮らしにくいのか、といった課題が見えてきます。そうした課題を改善することは、本当に庇護や支援を必要とする人々を日本が適切に支援するうえで有効なだけでなく、日本が多文化共生社会へと成長するためにも意義のある取り組みになると、私は思います。

『週刊東洋経済』２０２３年12月2日号では、「外国人材が来ない！　選ばれる企業・捨てられる企業」という見出しで、特集が組まれていました。日本はもはや「選ばれる国」ではない、日本に外国人労働者が来なくなる日が目前である、という内容です。日本は長らく、アジアの新興国から「稼げる国」として人気がありました。しかし、この記事の時点で、一番人気は韓国、その次が日本で、第3位が台湾だそうです。そして、台湾も日本を追い上げているとのこと。折からの円安も重なり、日本に行っても希望が持てない状況になってきているようです。

外国人は、日本社会を映す鏡のような存在です。そして、その鏡に映る問題の多くは、日本語教育や自らの能力を高めるための技能習得機会の充実、信仰や慣習にも配慮した居住環境の確保をはじめ、政府・自治体による十分な予算と、民間の広範な理解や協力がなければ改善できないものなのです。

Column

「助ける側」と「助けられる側」は一瞬の巡り合わせ

出入国在留管理庁では、2018（平成30）年度より毎年「外国人材の受入れ・共生のための総合的対応策(1)」を発表しています。外国人との共生社会の実現に向けた意見聴取・啓発活動など、適正・円滑な受け入れの推進、そして生活者としての外国人に対する支援、新たな在留管理体制の構築など、外国人と共に日本社会を良くしていこうという意気込みに溢《あふ》れた内容です。そして、外国人在留支援センター（FRESC）も、関係省庁や地方自治体とのタテヨコの連携を図りながら、相談案内の機能を徐々に拡充しています（表2・2、65頁参照）。

新型コロナウィルス感染症が蔓延《まんえん》していた時期には、難民認定申請中の外国人を含め、ワクチン接種の予約を受け付けたり、在留資格に関する手続きの相談に応じていました。

技能実習や特定技能を含む就労目的の在留資格を有している人々以外にも、さまざまな在留資格をもった外国人が私たちの周りにいて、日常の生活を支えてくれているということを、忘れてはならないと思います。

1980年代のインドシナ難民の時代も現在も、「難民になれる条件」は、経済的に余裕があり、または借金ができる状況にあり、何よりも健康で十分な気力と体力を持っていることです。そうでなければ、支援を受けられる場所まで生きて辿り着けないからです。アフリカの難民キャンプで、何百キロも歩き続け、過酷な状況を生き延びて辿り着いた人々の現実を垣間見たとき、私は想像していたものとのあまりの違いに、自分の甘さを恥じました。

ベトナム人の場合も、あるだけの金品を用意し、ボートピープルとなって脱出していました。海賊にすべて盗まれ、一緒にボートで脱出した人が次々と衰弱していく様《さま》を目にし、その後の厳しい環境で、生命だけは助かりました。縁があり日本で定住するようになった人々と出会い、その懸命な生きざまを見たときに、家族から良い教えを受け、厳しく育てられたという印象が、友人である多くの難民から伝わってきました。

つまり、「助ける側」と「助けられる側」は、たまたま今のタイミングで起こっていることにすぎません。現在は支援しているかもしれませんが、長い歴史から見たらほんの一瞬の出来事であり、その関係はいつ逆転し、また複雑になるのかも計り知れません。そのような貴重な一瞬に何らかの縁で日本を目指し「難民認定申請した人々」を、「難民とは認められない」という一点をもって簡単に切り捨ててよいのだろうかと考えてしまいます。もしかすると、就労目的の在留資格に当てはまるかもしれないし、あるいは勉学意欲に溢れて日本社会を支える力を秘めているかもしれません。ですが、もちろん、法律は必要ですし、法律を守ることは法治国家の大前提です。私たちの日々の暮らしも、法律によって守られているわけですから。

ジャン・ピクテは、『赤十字の諸原則』(2)で、人道の「敵」は4つあるとして、利己心、無関心、認識不足、想像力の欠如を挙げています。また「無関心がたまると確実に人を殺す」とも説明しています。日本人にはピクテが示している「4つの敵」に対し

---

(1) 出入国在留管理庁「外国人材の受入れ・共生のための総合的対応策」(https://www.moj.go.jp/isa/support/coexistence/nyuukokukanri01_00140.html)。

(2) ジャン・S・ピクテ著／井上益次郎訳（1958）『赤十字の諸原則』(原著は1955年、仏語)。著者のピクテ（1914~2002）は赤十字国際委員会（ICRC）元副委員長、訳者の井上益次郎は日本赤十字社の元外事部長。

て、心構えが不足しているのでしょうか。それが、今日における「難民・冷たい・日本」のキーワードにつながっているのかもしれません。

特に想像力の欠如と無関心については、いつも自分に言い聞かせていないと、ついつい忘れがちです。

日本だけではなく、今日の世界では、いつ、どのような国家的危機に見舞われるかも分かりません。そうした危機に対して、いわゆる「条約難民」の概念はおそらく狭すぎるのでしょう。けれども、無理に解釈を拡大すると雪崩《なだれ》を打ったような人の流れを引き起こすことも考えられ、必ずしも十分に対応できません。そのため、より広範な危機や災害に対して広義の難民・避難民として支援し、復興するまで助け合わなければならないと思います。現時点での主要な難民発生国は日本から遠く離れていますが、いつ近隣諸国から緊急に保護を必要とする大量の人々が助けを求めてくるかもしれません。そのような場合の備えが必要ではないでしょうか。

Column

聴覚障がいをもつウクライナ避難民の受け入れ

ロシアのウクライナ侵攻により日本へ避難した聴覚障がいのあるウクライナ人夫妻が、大分県別府市の「社会福祉法人太陽の家」(1)で避難生活を送っています。コバレンコ・バーディムさんと、妻のアンナさんです。二人は、ウクライナの南西部に住んでいましたが、コバレンコさんは2022年9月から日本へ避難し、その後、アンナさんも23年春に太陽の家で受け入れられることとなりました。

私は、ご縁があって太陽の家の役員を長年務めています。2022年6月頃でしたか、太陽の家の事務局長から「ウクライナが大変なことになっています。私たちの法人でも、応分の役割を果たしたいのです。もし避難民に障がいを持つ方がおられたら、紹介していただけませんか」と連絡がありました。有事に避難するのが難しく、取り残されがちな障がい者を支援するため、社会福祉法人が身元引受人になると名乗り出たのでした。

同時期に、出入国在留管理庁の職員から「聴覚障がいのある方が、ウクライナから日本への避難を希

---

(1) 社会福祉法人太陽の家。故中村裕医学博士(1951~84)により1965年「太陽の家」開所、翌66年に社会福祉法人太陽の家として設立認可。オムロン、ソニー、ホンダ、三菱商事、デンソー、富士通エフサスなどの企業と提携して共同出資会社をつくり、障がい者の能力開発、雇用促進を通じて自立支援を行っている(http://www.taiyonoie.or.jp/)。

望されています。受け入れていただけるところに、心当たりはありますか」と問い合わせを受けました。

偶然ながら、タイミングを同じくして太陽の家と入管庁の双方からお話があったのです。しかし、だからと言って、すぐに右から左へとは紹介できませんでした。太陽の家ならば信頼できますし、職住は問題ないと分かっているのですが、それでも責任重大です。「聴覚障がいのある方が、まったく見ず知らずの日本の地方都市で、はたして生活できるのかしら」「年齢も高いし、夫婦が離れ離れで大丈夫かしら」「一人で来日できるのかしら」と、心配が募りました。ウクライナ語の手話と日本語の手話はどのように異なるのかと、慌てて調べてみたりもしました。

第3章で取り上げたように、世界の難民支援のあり方として、「第三国定住」という受け入れ方法があります。そのための条件は、家族であること、健康であること、生計を賄える意欲のある人というように、限定されています。実は私は「障がい者を受け入れたらどうか」と折あるごとに誰彼構わず口にしていました。日本への難民の受け入れ人数は限られています。でしたら尚更、そのうちの1人でも2人でも枠を決めて受け入れることはできないかと。きっと日本が得意とする分野だろうと考えていました。そこに、ウクライナからこのような相談があり、受け入れたいという場があるのに、何を躊躇《ちゅうちょ》しているのか、任せてみるべきだと決心しました。

太陽の家と入管庁それぞれに担当者を紹介し、最初に夫のバーディムさんが、そして妻のアンナさんが、避難民として別府に来られたのです。

「障がいのある人は仕事を持ち自立することが最も必要である」という中村裕博士の信念で設立された太陽の家は、「保護より機会を!」No Charity, but a Chance!「世に身心《しんしん》障害者はあっても仕事に障害はあり得ない」という理念で運営されています。外国籍の職員も事務局に4人いて、ネパール人2人、中国人2人。うち3人は介護職員です。

2022年9月、コバレンコさんが避難民として来日しました。私が一番心配していた言葉について問い合わせると、「違う単語はたくさんあるようです。でも、最初から日本の聴覚障がいの方とは手話でおしゃべりがはずんでいて、『日本ではこう』『ウクライナではこう』という感じで確認していました。今では、何の支障もないように、日本語手話とウクライナ語手話の混合でコミュニケーションできています」と嬉しい知らせが届きました。

　太陽の家の指導員のお話では、コバレンコさんは「明るくて、とても一所懸命で、仕事も真面目で、仕事を覚えようという気持ちがとても強い。日本人のスタッフとは翻訳アプリや手話を使ってコミュニケーションを図っている」そうです。「素晴らしい方を紹介していただいて……」と、役員の方からの年賀状にはお礼の言葉が綴《つづ》られていました。

　同じく聴覚障がいのある妻のアンナさんも避難することになったのは、２０２３年５月末でした、９か月ぶりの再会を果たしたのです。ＢＳ大分放送23年６月７日のニュースでは「日本の文化と自然が好きです。今まで見たことがなかったので、海にもびっくりしました。ウクライナではストレスを感じていたけど、今はすごく安心しています」と、喜びの言葉が紹介されました。

　太陽の家によれば、「夫のバーディムさんの現在のお仕事はリサイクルの作業で、特殊なマシンに銅線をセットし、その被覆をはがして、再利用ができる状態にする仕事です。太陽の家第１ワークセンター（就労継続Ａ型）の従業員です。聴覚の障がいをカバーするのに、目視で大変厳しく判断します。

　アンナさんは、サンストア〔太陽の家直営のスーパーマーケット：筆者注〕の製パンの仕事をしています。パンをオーブンで焼いて、袋詰めにし、店頭に並べる仕事です。12月から８時～12時、週５日就労しています。さすがにパンが主食の国の方ですから、最初から手際が良くて驚きました。２月から午後３時間は、バーディムさんと同じ職場で就労を始めました。アンナさんは、最初はアルバイトですが、２０２４年２月から正式に就労継続Ａ型従業員になります」とのことでした。

　また、「当初は太陽の家の福祉ホーム（本館６階）に住んでいましたが、お風呂が温泉とはいえ共同浴場、トイレも共同であることに慣れず、転居を希望していました。近隣の別府市市営住宅には2回応募しましたが落選したため、民間の賃貸マンションに転居しました。太陽の家から徒歩3分程度のところです。普通の暮らしなら、お二人の給与収入でやっていける範囲です。今のところ、バーディムさんには日本財団から、アンナさんには似鳥財団から支援金が出ています」と、太陽の家から連絡をいただきました。

太陽の家では、これからもお二人がストレスを溜めないよう配慮し、自立して暮らせるよう就職先も支援していく予定です。そして、ウクライナから障がいのある避難者を、さらに4人受け入れる意向も聞いています。難民の第三国定住として障がいを持つ人々を受け入れる際の、よいモデルケースになるのではないでしょうか。

＊　＊　＊

本書の校正作業が大詰めを迎えていた2024年9月末、太陽の家からコバレンコ夫妻の近況が届きました。

ご夫妻は、新しいマンションでの生活にも慣れ、安定した日々を過ごされているとのこと。障がい者年金の受給に必要な書類を準備しているそうです。日本財団と似鳥財団からの支援が続いており、金銭的には不自由がありません。

お二人は日本の聴覚障がいの方々のコミュニティに定着しており、バーディムさんは各地に呼ばれて講演されているそうです。先日は四国で、次は名古屋で講演予定。ウクライナのことや、太陽の家での就労について、話しているそうです。

アンナさんは、「暑い季節が過ぎたら、もっと元気になる」とおっしゃっていたそうです。ウクライナの方にとっては、厳しすぎる日本の夏でした。

紛争が終結して、また故郷に帰国できるまで、せめて心穏やかに生活してほしいものです。一日も早く平和になることを願わずにはいられません。

第6章　「入管」とはどんなところ？

浮石沈木（ふせきちんぼく）
道理に反する主張や無責任な批判を鵜呑《うの》みにせず、一歩踏みとどまる勇気、そして、まず事実とその本質を理解してから、広く深く考える力を身につけたいと思います。

◆「国境」に囲まれて暮らす私たち

私たちは、日本という「国」に住んでいます。「国」とは、国民と、領土と、主権および統治能力・外交能力を兼ね備えた地球上の地域を指します。そして、今日の世界は領土（領域性）を備えた国民国家から成り立っています。そのため、国と国の間には「国境」がありますし、海に面している場合は「領海」があります。

国境の内側に誰を入れるかについては、その国の「主権」に委ねられているので、私たちが国境を越えて外国へ入るには、その国の許可が必要ですし、行ける場所や滞在期間、活動できることの範囲に制約を受けることもあります。「有効な旅券（パスポート）を所持して入国審査を受ける」「在留資格の範囲内で活動し、在留期限が切れるまでに出国する」ということは、その制約や規制はさまざまあるものの、どこの国でも定めている出入国管理上の基本的な約束事なのです。

日本も諸外国と同様に、外国人の入国を認める際には、日本での在留資格や滞在期間などを定め、出入国に関する公正な管理を図っています。そして、日本で国境を越えるための入国審査を行うのが、法務省が所管する入管庁の入国審査官です。また、国家間の問題については外交関係の一環として外務省が関わっていますので、その関係により必要なビザ（査証）を発給します。

難民を含む外国人の受け入れをめぐっては、入管はこれまでたびたび批判に晒《さら》されてきました。ただし、入管に問題の解決・改善を求めようにも組織として限界がある場合も見受けられます。入管で問題が起こったからといって、その問題を入管だけで解決できるとは限らないのです。私たちは、問題が噴き出している場所と、その原因となっている場所、その解決方法と、誰がその問題を解決する力をもっているのかを、正しく見極めなければいけないと思います。

とはいえ、入管の組織や役割について、少なくとも初等・中等教育では十分に学んでいないようです。そこで本章では、入管に関する基礎知識を学び、入管をめぐる問題について、一緒に考えていきましょう。

1　入管の組織と5つの業務

◆入管の正式名称は？

「入管」の現在の正式名称は、「出入国在留管理庁」で、略して入管（庁）と呼ばれます[1]。

第二次世界大戦後の一時期、出入国管理の業務は、国境を越えた人々の往来というよりも、日本国内に滞在していた朝鮮半島出身の方々の処遇に集約されていたことから、当時の内務省、厚生省などでバラバラに実施されていました。その後、GHQの指示を受けて一本化され、外務省の外局（出入国管理庁、入国管理庁）として統合されます。そして1952（昭和27）年に法務省の所管に

（1）なお、行政組織ではなく行政機能として「入管」と呼ぶこともあり、この場合は「出入国管理」あるいは「出入国在留管理」を略したものと言うことができる。

移されました。その後は法務省の内部部局（入国管理局）になりましたが、諸外国との人の行き来が急速に増えたこと、また来日する外国人の目的も就労・勉学を中心に多様化したことなどから、その役割が拡大して仕事の量も増え、さらに管理のみならず支援も行う必要が生じるなど、業務が多岐にわたるようになりました。このため、２０１９年に組織体制も大きく変わり、法務省の外局と位置づけられ、名称も新たに出入国在留管理庁（入管庁）となりました。

入管は、主に日本と諸外国を往来するすべての人々の国境上の行き来（空港や海港での出入国）を見届けます。特に外国人の入国の際には、法令上の要件を満たしているかどうかを見極めています。また、日本国内に在留する外国人の諸活動、特に就労が法的に適切であるかどうかを見定めています。これは、中央政府の執《と》り行う重要な機能の一つとして世界中の主権国家が実施していることですし、さまざまな国際交流活動を進めるうえで行政が果たさなければならない役割です。

◆入管の組織

入管行政の最高責任者は法務大臣です。日々の空港・海港における出入国審査や、３００万人を超える在留外国人の在留管理、そして日本での滞在を継続するわけにはいかなくなった外国人の退去強制の手続きを行います。また、日本での人手不足分野を補うために受け入れられている外国人の受け入れ環境を整備し、必要な在留支援を行います。また、日本に難民としての庇護《ひご》を求めてきた外国人の保護など、国際人道主義に照らした業務も担っています。

これらの膨大な日常業務は、その大半が現場で実施されることから、出入国在留管理庁長官が指揮・命令に当たります。そのうえで、すでに日本にいる外国人に関する実際の個別の事案（在留許可、在留資格の取り消し、退去強制手続きの裁決など）に関する行政処分については、地方の出入国在留管理局の局長（地方入管局長）が実施し、全国の空港・海港での上陸許可については入国審査官が担当します。

そして、事の軽重により法務大臣、出入国在留管理庁長官、地方入管局長がそれぞれ責任を分担しながら、法令や通達など内部規程に基づいてさまざまな判断を行い、許可・不許可などの決定をしています。

現在の入管庁は、主として3つのグループ（部などの組織）に分かれています。①総務・政策立案・企画・国際業務を所掌《しょしょう》するもの、②出入国審査、退去強制手続き、および難民認定を所管するもの（出入国管理部）、③在留審査と在留支援、それに情報分析を所管するもの（在留管理支援部）です。

そのうえで、全国8か所（札幌、仙台、東京、名古屋、大阪、広島、高松、福岡）に地方入管局があり、主要な国際空港（成田、羽田、中部、関西）および外国人の人口や地理的事情を踏まえた特定の県庁所在地（横浜、神戸、那覇）に地方入管支局を置いています。そして、施設等機関として、茨城県牛久《うしく》市と長崎県大村市に入国者収容所（入国管理センター）が設置されています。

◆入管の職員

入管職員はすべて国家公務員です。このうち正規職員は、人事院が実施する国家公務員採用試験などの公平性の高い選考過程を経て任用されています。この採用試験は、国の機関で勤務を希望する人が、共通の方法により記述と面接による考査を受けるものです。

総合職と一般職があって、大学院修了者、大卒者、高卒者、社会人などの種別があります。合格者はさらにそれぞれの志望先の官庁訪問を経て内定を受け、最終的に採用が決められます。

一般職の場合は、地方入管局で審査業務に従事することからキャリアをスタートします。ただし、入国警備官はその職務の特殊性から別途の採用試験を経て、その合格者から採用され、やはり地方入管局での警備業務に従事することからキャリアをスタートします。

このほか、法務省の組織でもあって法令の適用や事実認定に関する専門知識を要することから、司法試験など国家試験による法曹資格者である検事のほか、出入国在留管理行政に馴染みのある関係省庁として外務省、財務省、厚生労働省などからの出向者が勤務しています。

ここ数年間で出入国在留管理行政の業務が急激に増加し、多様化していることから、入管職員の数は毎年のように増員されています。1988（昭和63）年度には17000人前後でしたが、2022（令和4）年現在では6000人を超えており（入国審査官：約4000人、入国警備官：約1600人、法務事務官・法務技官：約400人）、この30年余りのうちに3倍以上にも増加しています。

◆5つの業務

入管のホームページなどによれば、入管の業務は5つに分かれています。

第一に、空港・海港での出入国審査です。旅券・査証が有効で、入国目的がいずれかの在留資格に合致し、上陸を拒否すべき要注意人物（いわゆるブラックリストに載っている人）ではないことを確認します。国が行う「水際対策」のための行政は、厚生労働省が行う検疫、次に入管による入国審査、そして財務省が行う税関から成っています。

第二に、日本国内に中長期に暮らす外国人の在留管理です。就労、勉学、同居などの目的が継続しているか、新たに就職・婚姻した場合はその目的が在留資格に当てはまっているかどうかを審査します。在留期間を更新したり、在留資格を変更したりすることも、これに含まれます。

第三に、在留資格に当てはまらなくなった、あるいは刑事犯罪によって在留を継続できなくなった外国人に対し、法令の規定に沿って退去強制手続きをとります。そして例外的に人権・人道上の理由で在留特別許可を与えたり、あるいはいったん出国し一定期間が経過した後にあらためて要件を整えて在留資格を取り直したうえで、入国するように案内することもあります。「強制的に退去させる」と聞くと気の毒に感じる人もいるかもしれませんが、これも国民の日々の生活を守るための大切な仕事ですので、法律に則り適正な手続きを経て国外に送還します。

第四に、国際条約上の庇護を必要とする難民、あるいは人権上の保護を必要とする人々に対し、その該当性《がいとうせい》を認定して、当面の生活の場を提供する業務があります。

第五に、多文化共生社会の実現を目的として、日本人と外国人の住民同士の交流を深めるための諸事業を全国各地で実施します。日本国内の地域社会で多くの外国人がさまざまな目的で日常生活を送るようになりました。その在留外国人を対象に、国・地方自治体が連携して情報発信・相談案内をはじめとする必要な支援を行います。支援にあたって必要なコーディネーターと呼ばれる人の養成や、コミュニケーションをしやすくするための「やさしい日本語」の普及にも力を入れています。

第一から第三までは、どちらかと言えば管理的なものです。そして、第四は国際社会の中で条約の枠組みにおいて人権保障の一翼を担うものです。また、第五は、多様な支援を通して外国人（とりわけ人手不足分野を補うために受け入れられる外国人材）の受け入れ環境を整備するものです。これは近年になって新たに入管の業務に加わったものであり、他の4つの業務とは性格を異にしています。

2　退去強制制度とは？

これまで述べてきたように、日本の外国人受け入れの基本は「在留資格制度」です。日本への入国・在留を希望する外国人は、就労、勉学、同居、一時的な訪問など、その目的や活動内容を表すものとして入管法に定められている在留資格のいずれか一つに該当しなければなりません。

在留資格制度の例外として、航空機の乗り継ぎのために短期間だけ空港の外へ出る渡航者、大型クルーズ船で観光のために訪れた乗客、航空機の乗員や船舶の船員、洋上で遭難事故にあって漂着した人、そして迫害などを逃れて日本での一時的な庇護を求めてきた人々などに対しては、滞在できる期間を定めて、特例的な上陸許可が与えられることがあります。

一方、これらの在留資格や特例上陸許可に当てはまらない、もしくは当てはまらなくなった、あるいは出入国管理上の法令違反や刑事犯罪などの社会秩序を犯した人々を国外へ退去させるのが、退去強制制度です。

◆日本に留まれない外国人

日本として、留まることを許容できない外国人は、次の4種類に大別されます。実際には、①または②がほとんどを占めています。

①不法入国、不法残留などの入管法違反者
②刑事犯罪により有罪判決を受けるなどの刑罰法令違反者
③国際的なテロリスト・犯罪組織の一員として指定されている者
④その他、日本の利益・公安に重大な影響を与えるような活動を行った者

①は、有効な旅券を持たない人で、当初から密入国など上陸審査を受ける意思がないままに、あるいは偽変造旅券を使用し入国審査官を欺《あざむ》く形で不正に入国した場合（不法入国）、有効な旅券を有しているものの結果として上陸審査をすり抜けた場合（不法上陸）、付与された在留資格ではカバーされていない活動に従事した場合（資格外活動）、在留資格の付与に合わせて指定された在留期間が満了したにもかかわらず引き続き日本国内に留まっている場合（不法残留）が代表例です。

②は、薬物事犯や刑事事件などを犯したことにより、刑事訴訟において有罪判決を受けて一定の刑により処罰された人です。

◆人手不足でも社会秩序の維持は重要

来日する外国人の多くは観光あるいはビジネスを目的としていますが、①のケースには、当初から就労目的であることを隠して観光客などを装って来日し、不法であることを承知のうえで就労活動を行っていた人も含まれます。①は出入国管理の基本条件です。理由もなく有効な旅券を持たず、あるいは決められた在留資格・在留期間が守られない状況でいつまでも日本に在住することを、認めることはできません。

また、他国に向かう途中に急病に罹《かか》ったとか、船の航行中にエンジンが故障し日本のどこかの海岸に漂着して…というようなケースもあります。このようなとき、入管ではまず当人の体調を確認したうえで、遭難《そうなん》に至った経緯や急病によりＳＯＳを求めるに至った経緯を十分に聴き取ります。そのほかにも本国で命の危険を感じたため、有効な旅券を持たないまま小舟で密かに出国せざるを得なかったなど、事情によっては、人道的配慮によって日本に当面留まることを認める場合もあります。

③と④に該当する人たちについて、これ以上の説明は必要ないでしょう。

なお、退去強制手続きに反対する意見の中には、「たとえ不法滞在であっても、国内の人手不足を補うマンパワーとしてありがたい存在なのだから、犯罪者のような取り扱いをするのはけしからん」という声もあります。たしかに、①のケースは他人の生命・財産を傷つけるような刑事犯罪とは異なりますので、凶悪犯であるかのような誤った印象を与える取り扱いは避けるべきでしょう。けれども、在留資格制度に反していることが明らかとなれば、日本社会の秩序維持の観点から、日本での在住を認めるわけにはいきません。「人手不足だから、不法入国や不法残留を許容する」のではなく、「適切な在留資格のもとで、安心して働ける仕組みを整える」ことが大切なのだと思います。刑事犯罪ではないという理由で違法な状態をそのままにすれば、移民・難民問題が大きな社会問題に発展し、外国人の受け入れに否定的な国民感情が広がる可能性もあります。日本語能力・技量がある人であれば、むしろ、いったん出直して堂々と入国したほうが本人も安心して働けるはずです。

◆退去強制令書の発付

以上の①～④のいずれかの退去強制事由に該当し、地方入管局長が、必要に応じて本庁とも相談しながら、最終的に「退去させることが相当である」と判断した場合に発付するのが「退去強制令書」です。その発付は、慎重な手続きを経て行われます。退去強制事由に該当していることの事実を認定し、さらに主として人道上の理由などからも在留継続の可能性について吟味《ぎんみ》し、そのうえで最終的に退去の是非を決定します。退去処分が決定されると、その退去までの期間は収容施設で帰国の準備をすることとなります（収容施設については、本章第4節参照）。

ちなみに、①の場合に、入管法に違反したに留まり、刑事犯罪により訴追されるような事実関係がなく、本人が自発的に費用を自己負担して速やかに出国を望むのであれば、「退去強制令書」ではなく「出国命令」という別の書面が交付されて行政処分がなされることがあります。いずれにしても、在留資格を喪失すれば日本に留まることはできないのです。また、在留資格の期限内であっても、刑事犯罪で一定の処罰がなされれば、「退去強制令書」の発付により在留資格が打ち切られ、速やかな出国を求められることになります。

「退去強制令書」は、それを発付した主任審査官が入国警備官に向け、退去が求められている本人の送還業務を執行することを命じるものです。その時点で在留資格を失っているのですから、退去強制令書の速やかな執行を通じて、自らの意思により出国するよう促すか、それに応じなければ文字どおり強制的に送還するしかありません。

◆自費による出国

入管法の規定に基づく原則としては、国が航空運賃などの経費を負担して、「退去強制令書」の発付を受けた外国人を、出身国などに向けて送還することになっています。しかし、実務運用上の実情として、該当者が不法就労により金銭収入を得ているケースが多く見られます。一般的な国民感情として、そのような場合でも送還費用をすべて公費（国民の税金）で負担することには、なかなか理解を得られないでしょう。

そこで、入管法上の規定の例外として、退去強制令書が発付された後であっても、本人が自らの費用負担により出国したいと申し出たときは「自費出国許可」あるいは「出国命令」の手続きが執《と》られます。出国命令は、不法滞在以外の違反を犯しておらず、過去に退去強制されたことがないといったことなどが条件となります。強制力による送還手段ではなく、一般の出国手続きとほぼ同様と言えます。これらの場合には、1年経つと、在留資格に該当するなどの上陸要件を満たしていることを前提として、再び日本に入国することができます。

なお、「法律上の規定の例外」と記しましたが、前述のとおり、実際には被退去強制者の多くが日本での不法滞在中に出稼ぎや定住のためにフルタイムで働いて収入を得ていることが見受けられます。大半のケースではその収入で帰国費用を賄《まかな》えることから、この「法律上の規定の例外」により自発的に出国しているのが現実の運用状況となっています。

ただし、航空会社によっては、こうした形（退去強制の一環としての自発的な出国）による搭乗を制限する場合や、被退去強制者の搭乗自体を当初から認めていない場合もあります。たとえ本人が格安運賃で航空券を購入しても、実際には搭乗させてもらえない可能性もあるため、退去強制手続きの担当官とよく相談したうえで、帰国の手配をしているそうです。

◆収容から出国へ

「退去強制令書」が発付された場合、現行の入管法の規定では送還されるまでの間は収容施設（地方入管局の収容場または入国者収容所）に収容することとされています（2023年6月の法改正によって、監理措置や居宅などに留まることができる仮放免の規定が整備され、逃亡のおそれがあると認められる場合に限り収容されることになっています）。けれども、自ら入管法違反を申告し、航空運賃を負担して出国する意思を示している外国人を、いちいち収容する必要はありません。この場合には収容されず、上述のとおり「自費出国許可」や「出国命令」により出国するまでの間、監理措置などにより居宅などに留まることができます。

出国の当日は、出国審査場において退去強制手続きを受けた者であることを申告したうえで、他の一般客と同様の出国手続きをとります。ただし、出国予定を覆《くつがえ》して正当な理由もなく日本に留まろうとした場合は、速やかに身柄が確保され、仮放免（または監理措置）が取り消されます。そして、あらためて送還のための手続きが再開されます。自発的な出国を拒んだことからすれば、その後の送還は入国警備官や航空会社の手配する保安要員の同行による護送を含めるなど、慎重に実施されることになるでしょう。

◆米国や欧州での強制送還

冒頭で「有効な旅券を所持して入国審査を受ける」「在留資格の範囲内で活動し、在留期限が切れるまでに出国する」ことは、どこの国でもその国の法令で定めている出入国管理上の基本的なルールだと述べました。それと同様に、他の国でも在留資格を失った人々の強制送還は行われています。例えば米国では、退去強制業務を所管する政府機関から委託を受けた民間会社が、専用の航空機を用いて主として中南米諸国向けに不法移民の送還業務を行っています。

また、欧州では欧州国境沿岸警備機関（ＥＢＣＧＡ）が国境監視や不法移民の取り締まりなどで加盟各国間の調整を行っています。地中海を渡るなどして欧州に密入国を図ろうとした不法移民の送還についても、やはり専用の航空機を使用して、主としてアフリカ諸国向けに共同運航を行っています。(2)

（2）２０２４年４月、英国で、その目的の如何《いかん》を問わず小型ボートなどで英仏海峡を渡って英国に不法入国し、後から難民だと主張した場合には、アフリカのルワンダに移送するという「不法移民法」が議会で可決されたが、その後の政権交代により移送する方針は撤回された。

◆退去強制送還でも出直しは可能

退去強制手続きは、日本に滞在するためのルールを守らなかった場合に、日本からの出国を余儀なくされる仕組みです。しかし、いったん退去強制手続きを経て出国したからといって、二度と日本に足を踏み入れることができないわけではありません。

入管法では、退去強制により出国した場合は一定期間の入国ができないと定められています。不法残留などの場合は一定年限（5年または10年。出国命令によるものである場合は1年）が過ぎれば、日本での活動目的が在留資格制度に合致するかぎりにおいて、再び入国が認められます。さらに、2023年6月の法改正では、一定の学歴・職歴をもとに就労する能力を有する場合や婚姻関係の継続などの積極的な事情が認められるときには、一定年限が経過する前に、例えば1年程度であらためて入国が認められる規定が新設されました。このように日本の入管法の基本ルール（在留資格制度）に合致するならば、出直しは可能です。

また、退去強制令書の発付を受けたことを不服として、行政訴訟を起こすこともできます。「自分のこれまでの入国・在留の経緯から、退去強制令書の発付を受けるのではなく、法務大臣や地方入管局長の裁決によって在留特別許可が与えられるべきであって、この行政処分は違法である」などと主張して争うのです。

ただし、この在留特別許可は入管法で許可要件が事細かに定められているものではなく、23年6月の法改正でも引き続き法務大臣の裁量による判断とされています。この件について、入管庁では在留特別許可に関するガイドラインをホームページ上で公表しています。また、在留特別許可とならなかった場合には、どのような事情を考慮したのかについて、理由を明示することとされています。本人にとって有利な状況（積極要素）と不利な状況（消極要素）を比較しながら、出入国在留管理行政をめぐる諸々の情勢を踏まえて、最終的には世間一般の常識に従って判断されることになります。

3　退去強制手続きに伴う問題

◆退去強制手続きの開始

さて、退去強制令書が発付された後、①自己名義の有効な旅券、②帰国旅費（主として航空券代）、③居宅内の荷物整理、が揃っていないと、退去強制手続きが滞ってしまいます。一人ひとりの事情に応じて、地方入管局の担当部署（主として執行部門）が対応することになります。

具体的には、まず大使館・領事館に行って帰国用臨時旅券の発給を依頼します。旅券の有効期限が過ぎていただけならともかく、他人名義の旅券を使っていたような場合は、本人の身元確認からやり直す必要があるため、本国への照会などに時間がかかることもあります。また雇用主と連絡をとるなどして、未払いの賃金があれば支払ってもらうよう交渉することもあります。

そしてもう一つ、①〜③に増して難しい状況が、④本人が自発的な帰国意思を示していない場合です。これが昨今問題となっている送還忌避《きひ》につながっているのです。

◆航空券が買えない

先ほど、自ら旅費を負担して帰国するケースが多いと述べましたが、なかには自分で旅費を賄えない人も出てきます。せっせと稼いだお金を使い果たしてしまった、本国にすべて送金してしまった、友人や支援団体からの資金援助や本国からの「逆」送金も期待できない、在京大使館を経由したガバメント・ローン（本国政府を通じての金銭貸借）も対応してもらえない…などということが、しばしば起こり得るのです。

本来、入管法の規定では、国費による送還が原則とされているものの、そのための予算には限りがあります。また、「不法就労により収入を得た外国人の帰国費用を、なぜ税金を使って捻出《ねんしゅつ》しなければならないのか」といった疑問の声も無視できません。それでも、いよいよ自身で帰国費用を賄えないという場合に、最終手段として国の予算から支出せざるを得なくなります。お金のためにいつまでも収容を続けることには問題がありますし、だからといって日本国内に留まって自由に就労することを認めるわけにもいきません。そこで、国が帰国費用を負担して送還したほうが合理的だという判断になります。ただし、その場合でも、航空運賃の一部を自分が持っているお金で支払うことができる場合には、その残額のみを国が支出するという方法もとられているようです。

◆チャーター機による強制送還

時折り「チャーター機で、○○人を出身国に向けて送還した」というニュースが流れることがあります。これは、入管が特定の国の国籍を有する被退去強制者を集団で航空機に乗せて送還するものです。その費用は原則として国の予算で賄われます(3)。

すでに述べたように、自分の意思または説得に応じて出国に同意した場合は、航空機の搭乗に問題はありません。しかし、なかにはさまざまな理由を挙げて日本での生活を続けたいと、頑《かたく》なに出国を拒む場合もあります。また、いったんは出国する予定で空港まで送り届けたけれども、搭乗直前になって「やっぱりイヤだ」と拒否することもあるようです。そうなると、文字どおり公権力を使って強制的な手段により送還するしか方法がなくなります。

さらに、被退去強制者の中には航空機に搭乗した後も座席であばれたり、大声を張り上げる例もあります。逆に、故意に脱力していっさい動こうとしないといった事例もあるようです。そうなると、送還に同行する入国警備官（複数名が海外護送官として同行します）による抑止もままならず、一般乗客に多大な迷惑がかかってしまいます。その結果、機長の権限により搭乗を拒否されれば、降機するしかありません。

このような事情から、一般客と同乗する定期路線での送還が難しい場合、航空機をチャーターし

(3)『産経新聞』(2023年9月16日付け)によれば、法務省は同じ国出身の送還忌避者をチャーター便に載せる集団送還を、2013(平成25)年度からの8年間で計8回実施した。

て安全かつ確実に送還するという方法がとられるようになりました。本人も入国警備官も他の乗客を意識せずに、安全が確保されるという点はよいのですが、多額の費用がかかります。

なお近年、チャーター機での送還に際し、「退去強制令書」の発付から間を置かずに送還手続きに入るという取り扱いについて、特に弁護士との通信手段を制限した入管職員の対応について、「憲法で保障する裁判を受ける権利を侵しており、違憲である」との裁判所の判決が出されました。国側の「送還に支障を来《きた》すおそれとの兼ね合いから退去強制令書の執行を果たすうえで制約が生じるのはやむを得ない」「いつでも訴訟を提起することは可能であった」という主張は退《しりぞ》けられました。入管には、よりいっそう人権に配慮しながら送還手続きを進めることが求められています。

◆難民認定申請による送還停止

入管庁の資料によれば、送還を拒否している理由の約6割が「本国で重大な問題を抱えており」「したがって、自分は難民である」といった出身国に起因した事情によるものです。そして、「退去強制令書」の発付以降に仮放免されている人のうち約7割が「自分は難民である」と主張しています。

「退去強制令書」が発付されても、難民認定申請をすると、手続き終了までの間は申請の理由や回数を問わず一律に送還が停止されることとなっていました。そのため、なかには10年以上にわたり難民認定申請を繰り返し、日本に滞在し続ける人たちもいます。また、収容施設への出入りを繰り返したり、通算の収容期間が長期に及ぶような事案も出てきました。

本来、収容施設は、送還までの期間を待機するための施設ですので、長期間の収容を想定していません。難民認定申請者のすべてというわけではありませんが、「退去強制令書」の執行を回避する手段として難民認定申請が利用されるケースがあることも事実です。一律に制度を濫用《らんよう》した「偽装難民」などと決めつけることが誤りであるのと同様に、難民認定制度がたびたび本来の目的と異なる使い方をされている事実から目を逸《そ》らし、申請者すべてを保護・認定すべきと主張することも適切ではありません。そして、現実を正確に把握しなければ、被収容者の増加、収容期間の長期化とそこから派生する諸問題の根本的な原因も理解できず、有効な解決策を講じることもできないでしょう。この点については、第4節であらためて考えたいと思います。

◆刑事犯の送還忌避をどう考えるか？

もう一つ、難しい問題が刑事犯の扱いについてです。入管庁によれば、2019年6月末現在、送還を忌避している被収容者は858人で、そのうち366人（約43％）が有罪判決を受けた人、うち84人（約10％）が仮放免中に罪を犯し、有罪判決を受けています。犯罪の内容は、多い順に薬物、窃盗・詐欺、交通事故、傷害・暴行・恐喝などです。凶悪犯罪では、強盗・強盗致死、性犯罪、殺人・殺人未遂…の順となります(4)。

刑事罰を科せられた被収容者は、すでに退去強制処分を受けており、また仮放免や監理措置も取り消されています。入管庁としては、出入国在留管理の秩序の維持や、国民および在留外国人の安全・安心な生活確保という観点から、一刻も早く送還すべきという考え方ですが、多くの場合は収容を継続せざるを得ないというのが現状です。

こうした状況もしばしば入管への批判の対象となります。しかし、もしも刑事罰を科せられた人々、すでに退去強制処分を受け、また仮放免や監理措置を取り消された履歴のある人々も「収容・送還すべきでない」、「むしろ在留資格を与えて合法的な在留を認めるべき」と主張するのならば、まずは広く国民の理解を得るための努力が必要であり、そのうえで具体的な法整備のための議論が求められるでしょう。[5]

◆収容・送還に関する専門部会

２０１９年10月、法務大臣の私的懇談会である第７次出入国管理政策懇談会のもとに収容・送還に関する専門部会が設置されました。会合は10回開催され、２０２０年６月に法務大臣へ提言を提出しました。

収容・送還に関する専門部会議事録や添付資料などは法務省のホームページですべて公開されています。[6]具体的にどのような対象者が収容されていて、いかなる問題が生じているのか、部会ではどのような問題意識から、いかなる議論が交わされたのかを明らかにしています。国民一人ひとりに関心を持ってほしい、この問題に関わってほしいという姿勢が伝わってきます。皆さんもぜひご覧になってください。

（4）２０２１年12月末で送還を忌避している者は３２２４人、22年12月末は４２３３人と増加傾向にある。ただし、この時期は新型コロナウィルス感染症対策のため、世界の国々が入国を拒否していたことも増加の一要因と思われる。

（5）２０２３年６月の入管法等改正法により、送還停止効の例外規定の創設、罰則付き退去命令制度の創設、収容に代わる監理措置制度の創設、在留特別許可の申請手続きの創設などについては、２０２４年６月10日から施行されている。

（6）出入国在留管理庁「出入国管理政策懇談会」（https://www.moj.go.jp/isa/policies/conference/nyukan_nyukan41.html）

Column

試案――在留資格を復活させる

入管庁によれば、退去強制令書の発付により送還の対象となった外国人について、その後の時の経過により、新たに在留を特別に許可すべき事情が生じていると法務大臣が認めた場合に、退去強制令書の発付を取り消すことがあります。そのうえで、あらためて在留特別許可を付与するという事例（例えば、日本人や永住者との間に実子をもうけたとして、事情が変わったことを理由に在留継続を求める場合など）もごくわずかですが、想定されているようです。

ここで一つの提案なのですが、退去強制送還の対象者の中で、一定の要件を満たした場合には、いったん自発的に帰国して出直すことなどを条件に、在留資格の復活や再付与を検討してもよいのではないでしょうか。

例えば、日本に長く滞在したことで、現実的に帰国が困難となった人々がいます。こうした人々の多くが、10代後半から40代までの一番の働き盛りに、非正規滞在者として入管当局による不法就労の摘発に怯《おび》えながら、日本で3Kと呼ばれる仕事に従事してきました。10年以上、さらに20年、30年と帰国していなければ、母国で親族、居住地、就労場所など何もかもを失っていることは少なくないと思います。

こうした人々の多くは、入国時には正規の入国審査を経た滞在であったものの、滞在期間が過ぎても帰国しなかったものと思われます[1]。ただし、もともと不法に就労することを目的としていた場合が多かったはずです。不法就労を認めるべきではありませんし、その責任の所在も明らかにされるべきです。

けれども、収容施設に長期収容されていれば、日本で暮らし続けるための手段はありません。かといって、本国に戻って新たに出発するのも現実には難しく、自暴自棄になって日本への恨《うら》みを募らせてしまうケースもあります。このままでは、希望を見失って心をすり減らしてしまう被収容者と、送還の手立てが見当たらず被収容者の対応に追われる入管側との双方でストレスが溜まる一方ですし、諸経費が公費で負担されていることを考えれば、国民全員にとっても由々《ゆゆ》しき状況でしょう。

そこで、現実的な対応策として、在留資格を喪失した外国人在留者であっても、日本で培った技術・技能や日本語能力が一定程度認められ、かつ犯罪や社会秩序違反とは無縁である人々に対しては、送還の方針を撤回して在留資格を復活させるという方法はどうでしょうか。例えば、いったん出国したうえで技術や能力が客観的に認証されれば1年程度で日本に戻って来られるようにしたり、あるいは日本で実子が初等・中等教育を受けているような場合に、在留を特別に許可すべき事情があると法務大臣が認めるのです。同時に、日本語や労働スキルの向上を図るなど地域や企業で受け入れられるためのプログラムを整備し、それを修了することを条件に就労目的の在留資格も与え、そのスキルを生かして社会に還元してもらうということも検討できるのではないでしょうか。もちろん、そのためには国民の合意が必要となります。

こうしたアイデアに対しては、「アムネスティ（恩赦）と同じであって、認めるべきではない」と主張する人もいるでしょう。しかし、これは米国のように大量の不法移民がいて、無条件かつ一斉に救済するという趣旨ではありません。あくまで、日本の在留資格制度に合致している人を再考（レビュー）するという趣旨であり、現行制度の範囲内で行

（1）当然ながら、偽造パスポートでの入国が発覚したり、偽造文書を提出して在留資格を偽装した場合などは、こうした例には当てはまらない。

われることを想定しています。

実際に日本でも2000年3月、法務省が「第2次出入国管理基本計画」で入管政策を転換し、入管法では「合法在留に戻れない」とされた人に対して、在留実績を基として在留特別許可を柔軟に適用し、家族で平穏に生活しているような場合に在留継続を認めたケースがあります。

簡単ではないと思いますが、何らかの解決策を見出すべく、その意義と課題を考えるべきだと思います。

これまでも、2006年に策定した「在留特別許可に係るガイドライン」はありました。在留特別許可の判断にあたり、いかなる事情がどのように考慮され得るかを積極要素（許可されるに有利な事情）と消極要素（退去と判断すべき事情）に分けて示したものです。その後2009年に改定し、この度2023年の法改正に伴い、入管庁は新たなガイドラインを24年3月に示しました。それと並行して在留特別許可の申請手続きが創設され、その考慮事情が法律上で明示されました。

ただし、それらは在留特別許可の判断基準を示したものではありません。したがって、ガイドラインに例示されている積極要素として考慮すべき事情が認められたとしても、それだけで在留特別許可を付与する方向で検討されるわけではありません。あくまでもガイドラインに例示されている事情を含む諸般の事情を総合的に考慮した結果、積極要素として考慮すべき事情が消極要素として考慮すべき事情を明らかに上回る場合に初めて、在留特別を許可する方向で検討されることになります。なお、ガイドラインは、2024年3月に改定され、6月10日に施行されています。

4　収容施設の目的と長期収容問題

◆収容施設とは

在留資格を失い、あるいは刑事罰を科されたことによって国外への退去処分が決定すると、その退去までの期間は入管の収容施設に収容されることとなります。ですから、収容所とはあくまで国外退去の準備をするために一時的に滞在する施設です。

第1節で説明したように、日本では全国8か所に地域ブロック単位で地方出入国在留管理局（地方入管）が設置されており、その他に大きな国際空港の所在地など地理的条件をもとに計7か所の支局が設置されています。

このすべてに、規模の違いはありますが収容施設が併設されています。そして、茨城県牛久市および長崎県大村市には入国者収容所（東日本入国管理センター、大村入国管理センター）が設置されています。

地方入管やその支局の収容施設は、主に摘発や刑事施設からの移送により退去強制手続きが開始された時点で収容する場合に使用されます。入国者収容所は、退去強制手続きの進捗に応じ、地方入管やその支局の収容施設から被収容者が移送されてきます。

◆収容所は拘置所でも刑務所でもありません

繰り返しますが、入管庁の収容施設は国外退去までの一時的な待機施設です。一部には、拘置所や刑務所のようなイメージをもっている人もいるようですが、それぞれの目的はまったく異なるものです。

例えば刑務所は、罪を償《つぐな》って社会に復帰することが目的です。そのために、教育・職業訓練プログラムが実施されており、受刑者に見合った刑務作業に従事することとされています。

他方、入管の収容所は、退去強制手続中や送還までの間、収容令書または退去強制令書に基づき収容される場所です。施設内の構造など逃亡を防ぐという点では拘置所と似ているかもしれませんが、刑務所のように社会復帰といった目的はありません。当然、刑務作業に従事することもありません。あくまでも退去強制手続きおよびその後の送還が実施されるまでの一時的な待機場所とされているのです。

こうした目的から、仮放免や新たに設けられる監理措置となった場合を除き、施設に収容されている間は施設外に出られませんが、できるかぎりの自由が与えられるよう配慮するものとされています。

◆収容所の役割は？

収容所の役割は、大きく2つに分かれます。

第一には、「収容令書による収容」です。退去強制手続きを確実に進めるために収容することがあります。退去強制事由は入管法で定められており、不法入国や不法残留といった入管法違反や、刑事犯罪により有罪となった場合が該当します。いずれか一つの退去強制事由に該当する容疑があると認められる場合に、退去強制手続きが開始されます。入国警備官による違反調査や入国審査官などによる違反審判では、当事者や関係者から事情を聴取するほか、旅券や記録を精査し、帰国させるための「具備《ぐび》要件」を満たすために大使館・領事館と交渉もします。

次の引用文は、収容令書による収容について最高裁判所が判例として認めたものです。

「収容令書による収容は、退去強制手続において容疑事実である退去強制事由に係る審査を円滑に行い、かつ、最終的に退去強制令書が発付された場合にその執行を確実にすることを目的として行われるものである。」（２００２（平成14）年2月28日最高裁決定…裁判集民２０５号８３５頁）。

第二には、退去強制事由が確定し、これ以上日本に留まることが認められない場合、退去強制令書が発付されます。入管法では、退去強制令書が執行されて実際に国外へ送還されるまでの間は収容することができるとされています。これを「退去強制令書による収容」と言います。これについても、最高裁判所が後に判例として認めたものがあります。

「退去強制令書に基づく執行の収容部分は、当該外国人の送還のための身柄確保と出入国管理令（注：入管法の旧称）において定められた在留資格制度より生ずる右外国人の日本における在留活動を禁止することを目的とするものである。」（1977（昭和52）年12月13日東京高裁決定…訟務月報23巻13号2274頁）。

これら二つに共通しているのは、退去強制手続きを受けて最終的に国外退去処分が決まり送還されるまでの間、逃亡を防止して送還のための身柄の確保を図るという役割です。また、在留資格を喪失しても不法就労に従事しようとする行為を禁止するためとも説明されています。特に本人がこのまま日本に留まって生活したいと強く望んでいる場合には、収容して送還のための手続きを進めることになるでしょう。失踪や不法就労を未然に防止する必要があるからです。

◆収容は絶対ではありません

前述のとおり、退去強制令書が発付され、最終的に国外退去処分が決まって送還されるまでの間は、収容することが法律上の原則とされています。しかし、実際は収容するケースのほうが少数で、むしろ例外となっています。

例えば、自ら入管に出向き入管法違反であることを認め、「自己負担により旅費を支払って帰国します」という場合や、日本人や他の在留外国人と婚姻した事実があり、引き続き日本での在留を希望した場合は、退去強制手続きの最中に失踪・逃亡する可能性がきわめて低く、収容する必要はないと判断されます。また、自ら帰国することを希望しているのであれば、入国警備官が空港や海港まで護送し搭乗を見届けたり、航空機や船舶に同乗して送還先までエスコートするなどしなくても、一般の出国者と同様の扱いで問題はないとされています。

このような場合にまですべて収容するのは、行政経済的にも非効率ですし、公権力の行使が行き過ぎていると非難を受けるのも当然でしょう。

実際に収容する典型例としては、不法就労の現場で摘発して身柄を確保した場合です。また、警察署、検察庁、裁判所、刑事施設から移送されてきた場合にも当てはまります。「出身国に帰りたくない」といった本人の意図に反する形で退去強制手続きが決定した場合など、該当者を確実に送還する必要があるときに限定されているのです。

入管法という法律の「建て付け」だけを見ると、「全件収容主義」「収容前置主義」のようにも思えますが、実務運用では、かなり以前から、収容するのは一部の事例に限られているようです。

◆仮放免・監理措置とは？

収容しなくても退去強制手続きを行える場合や、退去強制令書が発付された後に自発的に出国することが見込まれる場合に、収容されることなく生活することが許可されます。２０２４年６月に入管法が改正されるまでは「仮放免」という制度でしたが、改正後は「監理措置」と呼ばれる制度に移行しました。これまでの「仮放免」も「監理措置」も、万が一の逃亡を防止するため、あらかじめ指定された金額を「保証金」として納付しなければなりません。保証金は逃亡などの違反がないかぎり、最終的には納付者に還付されます。

そして、届け出た「指定住居」を拠点に生活することになります。仮放免許可書や監理措置通知書に記された行動範囲を越えて移動する場合、[7] 例えば個人的な用事で他の都道府県に行く場合は、あらかじめその旨《むね》を申告して許可を得る必要があります。また、仕事をすることは原則として認められていませんが、[8] 監理措置の場合であっても退去強制令書が発付されていないときにかぎり、監理者による支援を受けながら日常生活のために必要な範囲で就労が認められることがあります。

仮放免や監理措置が認められた場合、家族や支援団体などの身元保証人や監理者による支援を受けながら日常生活を送り、退去強制手続きの終了や送還の実施を待つことになります。したがって、これを「第二の在留資格」とか「在留資格のアネックス」と呼ぶ人もいますが、それは適切ではないのです。いつまでも日本に居住できるという許可ではありません。あくまでも送還が可能となるまでの日常生活のため、そして出国準備のためのものです。

◆収容所の生活

収容所内での処遇については、法務省令である「被収容者処遇規則」などで定められています。

収容所から勝手に外出することはできませんが、施設内での生活においては可能な範囲で自由が与えられることになっています。

居室は、鉄格子など逃亡防止の対策が施された部屋です。1室に複数人（4～6人）の被収容者が寝起きする共同室の仕様が多いのですが、共同室での生活が難しい場合には、単独の部屋が割り当てられることもあります。特に、コロナ禍期間中は感染防止のため、新規入所者は専用のブロックで数日程度留まることとされ、その後も原則として一人の被収容者に一つの居室が割り当てられていたそうです。

施設内には、食事、寝具、洗面、シャワーなど、日常を過ごすための環境が整備されています。体調がすぐれない場合には、医師による診療など相応の処置が受けられることになっています。洗濯洗剤やシャンプー・リンス、石けんなど収容所内での生活に必要な消耗品は業者への注文で自費で購入することができますが、本人が所持金不足などで購入できない場合はその申し立てに応じて必要な分を公費で支給されます。

朝昼晩の食事（官給食）は、カロリー計算に基づき献立が決まります。さらに宗教上の禁忌《きんき》や、糖尿病、アレルギーなどの理由で特定の食材を摂取できない場合は、別の献立にするなどの配慮が

（7）未成年者であって通学や修学旅行などの事由がある場合には、その必要に応じて行動範囲の規制が緩和されることもある。
（8）収容令書による収容中にまだ在留資格を有している場合は、仕事をすることも可能。

なされています。

嗜好品《しこう》などは、あらかじめ指定した業者の「買い物」のリストで申し込み、その業者による配達という形で自費により購入することが可能です。

私は、2005年からコロナ禍の期間を除いて少なくとも年1回から数回は牛久の収容所を訪問・視察してきました。2013年頃には、まだタバコが買い物リストに入っていました。当時、購入リストにはシャンプー、歯磨き粉、お菓子など40品目ほどが並んでいたのですが、そのうち10品目以上がタバコだったことには驚きました。ストレスを紛らわせるために喫煙も仕方のないことかと思いつつ、体に有害なものをこれほど充実させる必要があるのかと疑問を感じたものです。なお、2017年以降はすべての収容施設で全館禁煙になり、タバコは購入できなくなりました。

◆収容所の1日

それぞれの収容施設、入国者収容所ごとに、日課が決まっています。起床は7時、消灯は夜10時です。1日に3度の食事やシャワーについては、一応の目安はあるものの特に決まった時間はありません。

食事以外の日中の時間帯（開放時間）は、同じフロアの他の被収容者の居室と行き来することができ、談笑したり、トランプをしたり、読書したり、テレビ番組を視聴することも自由です。開放時間が終了した後も、消灯時刻までは自室内で他の同室者と自由に過ごせます。また、施設内の運動施設（外気にあたることができるところが多い）で、決められた時間帯に体操やバスケットボール、サッカー、卓球などのスポーツを楽しむことも可能です。

禁止されていることは、就労することと、携帯電話やスマホ、タブレット、パソコンの利用です。通信機器を禁じているのは、それを悪用して保安上の問題に発展するおそれがあるというのが理由です。

なお、外部との連絡については、ホール内の公衆電話（国際電話も可能）を利用して開放時間中に家族や友人などと連絡をとることができます。信書のやりとりも可能です。また、面会のために収容所を訪れた人たちと面談することも認められており（1回当たりの時間制限が設けられることがあります）、そこで現金や差し入れ品を受け取ったり、[9] 自らが作成した書類などを面会相手に渡すこともできます。

保安上の理由から、一般の人々が被収容者の生活している居室や、収容施設内を自由に見学したりすることはできません。ただし、特定の被収容者と面会室で面会することは可能ですし、2023年の法改正によって、出入国在留管理庁があらかじめ指定する方法による「参観」を実施するようですので、日本の出入国在留管理を理解する一助にもなるでしょう。

（9）食料品については、冷蔵・冷凍が必要だったりと保管方法に難があるものなどには一部制限があり、現金について多額に及ぶ場合は領置という形で一時預りになる。また、そうした差し入れ品の中に不審物が含まれていないかどうかを事前に検査することがある。

◆病気や歯の治療

整髪については、必要なときにバリカンやシェーバーを貸し出しているので、それを利用できます。整髪などのために外部の理容室・美容院に外出することはできません。

病気、怪我により治療を要する場合には、収容所内にある診療室で診察や治療を行います。また必要に応じて、外部の病院で診察や治療を受けることもあります。歯科治療については、歯科医師が定期的に収容所に出向いて出張治療を行っていますが、歯科医院に行き治療を受けることもあります。歯科治療は希望者が多く、数か月待ちになることもあると聞きましたが、一方で収容中にすっかり治療してもらったという難民認定申請者の話も聞きました。ただし、あくまでも収容中に健康を回復するための手段であって、例えばインプラント治療などを受けられるわけではありません。

◆収容所の待遇改善と入国者収容所等視察委員会

２００９年の入管法改正により、２０１０年７月に「入国者収容所等視察委員会」が設置されました。これは、収容所（入国者収容所、収容場、出国待機施設）が本来の目的に沿って適正に運営されているかどうかを確認するために、実際に収容所などを視察し、意見を述べる第三者機関です。法務大臣は、この委員会からの意見とその検討結果（対応策）を取りまとめ、公表しています[10]。

検討結果の一覧表には、「常勤・非常勤医師のオンコール体制確立」など生命・健康に直結する課題から「電気ひげそりの被収容者ごとへの貸与」など日常生活に関わる課題まで、詳細な改善策が並んでいます。収容所は拘置所でも刑務所でもなく、一時的な待機場所ですので、収容者の安全・健康を維持し、ストレスを軽減するには、こうした継続的な待遇改善の仕組みが大切だと思います。

◆新型コロナウィルスへの対応

出入国在留管理庁によると、2024年1月現在、全国の収容施設に収容されている外国人は、日によって変動するもののおよそ500人程度で、男性が約9割、女性が約1割だそうです。

新型コロナウィルスに関して特別な対策がとられた2020年以降、入管庁は、感染拡大の防止の観点から「密」を避けることを優先し、やむを得ず「仮放免」の措置をとっていました。入管庁によれば、2020年12月末の時点で、施設に収容されている人が約3100人にのぼっていましたが、「仮放免」が認められた結果、2021年12月末には124人にまで減ったそうです。これにより、感染防止対策を徹底するため一人に一つの居室を割り当てることができました。

また、収容施設のある地方入管や入国管理センターで地元の地方自治体や保健所と連絡をとったうえで、希望者には、近隣の医療機関でワクチンを接種しました。

仮放免中の外国人も、本人が希望すれば、入管庁がその人の居住する地方自治体に連絡し、ワク

(10) 出入国在留管理庁「入国者収容所等視察委員会の活動状況について」(https://www.moj.go.jp/isa/policies/conference/nyuukokukanri02_00028.html) 参照。

チン接種券を交付してもらえるように手配していました。また、ワクチン接種券が届いていない場合でも、外国人在留支援センター（ＦＲＥＳＣ：第2章・表2・2参照）で予約を代行してもらったり、転出・転入届を出さずに住居地が変わったときにも市区町村間で連携するなどして、ワクチン接種を受けられる体制をとっていました。

◆ウィシュマ・サンダマリさんのこと

以上が入管の収容施設に関する説明ですが、収容所をめぐる問題として、やはりこの事件に言及したいと思います。

２０２１年3月6日、名古屋出入国在留管理局での収容中に体調不良を訴えていたスリランカ人女性のウィシュマ・サンダマリさんが亡くなられました。大変痛ましいことであり、心からのご冥《めい》福《ふく》をお祈りします。

この事態を受け、入管庁は、収容施設内で適切な治療を行う体制が不十分だったとする最終報告書を公表し、名古屋入管局長ら幹部４人に訓告などの人事上の処分を行いました。どのような理由や背景があったとしても、入管庁の対応に問題がなかったとは言い難いことです。最終報告書に書かれていたように、体制や仕組みの見直しとともに、すべての入管職員の意識改革が行われるべきなのは当然のことでしょう。入管庁は２０２１年8月にまとめた調査報告書[11]で12項目にわたる改善策を発表し、12月には「入管職員の使命と心得[12]」を策定しました。また、名古屋入管では２０２３

年度から緊急医療を専門とする医師が常勤することになったそうです。今後さらに、収容所における医療体制の充実・強化、的確な情報の把握とその共有、および緊急事態対応における連携などが求められます。

また私は、そもそも退去強制事由に該当するよりも前に、不法滞在や不法就労に陥《おちい》る事態を未然に防止する役割を入管がもっと果たすべきだと考えています。就労、勉学、同居といった目的ごとに、審査基準のいっそうの透明化を図る必要があります。外国人を受け入れた個人や団体の責任も明確化すべきでしょう。

◆背景にある入管施設での収容長期化

その一方で、送還を忌避する人たちが長く収容され続けることによって、心身が蝕《むしば》まれていくお

(11) 出入国在留管理庁「名古屋出入国在留管理局被収容者死亡事案に関する調査報告について」(https://www.moj.go.jp/isa/publications/press/01_00156.html)。

(12) 出入国在留管理庁「出入国在留管理庁職員の使命と心得」について (https://www.moj.go.jp/isa/policies/others/30_00041.html)。

それがあることを再認識しなければなりません。

直接的には送還忌避の原因を再度検討し、取り除いたり軽減したりできないのか、解決方法がないのか、送還忌避者を一方的に追い詰めるのではなく、何らかの工夫が必要だと思います。また間接的には、例えば収容施設内の読書コーナーの充実を図る、オープンスペースでインターネット経由による出身国・地域の新聞や雑誌の閲覧、テレビ・ラジオ放送などを視聴できるようにし、母国語による新しい情報に触れる機会を確保するといった改善策も考えられるのではないしょうか。あるいは、日本語を学びたい人のために教材を準備しておくことも検討できるでしょう。

一度は日本を退去しなければならない人々であっても、今後どのようなご縁で、また来日することがあるかもしれません。そのときには、これまでの違反の状態ではなく適切な在留資格のもとで、日本社会の一員として共に暮らせるかもしれません。そのような将来も視野に入れ、少しでも納得して帰国してもらえるような工夫を考えたいものです。

なお、「はじめに」でも書きましたように、名古屋入管での死亡事件が波紋を呼んでいた2021年3月、国会では入管法の改正案が審議されていましたが、多くの野党議員からは、この事件の原因究明が十分になされていないなかで送還忌避者を取り締まるような法案の審議には応じられないと反対され、最終的には政府が法案を取り下げる事態となりました。

そもそもこの法改正の目的として「不法残留などで国外退去処分を受けた外国人の送還忌避が続き、収容所など入管施設での収容長期化につながっている」ことの改善が挙げられていた点からも分かるように、この改正案が解決しようとしていた問題の一つが送還忌避者の長期収容でした。

改正案で最も批判を受けたのは、「難民認定申請中は送還が制止されるという例外をなくし、3回目の申請から、新たな特別な事由が示されない限り、送還を可能にする」という一項です。これが、難民認定申請を行う者の権利を侵害すると解されたのでした。

もちろん、この規定に該当する人々が本当に「難民としての保護」を必要としているのなら、そうした主張にもうなずけます。また、私自身も難民審査参与員として「保護されるべき人がいるかもしれない」「これまで見落としているかもしれない」と注意深く審理にあたってきました。けれども、現実には、自分自身がどのように生命や自由に対する危険を感じて出身国での日常生活を放棄せざるを得なかったのかという点を詳細に尋ねたとしても、そのような心証に至るような具体的な証言を話してもらえることは少ないのです。例えば、何かしらの差別に対する不安があるとか、ギスギスした地域社会の中では暮らしにくいといったような申し立てが相当数を占めています。実質的には日本で就労の機会を求めていると感じさせられることがしばしばあります。

就労目的の在留資格には業務内容や業種、あるいは学籍・職歴などについてのさまざまな条件が付されるなど、日本での稼働にあたって在留資格上の制約が存在するのに比べ、難民認定申請中の正規滞在者に付与される在留資格「特定活動・6か月」のほうが結果的に就労の自由度が高いのです。それは、そもそも難民認定申請中という立場であることが唯一の前提とされ、学歴・職歴は「一切不問」だからです。現実には就労目的の在留資格に当てはまらないような人たちにとって、難民認定申請が就労資格を得るための代替手段になっているという事実があります。そして、このような手段で日本に来られた人たちが多いことで、不法滞在・不法就労、送還忌避、収容長期化という悪循環を生んでいるのもまた事実です。

彼らにとって必要なのは、外国人労働者・外国人材として個々人のスキルや日本語能力、キャリアプランなどに合った職種で安心・安全に働ける仕組みを整えることであり、そのためには実際の労働需要に照らして、日本がどのような人材をどのような在留資格で受け入れるかを分かりやすく明確にしなければなりません。もちろん、搾取《さくしゅ》や差別のない環境を作ることは言うまでもありません。反対に、難民認定制度への制限のない複数回申請を認めることは、申請者たちを不安定な環境に導き、劣悪な条件下での労働により搾取の対象になったり、中長期的なキャリア形成を妨げたりしかねないことに注意を向けるべきでしょう。

その点で、私は外国人材(の「卵」)を受け入れるための在留資格「育成就労」制度の新設に注目しています。これまでの「技能実習」を廃止して新たな在留資格「育成就労」制度を導入する入管法の改正案が、2024年6月に国会での40時間余りの審議の末に可決・成立しました。育成就労制度は特に日本の人手不足分野で活躍が期待できる外国人材の長期就労を見据え、安定した職場の環境改善などを促進するものとして、今後の成果が期待されます。

一方、現実に保護や救済を必要とする人々に役立つのは、条約上の難民認定にとどまらない人道的な観点や、紛争避難民などを含め今日の国際情勢を踏まえた、より広範な理由・視点からの支援の枠組みであって、制限のない複数回申請を認めることではありません。その意味で、2023年の入管法改正により「補完的保護」が導入され、ウクライナなどからの紛争避難民などの受け入れが拡大したのは、高く評価されてよいと思います。

他方で気になるのは、大規模な環境破壊や自然災害など、自然の脅威による人の移動です。第2章、第3章でも触れましたが、今後の日本が担うべき保護や支援のあり方について、大いに議論して問題解決に当たらねばならないと考えています。

5 「入管問題」の中の本当の課題

本章の最後に、入管をめぐる批判や課題について、いくつか私の見解を述べたいと思います。疑問や反論もあるかもしれませんが、まずは事実を確認することから始めたいと思います。そして、目指すべき共生社会の将来像に照らし、外国人の受け入れなどに関して何が問題の本質なのか、何をどう改善すべきかを皆さんで議論するための材料にしていただければ幸いです。

◆入管の裁量処分はブラックボックス？

入管への批判の中には、入管の行政裁量における滞在許可・不許可の判断基準が示されておらず、不明瞭・不透明だと問題視する向きがあります。しかし、これには誤解が含まれていると思います。

これまでに見たとおり、在留資格制度および退去強制制度には、いずれも法律で定められた明確な要件・基準があります。そのうえで、在留特別許可に関わる行政の裁量は、在留資格や退去強制事由の要件・基準に照らして在留を認められない人々のうち、それでも日本に居続けたいと申し立てている人を対象に、個々の事情を勘案しながら、在留資格制度や退去強制制度との兼ね合い、さらに社会の常識・通念・正義・倫理の観点から配慮すべき妥当な理由があると見なされた場合に、例外的かつ温情的な措置をとるための判断です。また、「一般国民なら同意してくれるだろうか」と世論を推し量って判断しており、決して入管が恣《し》意《い》的なさじ加減で退去処分を下しているわけではありません。

例えば、外国人の受け入れについては「在留資格制度」がその中核となりますが、この制度の骨格となる在留資格該当性（在留資格のいずれかに当てはまるような活動目的あるいは身分関係を有しているか）は、法律によってその要件が定められています（特定活動、定住者については告示で細目が定められています）。一部の在留資格については、これに加えて報酬、学歴・職歴などによる基準が定められています。それぞれの要件・基準に関する考え方は、審査要領の一部開示やホームページ上でのガイドラインの公表などを通じて公にされています(13)。これらを立証するための提出資料の種類についても、受け入れ機関の規模・実績に応じて定められた内容が公表されています。さらには、不許可・不交付となった場合に、どの要件・基準を満たさなかったかを書面などによって説明しています。もし、その後になって要件・基準が満たされた場合には、在留中であれば、あらためて申請手続きを行うことができ、問題点が「払拭」されたと認められたうえで、許可・交付に至ります。

このように、要件・基準は在留資格という制度により法令ですべて定められていて、おおむね明確だと言えますし、さらにガイドラインその他の広報を通じて判断プロセスの透明性・客観性を高めるべく検討作業が続けられています。

難民認定については、難民条約上の難民の定義の解釈について、規範的な要素を取りまとめた難民認定に関する「手引き」が公表されています。そして、難民調査官や難民審査参与員はこれに沿って基本的に同じ方向性をもって難民該当性に関する審査や心証判断を行うものとされています。また、さまざまな国・地域からの申し立てにしっかり対応できるように、出身国情報の充実に向けて「手引き」が随時更新されているとうかがっています。

それでもなお「入管はブラックボックス」という批判が出てくるのは、①在留資格制度における在留資格のいずれにも当てはまらないために、日本に入国・在留することが許されない、②退去強制制度による退去強制事由のいずれかに当てはまってしまったため、日本での在留が打ち切られて

---

(13) 出入国在留管理庁「在留資格一覧表」(https://www.moj.go.jp/isa/applications/status/qaq5.html)参照。

国外退去を余儀なくされる例があるためと思われます。これらは、日本の外国人受け入れ政策の範《はん》疇《ちゅう》外にあったり、出入国在留管理制度の基本原則から外れるようなケースであると思われますので、本来は法制度の見直しの場で議論すべきことでしょう。個々の事案では人権や人道上の配慮が必要でしょうが、「法令に沿っていなくとも、事案ごとに行政裁量のみによって対応すべき」…という判断は適切ではないように思われます。

◆法律、ガイドライン、裁量と世論

もちろん、在留継続のための法的地位（難民認定、人道配慮在留許可、在留特別許可、仮放免、仮滞在許可）について、すべて法律で明確な要件・基準を定めることには限界があります。実際、入管庁では各種のガイドラインを公表して着目点なり重要度なりを示したうえで、個別事案を踏まえて裁量判断が行われています。結局のところ、積極要素（在留資格該当性、人道的配慮の必要性、本邦での定着状況、法令遵守の度合い）と消極要素（入管秩序違反、社会秩序違反、公共の負担のそれぞれの度合い）とを比較衡量《こうりょう》し、最終的には社会の常識・通念・正義・倫理といった観点から、国民世論の在り処《あか》・方向性を推し量って判断を下すというのが、最も現実的でバランスのとれた姿勢だと思います。

それでも「裁量判断はなくすべき」あるいは「裁量のあり方が適切でない」というのであれば、国会での法改正を通じて制度を改変する必要があると思います。例えば、新たに人権・人道あるいは労働移民に関する在留資格を加えるとか、在留資格該当性の幅を根本から見直して入国・在留の間口を広げるといった方法も一案でしょう。

また、退去強制の事案が多すぎるというのであれば、退去強制事由に該当するまでのハードルを高くするという対応も考えられます。例えば、在留期限が過ぎても「反則金」を支払うなどして一定期間内に自発的に出国すれば、不法残留を不問にするという考え方も理論上はあり得るでしょう。ちなみに、2023年の法改正では、退去強制令書が発付された後に大学などを卒業して就職の内定を得たとか、日本人や永住者と婚姻したという場合に、他に刑罰を犯していないなどの条件を満たしていれば、おおむね1年後に再び入国することができるといった規定が新設され、自発的な出国後の「出直し」を勧奨《かんしょう》するための仕組みも整えられています。

いずれにせよ、そういった外国人受け入れの拡大や退去強制の制限を実現するには制度から変えることが必要であり、それに向けた具体的な提案も求められます。個々の不法滞在案件に焦点を当てて、例外的措置として人権上あるいは人道的な配慮を求めるばかりでは何も変わりません。広く国民へ議論を呼びかけ、包括的で俯瞰《ふかん》的な議論の場を設けることが大変重要だと思います。

◆収容・送還の費用負担

次に、費用負担の問題にも触れたいと思います。

入管法の建前からすれば、収容・送還に要する経費は国の予算で負担しなければならないはずです。けれども、現実の運用実態を見ると、例外として定められている「自費出国許可」および「出国命令」が主流で、当事者が帰国費用を負担するのが通例となっています。

これは実際のところ、不法残留の状態で就労を続け、それなりに収入を得ていた人がかなりの割合を占めていることが理由と考えられます。帰国費用は当人が負担すべきというのは、国民感情に照らしても妥当《だとう》なのではないでしょうか。もしも「日本へは、入国して難民認定申請さえすれば、帰国の際には国の費用で送還してもらえる」となってしまえば、国費による送還が国民の同意を得られるかどうかは疑問です。被退去強制者の出身国籍が多様化し、航空運賃も行き先によっては高額化している近年の状況ではなおさらです。

では、自費出国を望めない人については、どうすべきでしょうか。収容が長引くほど施設における滞在費などの経費がかさむことも事実です。その費用を考えれば、送還の経費について国の予算をきちんと確保することも合理的な選択と言えます。こうした費用負担については、出入国管理に関する基本方針と、現実的な予算確保の問題、そして国民の理解・合意との間で何が最も妥当で合理的なのかを判断する必要があるでしょう。

2023年6月に成立した改正入管法では、収容をできるかぎり回避するための措置が盛り込まれています。行政訴訟（退去強制発付処分取り消しなど）や行政手続き（難民認定手続きなど）が続いていて、当面その終局を見込めない場合に、個人や団体による支援が受けられることを条件として、収容施設を出られることとしています。それによって、これまでの原則であった「全件収容」から脱却するともされています。これは、在留資格の有無や法的地位の如何を問わず、外国人の人権保障の観点からも重要だと思います。

一方、何らかの行政手続きや訴訟が継続しているわけでもなく、ただ日本での在留継続を求める一心で送還を忌避しているのでしたら、ノン・ルフールマンなどの国際的な原則に留意しながら、国が経費を負担して、公権力の行使その他の手段により速やかに出身国に送還するしかないでしょうし、それが人員・予算不足のために困難なのであれば、国としてその充実に努めるべきでしょう。

◆国民が創り上げる「社会の価値観と許容度」

そのための前提として必要なのは、外国人の受け入れという行政分野に、大方の世論によって受け入れられる社会通念により共有・集約された「国としての意思決定に際して、何を重視し、どこまで許容するかという想定（モデル）」といったものを国民全体で練り上げることだと思います。それがなかなか見えないために、どこか「納得できない」「しっくりこない」という状況が続いているのではないでしょうか。

まずは、このような日本の出入国在留管理の行政運営と外国人の受け入れに関する政策の特色を私たち自身が理解する必要があります。例えば、欧米諸国の事情を学び、日本と比較してみるのもよいでしょう。とくにアメリカ、イギリス、ドイツ、フランス、北欧諸国など、近年に移民・難民の大量流入を経験している国々の事情と昨今の推移は、日本の将来像や現実的な政策を考えるうえでも参考になるはずです。極端な規制・排除政策が国内外の批判を招く一方、一般国民が耐えがたいほどの寛大な政策がポピュリズムの台頭を許し、いずれも社会の分断や不安をもたらしています。

私たちは、そうした諸外国の状況にも目を向けながら、日本の入管行政が的確・適正に機能しているかどうかを判断すべきです。そして入管行政の現状に対して問題を感じるならば、前向きな提言を行うことが必要です。21世紀を生きる私たちは、人の国際移動と主権国家のありようについて、否応なく向き合わなければなりません。総論賛成・各論反対ではなく、総論も各論も、良いところ、難しいところ、改善すべきところを建設的な議論によって焙《あぶ》り出していきましょう。私たちにすぐにできることは何か、時間をかけて解決すべきことは何か、一緒に議論していきませんか。

◆入管行政の前に横たわる「移民」問題

最後にもう一つ。入管行政をめぐる問題は多岐にわたって複雑化しているようにも見えますが、問題全体を俯瞰すれば、実はただ一つに集束することが分かります。それが「移民」（を受け入れるべきか否かという）問題です。

「移民」については第2章で説明しましたが、日本は現行の出入国在留管理の制度上「移民」を認めておらず、このため「移民政策」もありません。つまり、日本では移民政策をとっている他の国のように、労働移民、家族移民、人道移民などの区分により、労働政策、人口政策の一環として、入国当初から帰国を前提としない「一方向的」な移住を認めるような政策をとっていません。

その半面、現実には多くの外国人が日本に滞在し、勉学にいそしみ、労働に従事し、生活しています。ここでは、活動の態様や身分・地位に着目し、在留資格制度の下で中長期に在留する人として受け入れられています。その後、例えば労働目的については、能力面でのステップアップの機会を多段階で設けています。また人道目的については、状況に応じて在留継続の可否を個々に判断しています。ただし、これを移民政策とは呼ばず、あくまでも出入国（在留）管理政策と呼んでいます（したがって、この当事者は「移民」ではなく入管法上の「中長期滞在者」と呼ばれます）。

そして、ある時点で入管行政と当事者との間の〈外国人〉受け入れをめぐる考え方の相違が顕著となります。つまり、当事者は日本で〈移民〉として生活を送りたいと考えるのですが、入管当局から見ると在留資格制度などに照らして現状の在留態様では〈不法滞在者〉として取り締まりの対象になるという事態が起こるのです。

もう少し詳しく説明しましょう。当事者の移住意思と受け入れ国の制度が合致しているという「相思相愛」の状況にあれば、合法的な〈移民〉となります。しかし、受け入れ国の制度による要件・基準を満たしていなければ、不法あるいは無許可状態の〈移民〉となります。しかも、日本の場合は、一度入国したらずっと滞在できるという定住前提の〈移民〉ではありません。したがって、当事者は何とか〈合法〉移民であり続けようとしますが、日本ではそもそも入口段階では移民政策をとっていないため、入国してからしばらくの間は移民ではない何かしらの在留形態に無理に合わせざるを得ません。こうして現実と制度の間に摩擦が生じ、それが結果的に入管行政をめぐる諸々の問題として顕在化しているように思われるのです。

例えば、これまでの技能実習制度では「人材（人財）を育成するために、個々の計画に従ってOJT（On the Job Training）を実施します。その過程で得られた成果物に対しては、適正な報酬を受け取ることができます」という本来の趣旨があります。技能実習生は現行制度において労働移民に当たるものではありません。彼らが日本での定住を望む場合、日本が受け入れの要件・基準を大幅に緩和するか、彼ら自身が勉学や研鑽を積んで能力向上を図る必要がありますが、それがかなわない場合、別の方法を選択するしかなくなります。そこに種々の齟齬《そご》や乖離《かいり》が生じているのであり、その典型が技能実習生による失踪という名の無断転職です。留学生による過重なアルバイトや、根拠の薄弱な難民認定申請も、根っこにある原因は同じです。

２０２４年６月に成立した改正入管法により導入される育成就労制度では、帰国後の技術移転が前提とされていた技能実習制度の目的を転換し「人材不足分野での就労に資する人材の育成」とされているので、これまでのように「移民ではない」とまで言い切れないかもしれません。ただし、このことについて、

「留学生と同様に日本で中長期に滞在し、就労を通じて日本で生活し続けるための入口に立っただけであって、依然として移民とは言えない。」

「いやいや、ステップアップであろうと、ゆくゆくは永住許可に至る可能性がある以上、移民そ

のものである。」

などと、「移民」という言葉について堂々めぐりの議論をすることが、はたして建設的でしょうか。

現在の日本には、「留学生」や「技能実習生（育成就労者）」からスタートし、「特定技能1号」で期限付きの滞在が認められ、能力の向上次第で「技術・人文知識・国際業務」もしくは「特定技能2号」に昇格し、さらに「永住許可」を目指すというステップアップ型の仕組みがあります。これを「移民政策そのものである」と主張するのも「いいえ、日本独特の育成段階を伴った慎重な外国人受け入れです」と主張するのも自由ですが、言葉の定義云々《うんぬん》ではなく、実態を捉えることが先決です。そして、今後、この仕組みを維持するのか、大きく変革するのか。こうした議論がまだまだ不足しているように思えます。

そもそも出入国在留管理行政の行く末は、外国人材（財）の受け入れ政策を組み立てるなかで、将来の日本をどのような国にするのか、未来の子どもたちにどのような国を遺すのかによって、その方向が大きく変わるものです。本節で何度も繰り返していますが、その将来展望の土台を作る方法は、やはり国民的な議論に基づく合意形成しかあり得ません。

そして、日本が現実に直面している「難民問題」を難民認定制度だけの問題だと考えることが不毛であるように、「入管問題」を入管行政だけの問題と捉える視点からも有益な解決策は生まれないでしょう。私たちが本当に議論すべきことは、もっと別なところにあるのではないでしょうか。

Column

ワールドカップと亡命

人権が十分に保障されていない国では移動の自由も制限されるため、オリンピックやサッカーワールドカップなどの国際イベントが、しばしば亡命の機会ともなります。２０２１年のオリンピック・パラリンピック東京大会では、ベラルーシの選手が亡命を申請してポーランドが受け入れ、２０２４年のパリ五輪ではポーランド代表として活躍しました。ご記憶の方も多いかと思います。

その東京五輪が開催される2か月ほど前の6月半ば、日本でワールドカップ予選大会が開催されました。このとき、ミャンマー代表のサッカー選手（控えのゴールキーパー）が試合開始前の国歌斉唱の際に3本の指を立てていました。母国ミャンマーで2021年2月1日に軍事クーデターが起こり、民主主義政権を葬り去ったことへ抗議の意思を示したのです。そして、この様子が試合中継やその後のメディア報道を通じて国内外で大きく報じられました。このハンドサインは、ミャンマー国内で繰り広げられた軍政への抗議デモで、市民がたびたび示していたものです。世界から注目を浴びる国際イベントの最中、テレビカメラの前で堂々と意思を示したことは、「軍政独裁」に向けた際立つ批判として、人々の目に印象づけられました。

報道によれば、この選手は自国でも民主政治を求める活動に関わっていたようですが、その当時はさほど目立った存在ではなかったようです。しかし、ミャンマーという国を代表して臨んだ国際大会で反軍事政権の意思を表示したことにより、国内外の注目を集める存在となりました。当初は、在日ミャンマー人のコミュニティからも選手たちの来日に対して批判があったようですが、このハンドサインが一つのきっかけとなって、一気に支援の動きに変わったそうです。

帰国当日に試合会場やホテルから一人で抜け出そうとしたものの、チーム側のガードが堅く、帰国を決意したようでした。しかし、関西国際空港でのチェックイン手続きを終えて「個人行動」が可能となる唯一の機会となった出国審査で帰国意思がないことを直接訴えたため、出国確認手続きが執られることはありませんでした。その後、彼は弁護士の支援によって難民認定申請を行い、およそ2か月間の審査を経て難民として認められました。

この事例では、①「世界から注目される大舞台」で、②「自国を代表するスポーツ選手である者」が、③「自国の統治者を真っ向から批判したこと」で、種々の理由（国家侮辱罪での逮捕など）により不当な扱いを受けるおそれがある、また生命・自由に対する重大かつ深刻な侵害に遭うことが十分に予想されるとして、難民であると認定する判断がなされたものと考えられます。

一部には、本国で際立った政治活動をしていたわけでもなく、サッカーの試合で指を3本掲げたくらいで…という見方をする人もいるかもしれません。しかし、本国代表チームに所属する選手が、その本国の軍事政権の統治者に向けて、あのような顕著な形で抗議意思を示したわけです。国内外であれだけの注目を浴びたという厳然たる事実からすれば、「迫害のおそれ」を認めなければならないでしょう。

難民認定を受け、彼は横浜市内のプロサッカーチームの練習生として受け入れられ、その後フットサルに転向しましたが引退し、現在は新たな人生を送っているそうです。

第7章　多様な人々が共生できる社会へ

凡事徹底（ぼんじてってい）

多文化共生、それは当たり前にできるはずのこと。手抜きをせず、丁寧にやり通せば、誰にでもできるはずなのです。

いよいよ最終章になりました。

本書は、主に日本の難民受け入れをめぐる経緯や実情について、より多くの皆さんに知っていただきたいという思いで書き始めました。けれども、書き進めているうちに、それは日本で暮らす留学生や外国人労働者にも深く関わるものであることを再認識しました。そして、危険を逃れるために命がけで祖国を脱出する人々、紛争や迫害により故郷を追われた人々、あるいはより良い生活を求めて新天地へ旅立つ人々など、広く世界の移民・難民問題ともつながっていました。その本質は、少子高齢化の時代を迎え日常生活の変容に直面する日本人が、世界中から集いますます多様化する外国人と、この日本の地域社会でどのように支え合い、高め合って暮らすかという、多文化共生社会への課題を考えることでした。

そこで第7章では、本書で扱ってきた「就労」「生活」「支援」の3点から、多文化共生社会の実現に向けた日本の課題について、私なりに考えたことをお話ししたいと思います。

もっとも、本書の冒頭で述べたように、私は研究者でもジャーナリストでもありません。難民支援と難民審査の現場に長きにわたり携わってきた一人として、私の体験を基に、日々の生活を具体的に眺め、出会った人々の姿を一人ひとり思い浮かべながら、日本に在住する外国人と私たちがより良い関係を築くために、はたして何が必要なのだろうかと考えました。それはまた、これからの日本社会の姿を描いていく若い皆さんに、私が託したいことでもあります。

1　共に働くために

◆まず、関心を持つこと

かつて大勢の移民を米国あるいは中南米諸国に送り出した日本が、いまや少子高齢化社会を迎え、人口減少・労働力不足に直面しています。バスに乗っても、介護施設に知人を見舞っても、旅先の宿でも、人手不足の話題を聞かない日はありません。

そこで外国人材に注目が集まるわけですが、すでに身の回りに多くの外国人がいて、私たちの生活を支えてくれているのに、移民（あるいは移住労働者、中長期滞在外国人）をどのように受け入れるのかという課題に対して、世間の人々の関心は今一つ高まっていないように見受けられます。

必要に迫られて、日本政府は徐々に外国人の在留資格を拡充し、外国人労働者・外国人材（財）を受け入れてきました。また近年は、積極的に受け入れを図る方向に政策を転換しています。しかし、国の形、社会の姿に関わることですので、本来は国民の広範な合意に支えられていなければならないはずです。まずは、私たち一人ひとりがこの問題に関心を持ち、意見を交わすことから始めましょう。

◆「共に働く人々」への差別を、いかになくすか

2023年5月31日付け『朝日新聞』で、北島あづささん（岐阜一般労働組合執行委員長）が次のような趣旨を述べています[1]。

彼女は、岐阜県を中心に外国人労働者を支援してきたそうです。ひどい雇用主の下で事故やハラスメントに遭《あ》い働けなくなった技能実習生を保護するなど、支援した実習生は千人を超えるとのこと。問題の根本は、外国人労働者への差別意識だと伝えています。

一方、炎天下のバス停で、杖をついた高齢の女性が、帰国する実習生を見送っていました。縫製業の零細《れいさい》企業の事業主の方です。実習生は名残惜しそうバスに乗り込み、見送る女性はバスが見えなくなるまで頭を下げていたそうです。

技能実習制度を悪用する業者は、糾弾《きゅうだん》されるべきです。しかし、法令遵守や業界のクリーン化を目指して奮闘《ふんとう》しているところも多く、新たな制度をゼロから作り直すより、曲がりなりにも30年かけて試行錯誤の上に積み上げてきた経験や制度のもつプラス面も考えるべきだと北島さんは述べています。また、新たな制度により転職を認めたとしても、日本語能力のスキルアップなどのサポートがなければ上手くいかないとも記しておられます。

そして「外国人がどのように働き、どのように生活していくのが幸せなのか」という本質的な議論がなければ、どれだけ制度を変更したとしても在留資格の名前が変わるだけだと語っておられたのが印象的でした。

コンビニでも建設現場でも外国人労働者が目に見えて多くなっている現象を知りながら、まだまだ外国人を「共に働く仲間」とは受け止めていない日本人が多いように思います。外国人労働者は日本のマンパワー不足を一時的に補填《ほてん》する安価な労働力ではないということを、繰り返し思い起こす必要があると思います。

◆「技能実習から育成就労へ」で、日本人が変われるか？

2024年6月、30年間続いてきた外国人労働者の「技能実習」制度を発展的に解消し、新たに「育成就労」制度を設けることを柱とする改正入管法などが成立しました。育成就労制度は、昨今の労働者不足を補うため、長期に日本の国内産業を支える外国人材（財）の育成と確保を目指すとしています。

そのため、育成就労制度により受け入れられた外国人を原則3年で、一定の専門の技能があると認められる「特定技能」の水準にまで育成するとしています。また、相応の要件はありますが、「やむを得ない」事情がある場合のほかに、自発的な都合による転籍を同じ分野に限り認めるそうです。改正法は、2027年までに施行されます。

制度はかなり改善されているように見えますが、はたして日本が外国人労働者から選ばれる国に

（1）『朝日新聞』（2023年5月31日付）「（耕論）技能実習の行方」内「使い捨ての実態　総括を」より抜粋。

なれるのか、労働者・生活者としての人権を守れるか、私たち一人ひとりが外国人と向き合うことができるかが、今後の課題となるでしょう。

２０２３年末時点で、技能実習生として40万４５５６人が在留しています。２０１２年から23年の11年間に受け入れられた実習生の累計は３１４万１４５９人となっています。[2]このうち、日本人と良い関係を構築できた人々は何人いるでしょうか。

技能実習生だけではありません。３４０万人余りの在留外国人との共生はすでに始まっているのです。

2　共に暮らすために

◆多様な「多文化共生」を知る

多様な人々が共生する社会とは、どのような社会でしょう。日本では「多文化共生」と呼ばれていますが、多文化共生とは「国籍や民族などの異なる人々が、互いの文化的差異を認め合い、対等な関係を築こうとしながら、地域社会の構成員として共に生きていこうとする考え」（総務省自治行政局国際室長、２００６年）とされています。

英語では、多文化共生を「multicultural symbiosis」「multicultural coexistence」または「cultural diversity」（文化の多様性）、多文化共生の手段を総称した「divercity/inclusion」などと表現するそうです（また日本国内では「kyosei」と表記する向きもあるようです）。ヨーロッパやオーストラリア、カナダなどでは、多文化主義（multiculturalism）という言葉も用いられています。日本では入管庁において「Harmonized coexistence」という英訳を試用（?）しているとうかがいました。いずれにしてもその目指す意味合いとして、異なる民族（エスニック集団を含む）の文化を等しく尊重し、異なる民族の共存を積極的に図っていこうとする思想、運動、政策です。[3] ここで言う「文化」とは、高尚な芸術だけを指すのではなく、人々の生活様式全体を指しています。年齢や性別・国籍をはじめ、言語や文字、経歴や考え方、信仰、教育、生活様式、着るもの、住まい、風習、そして趣味など、一人ひとりが異なることをお互いに尊重する社会です。

それでは、具体的に何をすればよいのでしょう。多様な人々が共生できる社会をつくることは、決して簡単ではないでしょう。在留外国人数が日本の総人口の約2・7％[4]にすぎず、外国人との共生に慣れていない日本人は、その難しさを知ることも大切です。例えば、人口の12・9％を移民が

（2）出入国在留管理庁「令和5年12月末現在における在留外国人数について」（https://www.moj.go.jp/isa/publications/press/13_00040.html）。
（3）日本大百科全集（ニッポニカ）―ジャパンナレッジ「多文化主義」（https://japanknowledge.com/introduction/keyword.html?i=33）。
（4）出入国在留管理庁「在留外国人数の推移」（https://www.moj.go.jp/isa/content/001415139.pdf）。

占めるフランスの努力や苦労は、私たちにいくつもの教訓を与えてくれます。

皆さんは、宗教の異なる移民をフランス社会に統合するための政策である「ライシテ（laïcité）」をご存知でしょうか。１９０５年の「政教分離法」が基となっていて、どのような宗教も優遇せず、公共の場に持ち込ませない代わりに、信仰の自由などの権利を平等に保障するというものです。そのため、ブルカ（ムスリムの女性が顔を覆う布）だけではなく、大きな十字架、ユダヤ教の帽子（キッパ）も公共の場所で着用してはいけないそうです。

そもそも「フランス国民」になるためには、移民がこのような原則を受け入れて、言語を学び、価値観を共有することを前提としてきたのです。しかし、特にイスラム教徒にとって、この「ライシテ」の原則は日常の習慣を制約するものとして、抵抗を覚えた人も多かったようです。

２０１０年に、当時のサルコジ政権は公共的な場所でのブルカの着用に罰金刑を科す「ブルカ禁止法」を成立させました。日本は憲法で「信教の自由は、何人に対してもこれを保障する」と規定しているので、学校でも、仕事場でも、ショッピングで街中を歩くときでも、ブルカ着用を尊重しています。欧米に比べると、かなり自由で寛容な受け入れ方針が採られていると思います。

ちなみに、私が知っているムスリムの方々の話を聞くと、本国では女性が一人で外出する習慣がなかったため、子どもの教育のことや、買い物、仕事、医療機関のことで、かなり苦労しています。一方の男性は、日本人女性と共に働くことに慣れておらず、日常的な対応にも戸惑うことが多いようです。

このように、「多文化共生」にも多様な姿や形があり、その背後にはそれぞれの考え方や価値観があります。また現実には、それぞれに難しさもあります。そうした多様な「多文化共生」を学ぶことで、日本の現状を相対的に眺め、私たちなりの「多文化共生社会」づくりに役立てられるのではないでしょうか。

◆『生活・就労ガイドブック』を使いまくる

皆さんは、外国人のための『生活・就労ガイドブック[5]』をご存知ですか。これは２０１８年12月に、「外国人材の受入れ・共生に関する関係閣僚会議」で決定された「外国人材の受入れ・共生のための総合的対応策」を踏まえて入管庁の編さんにより作られたものです。イラストを交えて理解しやすく記されており、日本に定住するための基礎知識をそれぞれの母国語（16言語対応）で学ぶことができます。内容が充実していて感心させられます。

（5）各府省庁（内閣官房、内閣府、警察庁、金融庁、消費者庁、こども家庭庁、出入国在留管理庁、総務省、法務省、外務省、財務省、文部科学省、厚生労働省、農林水産省、経済産業省、国土交通省、環境省）が一体となって、日本に在留する外国人が安全・安心に生活・就労するために必要な基礎的情報をまとめたもの。出入国在留管理庁のホームページに開設した「外国人生活支援ポータルサイト」にて、多言語版（16言語）で掲載されている（２０２４年2月時点で第6版）。出入国在留管理庁『生活・就労ガイドブック』(https://www.moj.go.jp/isa/support/portal/guidebook_all.html)。

その「はじめに」には、日本で日本人と外国人が安心して暮らせる社会を実現するためには、日本人が外国人について理解することと同時に、外国人が日本のルール・習慣などに関する情報を正確かつ迅速に得られることが重要だと記されています。日本側が政府・自治体を中心にそのような環境・ツールを整えることも大切ですし、外国人がそれを活用することも同じく大切です。なお、「やさしい日本語」版もありますので、外国人が日本語を学ぶテキストとしても使えますし、外国人の支援に関わる日本人も活用できると思います。

◆負担も共に分かち合う

『生活・就労ガイドブック』には、各種の保険とそれに付随するサービスに関する情報も掲載されています。例えば、第3章では雇用保険や労災保険、母性健康管理・産前産後休業などについて、第4章では出産育児一時金や育児休業給付金などについて、第6章では健康保険・国民健康保険、後期高齢者医療制度など、第7章では国民年金保険、厚生年金保険について、それぞれ紹介されています。医療保険については、次のように紹介されています（第6章）。

「日本に住む人は**国籍に関係なく全てみな公的医療保険に加入する**ことになります。社会全体で負担をシェアすることで、医療費の自己負担分を減らして良質で高度な医療を受ける機会を平等に保障する仕組みとなっています。」（太字は筆者）

日本で中長期の在留資格をもって正規に在留している人々に対して、国籍も年齢も性別も問わず、また収入のあるなしも関係なく、権利と義務の仕組みをもって、すべての人々に開かれた制度です。これらは、「多文化共生社会」に向けて日本が世界に誇れる制度ではないでしょうか。

そして、この中でも一番大きなものは、健康保険、雇用保険、年金保険でしょう。日本に中長期に滞在する外国人は市区町村の窓口で住民登録をしなくてはなりませんが、その手続きとともに国籍に関係なく国民健康保険に加入します。また健康保険は、就労していて、健康保険への加入が義務づけられている会社（事業所）に勤めている場合は、その会社で健康保険に加入できます。アルバイトでもパートでも、勤め先の会社で加入し、健康保険証を発行してもらえます。難民認定を受けた場合はもちろんのこと、難民認定申請中の人々も該当します。

健康保険に加入すると、出産育児一時金や、出産手当金が支給され、また出生時育児休業給付金、児童手当なども受給できます。児童手当は、家庭などにおける生活の安定と子どもの健全育成を目的とした手当です。原則として、子どもと子どもを養育している人とがいずれも日本国内に住んでいる場合に、この手当を受給できます。

中長期の滞在目的でやってきた外国人が地域社会の一員として日常生活に浸透するには、相当な時間も資金もかかります。彼らを支援するには、日本の公共財を、少なくとも在留資格を有して適法に暮らしている外国人も利用できるようにする必要があります。日本の公的保険制度は、それをすでに制度化しているのです。

一部には、このような公的サービスを外国人が享受することについて「日本人が負担した税金や保険料で、外国人がサービスを受けている」などと誤解する人もいるようですが、外国人も働いて収入を得れば、それに応じて税金も保険料も支払います。働く人々が費用を負担して互いに助け合ったり、また働けない子どもやお年寄りを含めた社会全体を支え合ったりするのが、公的保険の基本的な考え方です。公共財の利用と負担は、「内外人平等」の原則で一貫させるべきでしょう。

社会保険だけではありません。「皆が法律を守り、安心・安全で、清潔な国」であること、主権在民の民主主義国であること、個人の尊厳を尊重して基本的人権が保障されていること、精神的自由や経済的自由が憲法で保障されていること…。どれ一つとっても、租税を支払い、勤労の義務を果たすという、私たち一人ひとりのいわば「公共心」や「公徳心」によって支えられています（それゆえに、何か一つ油断してしまうと、壊れてしまう危険もはらんでいるのですが）。

外国人を受け入れるということは、日本人が外国人を単なる労働力として使役することでもなければ、外国人が日本のサービスにタダ乗り（フリーライド）することでもありません。共に働き、互いにコストを負担し合い、国籍を超えて「公共心」「公徳心」を共有し、一つの社会を一緒に支えることです。そのための公平な負担と享受の仕組みを上手につくり、相互に支え合うための権利と義務を分かち合うことも、多文化共生の秘訣ではないでしょうか。

なお、私の知る多くの難民の方々は、仕事と人生に誇りをもって暮らしており、税金をはじめ公的な費用を当然のこととして負担されていることも申し添えておきます。

3　共に助け合うために

◆学びを支援する（特に日本語教育を！）

長年のボランティア活動の経験から感じるのですが、日本人は、向上心・向学心のある人には大変好意的になります。とくに奨学金に関しては、我が子のことのように支援していただいたことが忘れられません。日本人は、努力する人、向上心のある人を応援する国民（!?）なのではないかとさえ思います。

その向上のためにも欠かせないのが、日本語能力です。外国人一人ひとりの日本語能力の向上をあらゆる面から支えましょう。もちろん、出身国のアイデンティティも大事ですが、日本で生活する以上は、やはり日本語能力が必須です。先ほど紹介した『生活・就労ガイドブック』にも日本語学習について詳細に取り上げていますので、参照してください。

そして、政府はもっと予算を充実させ、専門の先生方によって外国人労働者に日本語をしっかり教育してほしいと思います（現在、多くの先生方がほぼ無償で支えてくださっています）。今日の技能実習生（これからの育成就労者）に対しても、企業に補助金を出してでも、時間を確保して定期的に学べる環境を整えてほしいと思います。

また、送り出し国に日本語クラスをつくり、来日する前に日本語学習を指導している事業所があり、そのような仕組みを通して来日する人々は日本で即戦力として活躍しています。日本の企業が、ミャンマーやネパール、ベトナム、カンボジアなどで、日本語学校を運営する事例も増えています。日本の農林水産業や建設業、サービス業などの人手不足をいかに解決すべきか、よく考えられています。ある企業では、特定技能の在留資格を希望する人材を発掘し、ホテルなど宿泊施設に技能実習生として紹介・斡旋することを前提としていました。留学希望者に対して、来日前の日本語学習から出入国手続き、日本での生活サポート、さらに帰国後の就業支援までを行っている企業もあります。日本語能力試験の対策に特化した指導をしている日本語センターもあります。

その他、ミャンマーで企業を立ち上げ、ミャンマー人従業員を雇用しながら、日本企業向けのホームページ制作やアプリ開発などを行っている例もあります。自社のミャンマー人従業員に対し、語学だけでなくビジネスマナーや日本の文化・習慣・礼儀について学ぶプログラムも整えられています。経営者が日本人であることや日本にも会社・事務所があることで、求人・求職双方に受け入れられやすくなっています。

繰り返しますが、まずは日本語教育によるコミュニケーション能力の向上が大切です。言葉で自分の意思を伝えられ、また必要な情報を収集できることが生活の第一歩です。現在は多くの地域でボランティアの方々が指導にあたっていますが、政府・自治体も十分な予算を確保し、教員も育成し、専門家とボランティアが協力しながら、日本で活躍できる人材を育ててほしいと思います。

◆「環境難民」のために何ができるか

近年注目されている「環境難民」についても一言述べたいと思います。世界に目を向けると、自然災害や自然破壊により、住んでいる土地を離れなくてはならない、そして国境を越えなくてはならないという事態が現実に起きています。そうした人々を「難民」と呼ぶか「避難民」と称するかはともかく、今後さらに深刻な状況になることも十分考えられ、無視することはできません。

では、日本に何ができるでしょうか。一つは、避難民の受け入れを拡大することであり、先ほどの第三国定住プログラムも有効な手段になり得ます。また、近隣の諸国へ逃れた人々や、国境を越えられない人々に対する人的・資金的な国際協力に関しても、緊急対応と中長期的な対応の両面で、常日頃から議論が必要でしょう。

◆ジャン・ピクテ、再び

最後に、もう一度「関心を持ち続ける」ことをお願いしたいと思います。ジャン・ピクテは「無関心がたまると確実に人を殺す」と述べました(第5章コラム参照)。難民をめぐるさまざまな問題に関心を持ち続け、「なぜ」と疑問を感じ、「どうすれば」と考えてください。

例えば、第三国定住による難民受け入れプログラムは、日本の人道的な国際貢献を推進する手段になると思います。「どうすれば受け入れ枠を拡大し、支援を包括的で充実したものにできるだろうか」「定住してからの共生に、自分が何か役に立てるかしら」と、ぜひ考えてみてください。

また、現在、ウクライナ避難民に対して、多くの地域の皆さんが物心両面にわたりさまざまな支援をされています。しかし、中東からの難民・避難民については、まだまだ支援が十分ではないように思えます。どうすれば、アフガニスタンやシリアからの難民・避難民の置かれた状況を理解し、共生に向けて身近な支援をできるでしょうか。外国人に日本語を覚えてもらうことも大切ですが、私たちが常日頃から外国に対して関心を持ち続け、英語だけでなく他の国の言語を学ぶことも、その国やその国民への理解につながるかもしれません。

そしてまた、近い将来に東アジアで大量の難民・避難民が発生するような事態が起こったとき、日本はどのように対応すべきでしょうか。さらに、日本社会が少子化・人口減少に直面するなか、外国人との共生をどのように図るべきでしょうか…などなど、関心を持ち続ければ、議論すべき疑問や課題が見えてくるように思います。

4 おしまいに、ヴー・ヴァン・カウさんのことを

日本が最も多く受け入れてきたのはインドシナ難民ですが、その多くは日本についてほとんど知

らず、米国に逃れることを考えていました。そのような中でもほんの一部ですが、日本を目指して逃れて来られた方々もいました。

ヴー・ヴァン・カウさん（1914〜95年）のご家族も、その一握りの方々でした（以下は1990年にカウさんご自身からうかがったお話と、最近ご家族の方からうかがったお話を組み合わせたものです）。

カウさんは、1954年に北ベトナムから南ベトナムへ脱出した政治亡命者でした。フランス植民地時代にハノイ近郊のフランス系神学校で教育を受けたカウさんは、「自由」と「人権」をことのほか尊重していました。自由と人権が奪われた社会で生きることは、身を切られるより辛いことで、こうした統治を許せなかったそうです。

南ベトナムに渡り、通信省大臣官房長官や大統領関連特別顧問などの要職を歴任されたカウさんは、ベトナム戦争が終結した1975年当時も政府高官の職にありました。12歳下のご夫人フォン・ティ・ルさんと9人の子ども、11人の大家族でしたが、78年までに上の3人が結婚していました。また長男は、サイゴン陥落前の1972年に日本の横浜国立大学工学部造船学科に留学していました。一家は皆カトリック信者です。

南ベトナムの敗戦後、カウさんは、北ベトナム政権によっていつ犯罪者となり公安（警察）に逮捕されるかも分からない日々を過ごしていました。彼は反共産主義的な政治思想を持つため、自身と家族への迫害をおそれ、サイゴン陥落当日から自宅で在職中の書類や写真、家族の写真、表彰状、また膨大な蔵書類も泣きながらすべて焼き捨てました。そして、その数日後、3番目の娘と共に人里離れた山奥のジャングルに入り、3年半以上も隠遁《いんとん》生活を過ごしていたそうです。たまに帰宅した際には、何度も公安署に呼ばれ、尋問されたそうです。

その間、学齢期の子どもたちは、元政府高官の家族ということで監視されていました。次男のコイさんは「サイゴンが陥落したときに9歳だったぼくは、大きくなるにつれて、自分が生きている社会の窮屈さを痛いほど肌で感じていました。うっかり政府の悪口を言えば、クラスの友達から警察や労働党の幹部に告げ口をされる可能性もあり、子ども同士でも気が許せないという、そんな日々でした」と語っています。

家族は別々に何度もボートで国外脱出を試みましたが、すべて失敗に終わりました。

当時のサイゴン（ホーチミン）では、とりわけ元高官の家庭では、ある日突然、父親が公安に逮捕されて身柄を拘束されたため、残された母親が自分の血を売ってお金を得たり、別の家では娘たちが売春をして家計を助けたりという例がいくらでもあったそうです。また当時、南ベトナム人に社会主義思想を教育するための「再教育キャンプ」という施設がありましたが、実態は南ベトナム軍人に報復する場所だったと言われます。元南ベトナム軍人だった父親がその「再教育キャンプ」に送られ、途方にくれた母親が子どもを道連れに心中するという悲劇も珍しいことではなかったようです。

＊＊＊

1982年、ヴー家の皆さんはODP（Orderly Departure Program：合法出国計画。第4章注（5）参照）により、日本に向けて出国することができました。日本が1980年にODPによる離散家族の呼び寄せを認めたので、横浜国大を卒業した後も日本に留まっていた長男が、この制度を利用して家族を呼び寄せたのでした。

父親として本当に考えていることを家族に話せたのは、飛行機がバンコクに到着してからでした。それまでは、出国できることが信じられなかったのです。トランジットのための待ち時間に、倉庫のような建物の中で、ようやく安心して口を開くことができたと語っておられました。

そこで、カウさんは家族に難民としての使命を語ったそうです。どうしてベトナムを脱出したのか、なぜ日本に行こうとしているのか。

「『自由で豊かな生活を獲得したい』では、それは経済移民です。難民として訴えるものがあるからこそ、私たちは日本へ行く意味があるのです。どうして自分の国を捨てなければならなかったのか。その理由を日本で訴えることこそが、私たちの使命です。ベトナムと同じアジアの国、日本ならば、欧米で暮らすよりも馴染みやすいでしょう。そして、日本人の礼儀正しさ、仁義に深い民族…、子どもたちが良い人間として成長できる国だからです。」

もともと親日派でフランス語も英語も堪能《たんのう》なカウさんは、来日後、日本在住ベトナム人協会の会長として、その使命を果たされました。

「他人にウソをつくことは簡単だが、自分にウソをつくことは非常に難しいことだ。」

これは、人権も自由もすべて奪われたカウさんが、自分の心情を語られた言葉でした。「だから、難民にならざるを得なくなったのだ」という心境を吐露《とろ》されたものです。私は、この言葉を生涯忘れないでしょう。

＊＊＊

苦労の末に来日したとき、カウさんはすでに68歳でした。アジア福祉教育財団難民事業本部の大和定住促進センターで、家族全員が日本語研修など3か月間の定住支援プログラムを受けました。喘息《ぜんそく》の持病を持つカウさんは度々発作に襲われ、ほとんど入院生活だったそうです。それでも日本語を自分で学習し、試験ではいつもトップクラスでいたと、五女のランさんから聞きました。大和難民定住センターの内藤健三所長（当時）も、センターの隣にある小学校で行われたインドシナ難民との交流会で、小学生たちによくカウさんのエピソードを紹介なさいました。救急車で何度も運ばれ生死の境をさまよったカウさんが、回復後は一所懸命に勉強して、日本語クラスでの成績はいつもトップだったと。

日本での生活は生易しいものではなかったでしょう。けれども、協会の会長として東京、神戸、大阪、姫路、広島といったベトナム難民が集住している地域に赴《おもむ》いては集会を開き「ベトナム難民としての誇りを忘れずに、自立して、日本社会の一員として恥じないように、しっかり生きていきましょう」と、参集された皆さんに語りかけたそうです。

家族は団結し、子どもたちは皆それぞれ大変な道のりではありましたが、しっかり自立して医師や学者になるなど、大変な努力家でした（うち4人は、難民を助ける会の奨学生でした）。その後、子どもたちは日本国籍を取得しましたが、諸事情でタイミングを逸したカウさんご夫妻は、日本国籍を取得しませんでした。しかし、再入国許可書（第4章注（11）参照）を使ってエルサレムへ巡礼に行ったり、アメリカのベトナム難民の方々をしばしば訪問して自由と民主主義の大切さを訴えたりしたそうです。

ダンディなカウさんは近所の日本人のお年寄りにも好かれ、おしゃべりも弾み、なかなかモテたそうです。私の知るカウさんは、社交ダンスもお上手で、娘の結婚式では花嫁と穏やかな笑みを交わしながらステップを踏んでおられました。１９９５年に81歳で召天され、その5年後にご夫人も安らかに旅立たれたのでした。

＊＊＊

「多様な人々が共生できる社会へ」と題した本章を書くにあたり、私は日頃親しくしているカウさんの五女ランさんに、次のように質問しました。

「ご両親は高齢で日本に逃れてきて、語り尽くせないくらい大変な日々だったと思うのです。日本社会で何か困っていたこととか、日本に来なければよかったと後悔されていたこととか、思い浮かぶことは何かありますか？　どのような共生社会が理想ですか？」

「以前、ランさんから聞いた『来日当時の日本の家の全体は、サイゴンにあった家のキッチンと同じくらいです』というお話を忘れられません。お兄様のご家族と同居され、窮屈《きゅうくつ》な住まいに文句を言っておられませんでしたか？」

などなど、ずいぶん失礼な質問をしたものです。しかし、ランさんは、

「父は、感謝、感謝の日々でした。文句など一言もありませんでした。我慢していたのではないのです。日本に来て、心から、本当によかったと感謝していたのです。日本は平和で、皆が法律を守ります。誰もが親切で、人権が大事にされている。何よりも自由がある。言論の自由、行動の自由、そして信教の自由が保障されている。こんなにありがたい国はない。女性が夜でも街を歩ける日本の治安の良さを、海外の仲間にも自慢していました。」

「母は、年齢を重ねて来日したために、日本語の読み書きができないことを大変残念がっていました。会話はできるようになり、日本人との意思疎通《そつう》には事欠きませんでしたが、読めない、書けないのは、本当に悔しがっていました。」

意外な答えでした。「もっとこの点を、外国人のために直してほしい」「このような差別は耐えがたい」「私たち難民はこんなに辛い思いをしたのだから、これからの共生社会はもっとこのようにあるべきだ」という返事を想像していた私は、一瞬、言葉を失いました。

外国人の受け入れ制度を整えることも、地方自治体窓口の多言語対応を充実させることも、日本語を覚えてもらうように支援することも、国際理解を促すための広報・啓発・教育活動も、何もかもがとても大切です。でも、私たちは大きな忘れ物をしていたのかしら、日本人としての矜持《きょうじ》を忘れてしまっているのではないかしら、と考えました。

難民の方々がこんなにも渇望《かつぼう》していた自由と民主主義と人権を、法の下の平等や公正な社会秩序を、私たちは生まれた時から当たり前に享受し、そのありがたみを忘れてしまっているのではないでしょうか。そして、法律を守る、自由と平和を維持することに心を配り努力する、困った人がいたら親切にするなど、ごく当然のことを、もう一度振り返るべきではないでしょうか。実は、異なる文化をもつ人々と共に暮らすための出発点は、私たちの社会が大切にしてきた文化を再確認し、丁寧に引き継いでいくことなのかもしれません。

また、すでに日本が多様な人々で成り立っています。世界各国から来日した人々は、条件が整えば帰化の申請をし、認められれば日本国籍を取得できます。同じベトナム系でも、インドシナ難民系日本人と、ベトナム系日本人がおられます。ミャンマー系日本人の場合でも、少数民族出身のミャンマー系日本人もおられます。私の親しいアフリカ諸国出身の日本人も大活躍をしています。

第1章でお話ししたように、日本語を話せないけれども外国の言葉や文化を身につけている日本人から、日本語がペラペラで日本のマンガやゲームはよく知っているけれども母国の文化はあまり知らない外国人まで、多様な人々がこの日本という土地で一緒に暮らしています。国家同士の関係も大切ですが、もう日本人か外国人かの二分法的な括りではなく、個人と個人が対等に、共通の決まりごとを守りながら、互いを尊重して親しく暮らせる社会をつくるために努力してみませんか。国家は、一人ひとりから成り立っているのですから。

おわりに

レジリエンス（resilience）
「柳瀬さん、レジリエンスが高いね」と笑う仲間たち。それは、ほろ苦い経験と表裏一体ですが、でも最高の誉《ほ》め言葉です。

本書に最後まで目を通してくださり、本当にありがとうございます。

私は、学者でもなければ、弁護士や行政書士でもありません。１９７９年から民間団体の一員として難民支援に携わり、２００５年からは法務省難民審査参与員として、あくまでも第三者の立場で難民認定業務に関わってきた一人です。支援と審査の仕事に長年携わっているうちに、私が日頃関わりを持っている元難民や難民の皆さん、その家族と、東京入国管理局などでお会いする難民認定申請者との違いに、疑問を感じるようになりました。

この違和感は、一言で言えるものではありません。それを理解していただくために、まず森の全体を眺めていただき、それから一本一本の多様な樹を見つめ、そしてまた森全体を考える、そのような難民に関する入門書を著したいと考えました。

そうしましたら、日本における難民受け入れに関する諸問題は、日本に在留している外国人や、日本の少子高齢化による人手不足など、今日の日本社会が抱える問題とさまざまにつながっていました。

まずは、この本を読んで基礎的な事実と問題の大枠を理解し、あなた自身が感じた疑問や課題に取り組んでみていただけませんか。外国にルーツを持つ方々を迎え入れ、私たちの日本が今後どのような多文化共生社会を作っていくかを考えるための、大きな発見につながることと思います。

日本は保護を必要としている外国人を速やかに保護できるように、法を改正し、その運用を見直してきました。それは、一定程度であれ功を奏していると思われます。

ただし、審査期間のさらなる短縮など、まだまだ課題はあります。私はこれまで、「難民認定申請者の審査が滞ると、一刻も早く保護を必要としている人々を見出すことが遅れてしまう」と主張してきましたが、しかし、それだけではありませんでした。審査に時間がかかることによって、「難民相当」や「補完的保護相当」に認定されなかった難民認定申請者の時間もまた奪っていることに気がつきました。本人だけでなく、お子さんもまた、成長と学びの貴重な日々を不安定な状況下で過ごすことになります。審査を待つ間の身分の不安定な状況は、短いに越したことはありません。一刻も早く結論を出して結果を告げることは、誰にとっても待たれることなのです。

難民認定された人も、されなかった人も、認定されなかったことが予想外の結論であったとしても、その後の方針を速やかに考えなければならないでしょう。たとえ難民認定申請中に一時的に就労できたとしても、それは文字どおり一時しのぎに過ぎないのです。その方々の人生を本当に大切に思うなら、彼らが時間のムダ遣いをしなくて済むように、少しでも若く、やり直しが可能なうちに、日本に滞在するための適正な資格を取得できるよう応援する社会の実現を目指すべきだと思います。

もし、在留資格に悩んでいる外国人がいたら、その人に合う資格を取得できるよう、あなたが教えてあげてほしいと思います。その資格は本人が希望すれば、家族帯同にも永住にもつながっています。日本に在留する外国人が日本社会に受け入れられ、経済的にも自立して文化的な豊かな日々を過ごせるようになることが理想です。

難民認定申請や、補完的保護の申請は、対象者を速やかに認定し庇護するための人道的な審査の手段です。制度上、今日の日本は外国人を受け入れる用意ができつつあります。決して難民や外国人労働者に冷たくありません。ただし、制度は整いつつあっても、根本的に日本人は外国人と直接向き合うことが苦手なのかもしれません。しかし、それは言葉の問題が解決できれば、かなり改善すると思います。

このようなことを考えながら、本書の執筆と向き合いました。そして、2024年の晩秋を迎えようとしています。私にとっては、思いもかけず本意ではない出来事の多い1年半でした。多大なエネルギーを費やしたのに、誤解や偏向は何も解決されないまま、忘れられたように時は過ぎていきます。基本に立ち返って、日本と外国人そして移民・難民の問題を考え、議論していきませんか。

この本の出版に際し、まずは認定NPO法人難民を助ける会、社会福祉法人さぽうと21に関わった多くの関係者の皆さまに感謝申し上げます。これらの活動がなければ、この本を著すことはなかったでしょう。たくさんの方々のご助言とご指導を賜《たまわ》りましたことに、あらためて御礼申し上げます。

また、2005年より難民認定審査参与員としてご一緒させていただいている皆さま、参与員事務局職員の皆さまにも、深く御礼申し上げます。さまざまな分野のご専門家との貴重な意見交換の機会を賜っていますが、その知見は含蓄に富み、お教えいただくことばかりです。とてもありがたく、感謝いたしております。また、親しくお交わりいただいた参与員の何人かが、すでに鬼籍に入られました。衷心よりご冥福をお祈り申し上げます。

そして、出版のご相談に乗っていただいて以降、常に励まし見守ってくださいました、慶應義塾大学出版会取締役の木内鉄也さまに心から御礼申し上げます。図表の製作にご協力いただいた佐藤薫生・祥悟さま、面倒な質問に最後まで丁寧に対応いただいた出入国在留管理庁および東京出入国在留管理局の皆さまに深謝申し上げます。そして、最後になってしまいましたが、諸々のご教示とご支援を賜りました錦田愛子慶應義塾大学教授、大学院でご指導賜りました飯笹佐代子青山学院大学教授にあらためて御礼申し上げます。

本書が特に若い皆さんにとって、難民問題の入門書になれば、望外の喜びでございます。

2024年10月

柳瀬房子

主な参考文献

〈英文〉

Arakaki, Osamu. *Refugee Law and Practice in Japan*. London : Ashgate, 2008.

Arendt, Hannah. "Philosophy and Politics." *Social Research*, Vol.57. No.1, 1954.（ハンナ・アーレント（千葉眞訳）「哲学と政治」『現代思想』、１９９７年７月号、青土社）

OECD. *International Migration Outlook 2020*, OECD Publishing, Paris, 2020.（https://doi.org/10.1787/ec98f531-en）

UN DESA. *Recommendations on Statistics of International Migration, Revision 1*, United Nations, New York, 1998.

〈和文〉

明石純一「入国管理とは何か—日本の政策展開と２０１８年入管法改正」万城目正雄・川村千鶴子編著『インタラクティブゼミナール 新しい多文化社会論—共に拓く共創・協働の時代』東海大学出版部、２０２０年

明石純一「現代日本における入国管理政策の課題と展望」吉原和男編『現代における人の国際移動—アジアの中の日本』慶應義塾大学出版会、２０１３年

アジア福祉教育財団難民事業本部『別冊 愛』2023年第12巻、アジア福祉教育財団難民事業本部、2024年
飯笹佐代子『シティズンシップと多文化国家─オーストラリアから読み解く─』日本経済評論社、2007年
井手重昭『西ドイツ』日本放送出版協会、1970年
移民政策学会設立10周年記念論集刊行委員会『移民政策のフロンティア─日本の歩みと課題を問い直す』明石書店、2018年
インドシナ難民を助ける会『インドシナ難民学生文集─私の始まり』インドシナ難民を助ける会、1983年
大家重夫『シリア難民とインドシナ難民─インドシナ難民受入事業の思い出』青山社、2017年
大賀哲・杉田米行編『国際社会の意義と限界─理論・思想・歴史』国際書院、2008年
岡部みどり『人の国際移動とEU』法律文化社、2016年
岡部義秀『海を越えてくるアジア人たち』大月書店、1992年
長有紀枝『入門 人間の安全保障─恐怖と欠乏からの自由を求めて 増補版』中公新書、2021年
呉泰成「定住制限型の合法化─韓国における非正規滞在者対策」『アジア太平洋レビュー』第15号、2018年。
大茂矢由佳・明石純一「『難民』という名の言説:脱北、シリア、ジェンダー」池炫周直美、エドワード・ボイル編『日本の境界─国家と人びとの相克』北海道大学出版会、2022年
川村真理『難民問題と国際法制度の動態』信山社、2019年

小泉康一『「難民」をどう捉えるか―難民・強制移動研究の理論と方法』慶應義塾大学出版会、2019年
小泉康一『「難民」とは誰か―本質的理解のための34の論点』明石書店、2023年
小泉康一『難民・強制移動研究入門―難民でも移民でもない、危機移民があふれる世界の中で』明石書店、2024年
小井土彰宏編『移民受入の国際社会学―選別メカニズムの比較分析』名古屋大学出版会、2017年
国連難民高等弁務官事務所（UNHCR）『世界難民白書2000―人道行動の50年史』時事通信社、2001年
国連難民高等弁務官事務所（UNHCR）『世界難民白書1995』読売新聞社、1996年
国連難民高等弁務官事務所（UNHCR）『世界難民白書1997／98』読売新聞社、1997年
国連難民高等弁務官事務所（UNHCR）『UNHCR第三国定住ハンドブック』国連難民高等弁務官（UNHCR）駐日事務所、2011年
国連難民高等弁務官事務所（UNHCR）『難民認定基準ハンドブック―難民の地位の認定の基準及び手続に関する手引き―（改訂版）』国連難民高等弁務官（UNHCR）駐日事務所、2015年
小玉重夫『今読む！名著―難民と市民の間で―ハンナ・アレント『人間の条件』を読み直す』現代書館、2013年
駒井洋・人見泰弘編『移民・ディアスポラ研究6　難民問題と人権理念の危機―国民国家体制の矛盾』明石書店、2017年
駒井洋監修・加藤丈太郎編著『入管の解体と移民庁の創設―出入国在留管理から多文化共生への転換（移

民・ディアスポラ研究）』明石書店、2023年
近藤敦『外国人の人権と市民権』明石書店、2001年
近藤潤三『ドイツ移民問題の現代史―移民国への道程』木鐸社、2013年
近藤敦・塩原良和・鈴木恵理子編著『非正規滞在者と在留特別許可―移住者たちの過去・現在・未来』日本評論社、2010年
ニケシュ・シュクラ編（栢木清吾訳）『よい移民―現代イギリスを生きる21人の物語』創元社、2019年
ギャレット・ジョーンズ（飯島貴子訳）『移民は世界をどう変えてきたか―文化移植の経済学』慶應義塾大学出版会、2024年
高谷幸編著『移民政策とは何か―日本の現実から考える』人文書院、2019年
竹野忠弘「東南アジアにおける外国人労働者受け入れ政策の現状（下）」『世界経済評論』第37巻第5号、1993年
田尻栄三編『外国人労働者受け入れと日本語教育』ひつじ書房、2017年
田中宏『在日外国人―法の壁、心の溝』岩波新書、1991年
田辺寿夫『ビルマ―「発展」のなかの人びと』岩波新書、1996年
玉木俊明『世界史を「移民」で読み解く』NHK出版新書、2019年
土田千愛『日本の難民保護―出入国管理政策の戦後史』慶應義塾大学出版会、2024年
東京財団報告書『日本にとっての難民・避難民対策の研究』東京財団研究推進部、2006年
内藤正則『外国人労働者・移民・難民ってだれのこと？』集英社、2019年

中川正春・宮島喬・石原進・鈴木江理子・藤巻秀樹編『なぜ今、移民問題か（別冊『環』20）』藤原書店、2014年
中山裕美『難民問題のグローバル・ガバナンス』東信堂、2014年
永吉希久子『移民と日本社会―データで読み解く実態と将来像』中公新書、2020年
難民研究フォーラム編『難民研究ジャーナル』第1号～13号、現代人文社、2011―2024年
難民を助ける会『在日インドシナ難民奨学金給付学生文集　私の十年―いままでこれから』難民を助ける会、1985年
難民を助ける会『在日インドシナ難民奨学金給付学生文集　日本の人に言いたいこと』難民を助ける会、1992年
難民を助ける会『在日インドシナ難民奨学金給付学生文集　二つの祖国二つの故郷―アイデンティティの危機を越えて』難民を助ける会、1993年
錦田愛子編『移民／難民のシティズンシップ』有信堂高文社、2016年
錦田愛子編著『政治主体としての移民／難民―人の移動が織り成す社会とシティズンシップ』明石書店、2020年
橋本直子『なぜ難民を受け入れるのか―人道と国益の交差点』岩波新書、2024年
樋口直人・稲葉奈々子・丹野清人・福田友子・岡井宏文『国境を越える―滞日ムスリム移民の社会学』青弓社、2007年
吹浦忠正『難民―世界と日本』日本教育新聞社出版局、1989年
藤巻秀樹『「移民列島」ニッポン―多文化共生社会に生きる』藤原書店、2012年

古田元夫『ベトナム人共産主義者の民族政策史―革命の中のエスニシティ』大槻書店、1991年
アレクサンダー・ベッツ、ポール・コリアー（滝澤三郎監修、岡部みどり監訳）、『難民―行き詰まる国際難民制度を超えて』明石書店、2023年
本間浩『政治亡命の法理』早稲田大学出版部、1974年
本間浩『個人の基本権としての庇護権』勁草書房、1985年
本間浩『難民問題とは何か』岩波新書、1990年
ダグラス・マレー（中野剛志解説・町田敦夫訳）『西洋の自死―移民・アイデンティティ・イスラム』東洋経済新報社、2018年
万城目正雄・川村千鶴子編著『インタラクティブゼミナール 新しい多文化社会論―共に拓く共創・協働の時代』東海大学出版部、2020年
宮島喬・藤巻秀樹・石原進・鈴木江理子編『開かれた移民社会へ（別冊『環』24）』藤原書店、2019年
渡戸一郎・鈴木理恵子・A.P.F.S.編『在留特別許可と日本の移民政策―「移民選別」時代の到来』明石書店、2007年

〈官公庁資料〉

法務省入国管理局『出入国管理―その現状と課題』大蔵省印刷局、1975年
法務省入国管理局『出入国の管理の回想と展望―入管発足30周年を記念して』法務省入国管理局、1980年

出入国在留管理庁　政策情報（会議・統計等）、難民の認定等（各種公表資料）
法務省関係資料ほか

〈報道資料〉

『読売新聞』関連記事データベース「ヨミダス歴史館」および縮刷版（1950年1月1日～2024年8月30日）
『朝日新聞』関連記事データベース「聞蔵Ⅱビジュアル」および縮刷版（1950年1月1日～2024年8月30日）
NHK、毎日新聞、日本経済新聞、産経新聞、東京新聞、ニューズウィーク誌

〈辞典類〉

岩崎民平編『研究社 新ポケット英和辞典（第3版）』研究社、1966年
旺文社編『ベスタ英和辞典（初版）』旺文社、1956年
大槻文彦『新訂（第44版）大言海』冨山房、1974年
落合直文・芳賀矢一『言泉（改修）』第4巻、大倉書店、1927年
金沢庄三郎編『辞林（初版）』三省堂、1907年
河村重治郎編『新クラウン英和辞典（改訂5版）』三省堂、1966年
金田一京助編『明解国語辞典（初版）』三省堂、1943年
小山左文二『新体国語漢文辞林（初版）』松邑三松堂、1911年

三省堂編修所編『広辞林（第6版）』三省堂、1983年
下中弥三郎編『大辞典（初版）』平凡社、1936年
自由国民社編『現代用語の基礎知識（1976年版）』自由国民社、1976年
鈴木信太郎編『スタンダード佛和辞典（初版）』大修館書店、1957年
中島文雄編『岩波英和大辞典（第1版）』岩波書店、1970年
新村出・新村猛編著『広辞苑（第1版）』岩波書店、1955年
和歌山県人権啓発センター『人権啓発用語辞典』和歌山県人権啓発センター、2009年（Weblio内の人権問題に関する登録辞典）（https://www.weblio.jp/category/business/jkkyg）

【著者紹介】

柳瀬 房子（やなせ　ふさこ）
認定NPO法人難民を助ける会 前名誉会長
フェリス女学院短期大学卒業、青山学院大学大学院総合文化政策学研究科修士課程修了。1979年インドシナ難民を助ける会（難民を助ける会の前身）設立準備に関わる。1980年事務局長、2000年NPO法人難民を助ける会（2003年認定NPO法人）理事長、2009年同会会長、2021年同会名誉会長、2023年退任。1992年社会福祉法人さぽうと21設立に尽力、最高顧問。
1996年多年にわたる国際協力活動により外務大臣表彰、法務省出入国管理政策懇談会難民問題に関する専門部会委員（第4次：2002～03年、第6次：2013～14年、第7次：2019～20年）、2005年（～現在）法務省難民審査参与員。

主要著作：
『地球をつつむ「愛のポシェット」』（大日本図書、1995年）、『サニーのおねがい 地雷ではなく花をください』（絵：葉祥明、自由国民社、1996年。日本絵本賞読者賞受賞。以降『地雷ではなく花をください』シリーズ累計62万部発行）、『人間が地雷をすてる日』（大日本図書、1998年）、『小型武器よさらば 戦いにかり出される児童兵士たち』(小学館、2004年)など。

難民に冷たい国？　ニッポン
——支援と審査の現場から

2024年12月14日　初版第1刷刊行

著　者————柳瀬　房子
発行者————大野　友寛
発行所————慶應義塾大学出版会株式会社
〒108-8346　東京都港区三田2-19-30
TEL〔編集部〕03-3451-0931
〔営業部〕03-3451-3584〈ご注文〉
〔　〃　〕03-3451-6926
FAX〔営業部〕03-3451-3122
振替　00190-8-155497
https://www.keio-up.co.jp/
装　丁————後藤トシノブ
イラスト———後藤　晃芳
印刷・製本——中央精版印刷株式会社
カバー印刷——株式会社太平印刷社

Printed in Japan　ISBN 978-4-7664-2968-8